U0010764

MICHAEL BOOTH
麥克·布斯
李佳純 譯

一山三虎

THREE TIGERS, ONE MOUNTAIN

爭執不休的東亞手足，日本、韓國、中國和台灣

愛米粒
出版有限公司
Emily Publishing
Company, Ltd.

「一山不容二虎。」

——中國古諺

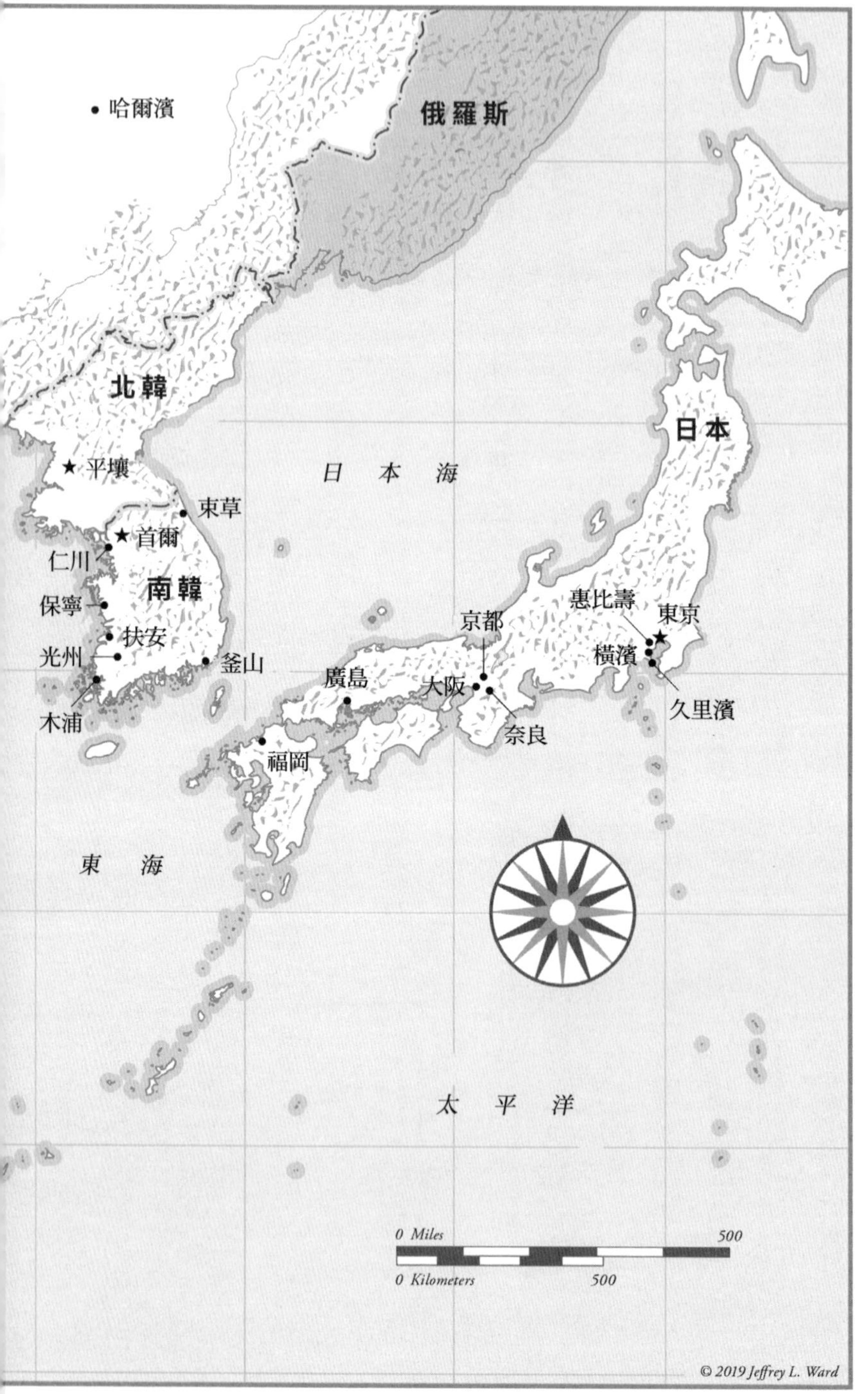
哈爾濱
俄羅斯
北韓
平壤
東草
首爾
仁川
南韓
保寧
扶安
光州
木浦
釜山
日本海
日本
惠比壽
東京
橫濱
久里濱
京都
廣島
大阪
奈良
福岡
東海
太平洋
0 Miles
500
0 Kilometers
500
© 2019 Jeffrey L. Ward

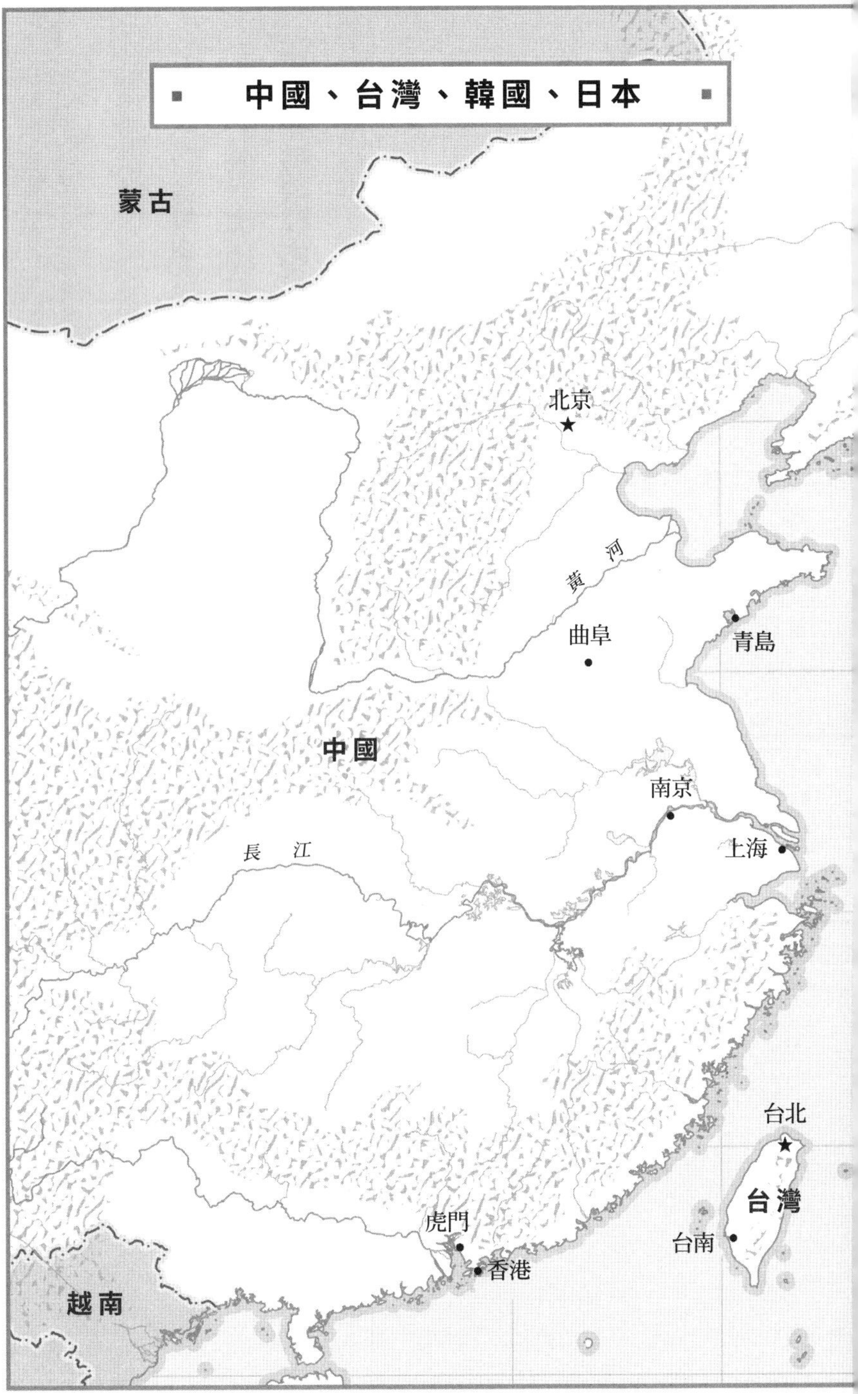
中國、台灣、韓國、日本
蒙古
北京
黃河
曲阜
青島
中國
南京
上海
長江
台北
台灣
虎門
台南
香港
越南

目錄 | *Contents*

中國

台灣

序幕

藍色糖霜做的兩個小點，直徑幾乎都只有一毫米——它們是問題所在。兩顆微不足道的斑點，點綴在看起來美味可口的芒果布丁慕斯上面，這道名爲「人民的春天」的甜點，經公布將出現在南北韓領導人的晚宴上。然而肉眼幾乎看不到的兩個點卻被日本人看到了，而且他們不怎麼開心。

「極爲遺憾，不能接受，」二〇一八年四月的歷史性會議舉辦前夕，糖霜小點的消息走漏，日本外務省發言人如此表示。「我們要求不要送上這道甜點。」

日本正式提出抗議，極力要求這道慕斯從菜單上消失，但徒勞無功。晚宴當天，大韓民國總統文在寅、朝鮮民主主義人民共和國領導人金正恩看到甜點送上來，都獻上了特別熱情的掌聲。

日本人之所以憤慨，是因爲這兩個點被歸在朝鮮半島巧克力地圖的一部分，這幾個有領土爭議的島嶼[1]，說實在也只不過是南韓東海岸一百七十七英里之外的礁岩群。在韓

1 原注：南韓最擅長這種狡猾的晚宴外交，故意放出甜點的消息，還公布專業拍攝的照片等等，完全知道日本會被惹惱。幾個月前，唐納．川普（Donald Trump）到首爾進行國事訪問，在國宴上享用的開胃菜就是以獨島養殖的蝦為特色。川普完全沒意會到蝦的象徵意義，但日本有，這當然是完全可以理解的。

國，這些礁岩群被稱爲獨島（Dokdo Islands），在日本則被稱爲竹島（Takeshima），在英語國家則被稱爲利揚庫爾岩（Liancourt Rocks）。日本和韓國對這些島嶼的所有權提出了強烈爭議。韓國提出的所有權主張可追溯到一一四五年問世的《三國史記》（Samguk Sagi，韓文：삼국사기）[2]。日本方面則說，日本漁民使用這些島嶼已經數百年，並指韓國的主張在一九五一年舊金山和會上爲美方所否認。

儘管嚴格來說，國宴進行時兩韓仍處於戰爭狀態，而且北韓威脅著東亞安全，還必須爲成千上萬本國人民死亡負責，但雙方就某個話題倒是可以澈底達到共識。

日本人可以去一邊涼快了。

對南北韓而言，這兩個糖霜小點代表他們對昔日高壓統治者的蔑視。對日本來說，這是不必要的挑釁。而對於肯定正密切注意整件事的中國而言，糖霜小點事件意味了兩個鄰國持續敵對，這可是令人振奮的跡象，因爲強韌的日韓同盟關係將對北京構成很大的威脅。

2 高麗宰相金富軾奉高麗仁宗之命所編撰的高麗官修正史，是朝鮮半島現存最早的完整史書，以中國正史的體例記述了新羅、高句麗、百濟三國的歷史。

為什麼這些東亞國家不能和平共處呢？日本、韓國和中國之間的仇恨到底有多深，為什麼會持續到今天？破壞亞洲這三隻老虎的和諧，到底誰能獲利？我抱著這些問題踏上一段旅程，探訪從我成年以來便深深吸引我的那個世界。

從遠處看過去，中國、韓國和日本這三隻猛虎，再加上第四隻——台灣，如果能和諧共處，百利而無一害，不但地區經濟繁榮，文化和技術充分交流，還能帶來進步與和平，然而各國之間似乎總是處在嚴重衝突的邊緣。許多人相信如果發生第三次世界大戰，很可能就從這裡開始，起火點說不定是北韓的內部動亂，或是台海軍事衝突或擦槍走火。長久以來，台灣海峽一直被疑似是全球下一個軍事爆發點。話說回來，也可能只是某人在獨島做了什麼蠢事就點燃戰火。

這幾個國家之間幾乎連年上演外交風波，首爾、北京、台北或東京的街頭有公開抗議，國與國之間則有貿易制裁和軍備競賽。政治領袖和外交官任意誇飾說辭，選民也做出相應的反應，世界各國看到這些徒勞之舉也只能嘆氣。局勢還越來越緊張。中國迅速累積軍備而發展成世界軍事強國，以海軍主導該地區海域。日本首相正試圖推翻和平憲法，以發展具侵略性的軍事能力。台灣若單方面宣布獨立，幾乎肯定會促使中國武力犯台，可能導致美國參戰，目前有成千上萬的美軍駐紮在該地區。然後，當然了，平壤還有一個「小火箭人」，理論上他的胖手指還擱在核彈發射鈕上。

東亞的仇恨不僅限於各國政府和軍事領導人的陰謀。固有、內在、盲目的仇恨，在這些國家的人民中間像煮火鍋似的，不時演變成暴力事件。

例如在二〇一二年，日本政府將另外幾塊有爭議的海上岩石收歸國有（這次是介於台灣和沖繩之間的尖閣列島，中國稱其爲釣魚台），陝西省西安市五十一歲男子李健利被人從車上拖下來，遭到一群暴徒毆打幾乎致死。李建利甚至不是日本人，他只是碰巧開了一輛日本車。就在同一個星期，日本駐華大使丹羽宇一郎的座駕在北京街頭遭到襲擊，大使本人無恙。

某些熱門抗議活動每週都舉辦。旅途中，我在日本大使館外數百名抗議者發起的示威活動待了一會，他們是抗議二戰期間日本軍隊對婦女的性奴役。自一九九二年以來，這項抗議活動例行在週三舉行，參加的人其中有很多是學童。北韓政權發表的反日言論不罕見，但南韓年輕人爲何對於七十多年前的事件依然如此憤怒？挑起仇恨的是誰，爲的又是什麼？至少有少部分日本人回應了韓國對日本的仇恨。我剛上路不久，在橫濱目睹了黑色廂型車隊從我身邊開過，車上的揚聲器不斷播放反韓的抨擊言論。這不是我第一次在日本看到這類抗議。多年來，各種右翼派系走上日本城市街頭，威嚇侮辱韓國民族，特別是在韓國人口最多的大阪。日本人對韓國人到底有什麼不滿的？這僅僅是一場以牙還牙的抗議，還是兩邊的仇恨比日本海還深？

爭端不僅與日本有關，而且涵蓋多個方向。二〇一七年，韓國在首爾以南一座高爾夫球場部署了薩德反飛彈系統（終端高空防禦飛彈 Terminal High Altitude Area Defense，簡稱薩德反飛彈系統ＴＨＡＡＤ），大大激怒了北京，導致前往韓國旅遊的中國觀光客數量急劇下降，足以撼動韓國經濟。表面上來看，這套防禦系統是爲了對抗來自北韓的威脅，但中國認爲自己的國界附近又多了一項美方軍事科技，這就是威脅，最後以非官方貿易制裁來要韓國好看。

這些敵對行動當然源於該地區的歷史，自一八〇〇年代末以來，這裡經歷過人間地獄的日子，戰爭、屠殺、強姦暴行、化學武器、砲彈襲擊、極權主義、飢荒、赤貧、政治壓迫、凌虐和核彈攻擊，這一切還存在人民的集體意識之中。

在這裡，歷史回憶有許多形式，而且往往更具爭議性也更分歧。例如在出發之前，我知道東京市中心有一座靖國神社，日本公民（偶爾也有幾位首相）會去那裡祭拜成千上萬爲國捐軀的士兵，其中也包括戰犯。就算這令人反感好了，也沒辦法解釋該地區自毀性的國與國關係。我也知道，戰爭結束已經七十多年，中國和南韓還在等日本爲其罪行好好地道歉。但這也是令人困惑的事，因爲多位日本首相和天皇都曾經在不同場合，向過去的敵國提出不同形式的「道歉」，表達「深刻悔恨」或「深切遺憾」。什麼叫做道歉不誠懇，顯然只有韓國人和中國人才聽得出來，所以日本人的悔恨是否永遠也不夠？

從外界的眼光來看，這一切實在令人洩氣。住在世界其他地區的我們，每每想到遠東地區，就會自動列出來自這些古老文化的神奇又迷人的事物，包括偉大文明的藝術瑰寶和美味佳餚。另外，還有林林總總的當代誘惑，從泡菜到 Hello Kitty，從〈江南 style〉到智慧手機。我們認爲東亞人民都勤奮、充滿創意、有責任心，尊重傳統家庭價值觀，也爲自己古老的文化遺產感到自豪。除了「瘋狂鄰居」北韓之外，這年頭東亞人民並不傾向於宗教或意識形態的極端主義。有太多東西值得敬佩：中國即將成爲世界最大經濟體。韓國從原本經濟弱勢，轉變爲領先全球、大家最愛的高科技消費產品生產國。二〇一七年文在寅當選總統之後，韓國更展現出基層民主的典範。日本仍然擁有地球上最文明、最禮貌的社會，其有形和無形的產品在全球的需求依然暢旺。可別忘了台灣這個能力傑出的小島，處在逆境之下依然能蓬勃發展。

至少，韓國、台灣和日本應該是最堅定的盟友。他們都是經濟發達的民主國家，彼此有重要的貿易往來。他們也都是美國同盟，在軍事上依賴美國，也都非常顧慮中國的舉動。然而，韓國對日本的執著有時到了一種瘋狂的程度，很多人都相信，要不是有美國，他們搞不好會與北京結盟來對抗東京了。

共產主義中國與其鄰國之間往往在意識形態和政治上存在明顯的分歧，但千年以來，這些國家在文化、基因和歷史方面都以互惠互利的方式深深地交織在一起。中國給了鄰國儒家哲學、水稻種植、佛教、瓷器製造和茶葉，以及冶金術、文字和書法藝術的奧祕。近來，韓國和日本也爲偉大的文化交流做出了貢獻。來自韓國的 K-pop、歷史電視劇和誇張的暴力電影，在中國、日本及其他地區大受歡迎，也就是所謂的「韓流」現象。在過去的七十年裡，日本不僅爲南韓、台灣以及近期的中國帶來發展製造業和出口業的經濟模式，也提供了資金支援和專門知識。無論去東亞何處旅行，都看得到日本料理大行其道，零售品牌如優衣庫（Uniqlo）、Hello Kitty 和無印良品（Muji）佔據商場的主要空間。我從二十年前開始到日本旅遊，現在在東京街頭吃飯購物的都是來自中國和韓國的遊客。上一次我來日本是一年前，我在大阪的餐館裡，坐我旁邊的是一對年輕的中國夫妻，他們來日本是爲了訂製婚戒。日本的一切產品品質都更好。現在估計有一百萬中國人在日本生活，是日本最大的少數民族（韓國人是第二大少數民族）。在東京的部分地區，迷你中華城正在興起。

至於誰該爲這毒性的家庭宿怨扛起責任，許多中國人和韓國人把矛頭指向日本，以及其二十世紀初的軍事擴張主義罪行，但在我看來，今日再也沒有別的民族比日本人更和平、善良、值得尊重和信賴的了。我承認，我以個人經驗來推論一個擁有一億兩千七百萬人口的國家是有點愚蠢（「個人經驗」在字面上就表明了局限性），但是日本人真的很親切，我是說真的。他們真的是親切到離譜。怎麼會有人不喜歡他們？可是他們卻受到鄰居如此憎惡，眞心讓我感到困擾。

如果歐洲和以色列最終能放下德國的戰爭罪行，曾被日本佔領的菲律賓、印尼等國似乎也不再恨日本，如果印度和英國能夠友善相處，印尼和荷蘭也能交好，那麼爲什麼韓國和中國仍然對日本懷恨在心？主權尚有爭議的島嶼當然是個棘手問題，南韓和中國對於某些海上岩石塊也還有爭議（更別提南北韓在黃海延坪島上的爭端），但如果西班牙能容許英國統治直布羅陀，賽普勒斯島上也能兩個政權共存，一定有哪個獨立國際委員會可以就這些問題做出仲裁吧？

延續仇恨究竟對誰有利？這些受地緣政治影響、僵持不下的對峙，是源於眞正的普遍情緒，還是受到首爾、平壤、東京和北京的精英所操縱？從這些國家之間的大衆旅遊、貿易往來和文化軟實力交流來看，後者似乎是主因，然而皮尤研究中心（Pew Research Center）[3]二〇一六年的調查結果卻是前者。民調顯示，百分之八十一中國人對日本有不良印象，百分之八十六日本人對中國有不良印象，百分之七十七韓國人對日本人抱持著不良看法。

這當中還有一個微毒性成分必須一提，就是種族和種族優勢。日本人相信自己很特別，他們的天皇是天照大神的後裔。韓國人則堅信自己才特別，因爲他們種族或血統純正，從半數以上韓國人都是金、朴、李、石和崔之五姓氏之後裔得證。同時，中國人認爲

3 美國的民調機構及智庫。

自己是宇宙中心，大家從小就知道中國文化有五千年歷史。台灣的領袖階層曾經相信自己才是中國的正當統治者，現在……比較沒人這麼想了。

南北韓高峰會甜點引起的後續紛爭，我是在台灣飯店房間的電視上看到的，那時我在這美麗迷人、紛擾不斷的區域的旅程也接近終點。這很諷刺，因爲我發現台灣人實際上很欣賞日本人。他們建造雕像來紀念過去的殖民統治者，而不像韓國人那樣羞辱他們。我想知道，台灣人對日本人的感覺怎麼會跟韓國人及中國人對日本人的感覺這麼不同。

然而洩氣的是，到了旅途的最後一站台北，我竟發現區域裡還有另一種敵對關係，是在我出發之前完全不知道的。我不想爆雷，但我發現台灣人痛恨韓國人。台灣人擔心中國干涉選舉、企圖破壞台灣經濟、隨時威脅武力入侵，彷彿這些還不夠似的，竟然還有餘力對北方的鄰國感到不爽，即便雙方從未交戰。

我們先回到幾個星期之前。當我從東京啓程，展開在這個紛擾地區的旅行，我心中有很多困惑和擔憂。但我相信憑著我的好奇心、開放的胸襟、還有善於跟了解內幕的人問許多蠢問題的能力，我一定能找到答案。最重要的是，儘管我對於搭渡輪、中國祕密警察以及在南韓等著我的保寧泥漿節感到有點惶恐不安，我還是很開心能深入這個了不起的地區，探索這裡的文化。

我計畫開車橫跨日本到福岡，然後乘渡輪去韓國，再採之字形路線一路往北探索到邊界，再乘船前往中國。到中國之後，我將乘火車從北京到北部的哈爾濱，然後從東部沿海城市（一九三七年至四五年日本入侵的重點）到香港，再從那裡跨海到台灣，然後回到日本首都。我對旅程滿懷期待，屆時肯定也會航過一些黑暗的水域。

我的旅程不是從一個地方開始，而是從一八五三年。在旅行的初始階段，我能肯定的只有一件事。如果回溯得夠遠，一切都是美國人的錯。

日本

1 久里濱

孝明天皇朝廷的武士和幕府將軍聚集在場，著迷地盯著美國工程師蓋伊先生和丹比先生，這兩人花了一個早上在横濱港前鋪設環狀鐵路軌道，他們以堪比盆栽修剪師的專注，正在維修諾里斯工廠出產的微型火車頭。當發動機的鍋爐終於被點燃，並達到所需的壓力，所產生的運動和隨之而來的蒸汽雲確實是新穎而令人激動的景象。旁觀的日本人「克制不住地對著每一次汽笛聲大聲歡呼」。

火車是縮小的模型，車廂小到甚至連兒童都坐不進去，但武士們才不會因此而錯過搭乘的機會。身穿全套封建華服的他們，「往車頂上爬」以便坐在車廂上，衣袍在風中鼓動，武士刀小心翼翼地握在身邊，就爲了體驗這項神奇的西方科技在長三百五十英尺、軌距十八英寸的軌道上以高達二十英里的時速繞行。

這就是美國總統菲爾莫爾的使節海軍准將馬休・培里（Matthew Calbraith Perry）與德川幕府代表之間著名的禮物交換；德川幕府是日本實際的統治者，孝明天皇則爲國家象徵。除了以上引述培理本人的記述之外，一八五四年三月發生的事件，還有一位目擊的日本人留下了精彩的繪畫紀錄，以十二幅場景描繪了這場文明的強烈衝突，也就在這一刻，日本開啓了通往現代的激盪旅程。

培里的「黑船」艦隊去年夏天首次在久里濱下錨，就在橫濱以南、東京灣入口側岬角一帶。培里和下屬肩負著一項非凡的使命，他們要強行敲開一個從一六三〇年代就一直與世界隔絕的國家，此一時期被稱爲「鎖國」時期。

我讀過這個事件很多次，每次都聯想到打開一個卡住的廚房抽屜或撬開一顆頑固的牡蠣，但是一個來自遙遠國度的水手，究竟爲何、以及如何在不發動任何武器之下，一手主導了一個主權國家外交政策的劃時代轉向？

欲知爲何，就要回到一八四八年。墨西哥輸掉了美墨戰爭，失去加利福尼亞，也就是美國西岸的最後一塊拼圖。美國早在幾年前已從英國手中取得了俄勒岡州，現在正貪婪地望向太平洋。海浪之下有著大量鯨魚，鯨魚油照亮並潤滑了迅速工業化世界，在當時約佔美國經濟的兩成。然而美國人捕的鯨魚越多（在一八〇〇年代中期每年多達三千隻），就越需要往太平洋遠洋前進。殖民地範圍從印度到新加坡和香港的英國，是美國人的主要競爭對手，由於英國藉著中國貿易而致富，美國也急著在這個地區尋找立足之地。

換個方向往東看，橫跨美洲的陸路現在是介於中國和歐洲的最短的路線，當時的一份報告稱其為「世界的公路」，只不過有個問題。與舊金山捕鯨港同等緯度上，通往中國及其財富的道路上有個阻礙，就是長達兩千英里、至今尚無法逾越的屏障，就是日本群島。

自從葡萄牙傳教士以激進思想激怒了當地人，並威脅到封建軍政府德川幕府的權力，日本實際上已經對世界關閉。除了長崎港內兩公頃人工島上溫順的少量荷蘭貿易商，日本全面禁止基督教，驅逐所有可能多管閒事的外國人。中國人當然除外，不與中國進行貿易是無法想像的事。任何未經官方許可離島的日本人返回時要面對死刑，任何試圖登陸日本領土的外國人都會面臨驅逐，這還算運氣好的。

一八四六年，美國海軍准將詹姆斯．畢度（James Biddle）曾冒險航近東京灣入口，尋求讓美國捕鯨船在日本港口加油和修理的許可，蒙受被日本人拖回外海的侮辱。俄羅斯嘗試接觸，同樣被斷然回絕。法、德等其他重要西方強國都切實地意識到，能夠在日本港口停泊的國家，就能控制太平洋。

然而，日本岩岸周圍的海洋都是未經探測的領域，眾所周知非常危險，洋流洶湧且充滿漩渦。一八四八年，美國捕鯨船「拉戈達號」（Lagoda）在日本最北端主島北海道沿岸遇難，船員被扣留，有幾個人在監禁期間死亡，其餘人被迫踩在十字架上，以證明他們拒絕基督教。最終一艘美國軍艦抵達並說服日本釋放了倖存者，但美國媒體對於他們的遭遇莫不感到憤慨。

美國對拉戈達事件的反應，以及畢度准將遭受的怠慢，不僅永遠改變了日本與西方的關係，最終還動搖了東亞長久以來的穩定秩序，其災難性後果迴盪至今。

爲了一勞永逸地解決日本問題，培里准將率領四艘全副武裝的軍艦，於一八五三年七月駛入日本太平洋海岸的久里濱灣。當時的人相信日本盛產礦物，特別是金和銅，但對於新型蒸汽動力船來說，至關重要的是煤炭。

我現在人就在久里濱市海邊，黑船最早下錨之處。我眺望大海，試圖就著國家與文化、殖民遺產與時光痕跡，構思宏大的想法，但是現代世界卻要來攪局。一個年輕的家庭，在寒冷潮濕的沙灘上頑強地挖洞，努力地享受不合時宜的海灘之行。我右手邊幾英尺之處有一間漁屋，外牆上有個「警察去死」的塗鴉（這在日本可不尋常）。一座水泥工廠和幾座電塔遮住了地平線。以上景象實在難以讓人聯想起劃時代的那一刻：培里船隊駛入東京以南的這個小海灣，改變了世界。

我轉身過馬路，走進一個小公園。公園中央有一塊很大的灰色岩石，類似奧勃利（Obelix）[4]的豎石碑，在基座上，一側是直行的白色日文，另一側是英文翻譯，使用了狂野西部風格的字型，在我看來還蠻恰當的：

這個紀念碑紀念的是

培里准將初次抵達

這位美國大使

抵達日期為一八五三年七月十四日

一旁的石碑進一步說明：

一八五三年七月八日（培里等了幾天才上岸），美國海軍駐東印度洋、中國海和日本海總司

4 奧勃利（Obelix）是法國及西歐家喻戶曉的漫畫人物，出自《阿斯泰利克斯歷險記》（Astérix le Gaulois）描述公元前五〇年高盧人的生活。

令，海軍准將馬休．加爾布雷思．培里從烏拉加島附近啓航，抵達久里濱海灘，代表菲爾莫爾總統遞交了一封信給當時的日本政府。隔年，《日米和親條約》在神奈川縣締結。當時，日本政府單方面關閉了對其他國家的外交大門，諸如此類的一連串事件成為一種動力，將日本帶回世界舞台。

我來到久里濱，是因為我正在為旅程尋找起點。它必須具有歷史重要性，而對我來說，在我即將開始在本地區旅行的當下，美國人強行進入日本這一刻似乎最具代表性。

培里駛入久里濱時，無意間引發了一連串事件，後來澈底顛倒了儒家地緣政治的等級制度。過去兩千年來，該地區一直處於儒家地緣政治的影響，至少從中國的角度是如此。對於中國人來說，中國一度是一切知識、科技和文明的源泉。韓國是主要朝貢國，也是排行中間的兄弟，日本則是稍嫌野蠻的弟弟。然而黑船到來造成的震撼提供了導火線，在日本引發了「準革命」，加速其現代化和軍事化，最終導致了以西方模式建立帝國的災難性嘗試。

十九世紀的黑船，就像描述外星人入侵的電影裡那樣，天外飛來巨型太空船遮住了太陽。培里艦隊下錨時，「槍枝就發射位置，彈藥就位，小型武器預備好，哨兵和士兵也就崗位，簡言之，與敵人交戰之前的準備全部就緒。」比日本船隻高四十倍的參天船艦震撼了日本人的認知，這些船艦排放著惡魔般的煙霧，船身豎立著大砲。當培里拿出一封他所謂「果斷但不失敬意」的信，代表美國第十三任總統要交給日本天皇，日本人只能持著過時的火繩槍和長矛，無力地站在一旁。[5]

日本事先收到荷蘭的警告說美國人就要來了，於是很快地透過法國、荷蘭和中國通知培里，叫他必須離開，不然就要去最西南端的長崎。那裡離首都江戶（東京舊稱）有一大段距離，有專門的官員負責與外國人進行談判。培里拒絕，他打算等。日方派畫家畫下美國的船隻和設備，雙方也就總統信的呈交方式和地點以及天皇的回應持續談判。

差不多過了一個星期，美國人和日本公務人員在薩斯奎哈納號（Susquehanna）船艦[6]上共享了多瓶白蘭地之後，雙方終於訂出談判細節，內容細到准將是否該親手把信交給日本官員。培里記下了關於日本人的幾件事：日本人彼此之間的禮數跟對待客人一樣多，也

5 原注：我一直以為培里和他的迷你艦隊是從美國西海岸航啟航，但實際上他們繞了遠路，從東海岸馬里蘭州安納波利斯的海軍船塢出發，穿過大西洋到西非加那利群島，繞過好望角，停泊模里西斯，然後繼續前往錫蘭（今斯里蘭卡）、新加坡和香港、澳門、上海以及今日的沖繩。

6 黑船艦隊由蒸汽推進軍艦「密西西比號」（Mississippi）與「薩斯奎哈納號」（Susquehanna）以及風帆推進軍艦「普利茅斯號」（Plymouth）與「沙拉托加號」（Saratoga）四艘戰艦組成。

知道在世界的另一端有一條巴拿馬運河正在建造，被帶去參觀船上蒸汽引擎運作時，做了詳細記錄。最後，在一場盛大的儀式之下，培里帶著兩百名水手和一支軍樂隊踏上久里濱市的海灘，把總統的信交給了一名與美國海軍准將同等地位的日本官員。

隨附給天皇的另一封信函裡，培里加了一條頗具威脅意味的附言：

「多艘大型戰艦尚未到達日本海域，但隨時可能抵達。署名人以其友好意圖為證，本次只派遣四艘小型戰艦，若有必要，明春將派遣更強大的海軍勢力返回江戶。」

培里在沖繩度過冬天，於一八五四年二月返回久里濱，接收天皇給他的答覆。這次他帶了八艘船，獲得了國際關係方面的最高成就——天皇寫信承諾：「……我們將完全配合貴國政府的建議。」

日本很清楚中國與英國海軍交戰之後的下場，也就是被迫在一八四二年割讓香港島。因此，日本投降，美國船隻從此可以進入下田（東京南部）以及北海道函館，兩個港口都允許美國領事在當地定居。碰上船難的水手可以得到照顧，美國船隻也獲准添購補給品。一八五四年三月三十一日，培里就此簽下《神奈川條約》，岸上慶祝活動包括了請相撲選手大秀力氣（培里稱之為「二十五個脂肪團」），日方贈送數幾百袋大米，美方水手帶來黑臉走唱秀[7]，以及前述之微型火車頭。

正如培里後來所寫的：「美國握手的力道堅定帶著善意，伸出手時活力充沛，證明有攻擊的能力，再加上愛好擁抱的性格，讓封閉的日本感受到與世界其他地區的關係。」

日本的確「開放了」，但也備受侮辱，它的自我認知被澈底破壞，短期未來陷入一片迷茫。德川政府僅僅面對軍事威脅的可能性就已經認敗，而培里簽下的第一份條約還只是個開始。一八五八年，日美雙方又簽下另一份條約，允許美國在多個日本港口設立領事館，在管轄範圍內遵循美國法律，並制定了有利於美國的貿易條件，允許基督徒在日本本土敬拜，這是可三百年來頭一遭。幾年之內，英、法、荷蘭及俄羅斯也相繼簽下類似的「不平等條約」，強迫日本接受其條件，橫濱則成爲最大的對外貿易中心。

外國人擁有「治外法權」，意味著他們不受日本法律或日本法院的管轄，導致濫權和衝突事件四起。正如英國外交官彭伯頓霍奇森（C. Pemberton Hodgson）在一八六〇年代關於日本的評論中所寫的：「安靜而受驚的日本人試圖安撫憤怒的客人，卻經常碰到侮辱、威脅、以及可疑的言語。」野蠻的外國人抵達之後，日本深受創傷，社會面臨分裂。

7 由白人把臉塗黑模仿黑人的雜劇演出。

某個陣營主張以暴力移除這些外國人，在一八六〇年代初期的確有幾起外國人遭到攻擊的事件。一八六二年在橫濱，以好戰聞名的九州薩摩番武士殺死了英國商人C. L.·理查森（CL Richardson），因爲他拒絕下馬向武士表示敬意。英國爲了報復，轟炸薩摩番中心的鹿兒島，迫使他們支付賠償。

薩摩番與長州番結盟（史稱薩長同盟），以天皇名義反抗德川幕府，興戰要求「大政奉還」，試圖把天皇此一數百年來無實權的禮儀人物位置，恢復爲現代化精英的核心角色，並將古老的本土宗教神道定爲國教。

明治維新在幾無戰爭傷亡之下揭開了序幕，主要是因爲掌權的幕府第十三代德川家茂將軍和當時的孝明天皇都在一八六六年去世，繼任的末代幕府將軍德川慶喜執政僅一年。薩長同盟使日本擺脫了武士階級，並將天皇恢復爲國家領袖，掌管一個高度軍事及工業化的現代日本。最初，戰勝方的想法是日本回到閉關狀態，並以「尊王攘夷」爲口號，但他們很快意識到最好的策略是吸收西方新技術。如同明治天皇登基時宣讀的《五條御誓文》第五條所說的：

「廣求知識於世界，大振皇國之基業。」

外國人獲准留下，四十八名日本官員和五十八名學生前往歐美進行了爲期兩年的參訪，學習西方帝國主義的祕訣。數十位西方工程師受邀赴日協助「文明開化」的進程，體現了當時另一個座右銘「和魂洋才」：日本精神、西方技術。日本拒絕了亞洲，轉向了西方，從此再也沒有回過頭。

天皇將首都從京都遷到江戶，改名東京，並廢番置縣，縣知事由政府任命。設立了徵兵制國家軍隊之後，武士不得不去找工作，不少找不到工作的人最後飢貧交迫而死。而且，儘管所有革命者都威脅要把邪惡的外國人從日本趕走，但培里到來的十年之內，日本人開始學習西方人漿衣領、戴高禮帽、著燕尾服，吃咖哩和炸肉排，在西式銀行交易，學習製作威士忌和打高爾夫球。最重要的是日本人了解到，要成爲在全球舞台受尊重的現代化國家，就意味著要成爲領土擴張主義的殖民強國。

到了一八七六年，日本才有能力對隔壁的朝鮮王朝做出美國二十年前在日本做的事：打開朝鮮，簽訂不平等條約。更加令人驚訝的是，到一八九五年四月，日軍在第一次中日戰爭中擊敗了清軍，雙方爭奪「保護」朝鮮的權力。在隨後的《馬關條約》，中國被迫割讓台灣給日本。一九〇五年，日本與俄羅斯在今日北韓境內發生軍事衝突，成爲第一個擊敗西方列強的非西方國家。

受到軍事成功的鼓舞，日本在一九一〇年吞併了整個朝鮮半島。在隨後的幾年裡，日軍進入中國東北，然後南至香港、新加坡及其他地區，到一九四五年才離開。

在一九四六年的東京審判[8]，負責在一九三一年入侵中國的石原莞爾將軍在被問及日本的軍事擴張主義時，特別提到了培里准將。

「你沒聽說過培里嗎！」他告訴美國檢察官。「（日本）是從美國那裡學到掠奪和侵略。」

當然了，我對於久里濱市缺乏歷史氛圍的失望並不重要，而且我原本假設美國是所有東亞問題的根源，後來證明根本完全錯了。我放棄了繼續召喚歷史，去了位在培里公園一角的培里紀念館，穿越礫石子路時打斷了兩個男孩的棒球練習。

紀念館裡有描繪培里船艦的當代日本創作，其誇張的比例讓人感受到藝術家的敬畏之心。另外還有霍加斯風格的諷刺漫畫，培里軍服上的金色肩章巨大如翅膀，他的手下個個都生著大鼻子。

8 全名「遠東國際軍事法庭」，二戰結束後特設之國際軍事法庭，由身為勝方的同盟國為解決敗方日本的戰犯認定等責任歸屬而創立。

我看著模型櫥窗裡停泊在海灣內的船隻，想像它們給當時的人帶來什麼樣的不祥之兆，尤其那兩艘巨大的三桅蒸汽船一定相當嚇人。稍早我從東京開車來久里濱時，途中在橫須賀停了一下，那裡是日本最大的軍港，美軍在海外最大的前線投送部隊第七艦隊司令部（培里不知會做何感想）、日本海上自衛隊基地（日本海軍別名）都設在此地。儘管對我毫無威脅，但站在巨大的灰色驅逐艦旁邊，我還是不由得胃裡一陣緊張，再也沒有比近距離觀察戰艦更嚇人的事了。

我離開紀念館，走回車上。我注意到有些鋪路石磚上有著培里率領的其中一艘船的浮雕，側面就是蒸汽軍艦獨有的槳輪。近年來，久里濱的歷史被小鎮所珍視著，甚至還在每年七月舉辦培里祭[9]。

我現在的計畫是開車向西穿越日本及其他地區，但首先，我將往回走幾步路，回到沿海地區橫濱，探索一個更為現代的社會和政治問題，其根源可以追溯到日本雄心勃勃的明治時代殖民擴張。

9 包括樂隊表演、遊行、園遊會、放煙火等慶祝活動。

2 橫濱

我在橫濱體育場附近等著過馬路，一列車隊從我面前經過，一輛白色轎式廂型車帶頭，五輛黑色同款車跟在後面。轎式廂型車的側面有旗幟飄揚，車頂則有紅色警燈在閃爍，但這不是正式的遊行。我瞥見司機戴著白棉布手套，紳士般的氣息與現場氣氛格格不入，車隊揚聲器以超大音量播放激昂的演說，今天是晴朗週六下午，體育場內正舉辦棒球賽，然而車隊的聲音大到甚至蓋過了球迷的歡呼聲，只是我附近的行人似乎都不予理會。

我不確定揚聲器播了什麼，通常是「韓國人是害蟲」或「韓國人該死」之類的，但我倒是確知這些人隸屬極端民族主義團體，這類團體在日本為數眾多。

今天這個團體的名稱標示在車身側面，意譯是「製風」，來自「神風」（kamikaze）的傳說。相傳元軍在十三世紀兩度試圖攻打日本，但都遭逢嚴重風暴而不得不撤退，日本人認爲是「神」製造了風暴，二戰期間的自殺攻擊隊「神風特攻隊」也來自相同傳說。車身上還有其他文宣，其中一則稱日本憲法是「被佔領國」的憲法，應該「毀掉」，另一則提到獨島／竹島主權之爭。

我來到位於東京西南的第二大城橫濱，希望爲總人口數佔少數族裔第一位的華人寫一篇正面報導。七十三萬華人在日本具有合法居留權，但實際居住在日本的中國人可能超過一百萬，亞洲最大的中國城就在橫濱，共約兩百五十個商家和餐廳。中華街是橫濱排名第一的觀光勝地，今天適逢年度節慶，因此特別擁擠。

我從一個巨大華麗的牌坊走進去，上面裝飾著金色的龍和綠色瓷磚，顯然橫濱中華街只是日本版的中國。走過穿著熊貓服的 Hello Kitty 時，我告訴自己，這個大型玻璃纖維模型正是中日協議的感人象徵。紀念品商店裡販賣裝電池的塑膠玩具熊貓（不知爲何它們都隨著黏巴達音樂起舞），餐廳提供的都是「國際化中國菜」，而不是道地的中國地方菜。這裡的一切都跟日本其他地區一樣，舒適又整潔。

今天中華街所有餐廳都大排長龍，但不重要。我在橫濱另一頭有另外的中日午餐計畫。

我停了下來，筷子停在半空中，就在碗和我的嘴巴之間。這是我吃過的最美味的拉麵，好吃到令人起雞皮疙瘩的一碗麵。但是等等，麥克，話別說得太快，你先冷靜一下。別忘了你的拉麵黃金法則：「眞正的考驗還在吃到一半之後。」每碗拉麵在剛開始吃都很好吃。但我心裡已經確定了，這碗來自北海道偏遠北部利尻島的利尻拉麵味樂，將是我這輩子嘗過最美味的拉麵，還沒吃完我已經開始感傷了。咕嚕咕嚕吃完見底，我深深嘆了一口氣。

我人在新橫濱拉麵博物館，與其說博物館，這裡還比較像個食品主題公園，昭和風的裝潢，看起來像一九五八年的東京。我與博物館公關總監中野昌宏約了見面，因爲我想更了解拉麵與中國的淵源，以及作爲最知名的日本料理，當今日本人是如何看待拉麵的起源。這個故事的開頭聽起來很熟悉，許多關於現代日本的故事都是這樣開始的。

「一八五〇年代之前，日本還是一個封閉的國家，」中野說。「但是中國與歐美從事貿易往來已有很長時間，因此有很多中國人會說英語或法語等外語。日本開放之後，中國人到日本來擔任歐美人士的翻譯，這些歐美人士都聚集在日本特許外國人入境的港口，例如橫濱。」到了一八九九年，絕大多數西方人離開橫濱，前往附近的東京，但華人留了下來，經過多年，發展成了大約五千人的華人社區。他們開始經商，最初只局限於三個領域：餐飲業（廚師來自廣東）、美髮業和紡織業。

「一開始，本地人尚未完全信任在橫濱的中國人，不過中國人是很好的商業夥伴，」

中野說。而將兩邊商界結合起來的就是晚餐餐桌。「中國人覺得日本人的食物難以下嚥，尤其是生菜和生魚，因此他們自己開餐廳。日本人對中國食物感到好奇，因爲他們其實只有吃雞肉，而不像中國人那樣吃牛肉和豬肉。」

早年，中國餐館被視爲豪華餐廳，一直到二十世紀初才開始轉向低端市場發展。早年從中國傳來的某種烹調技術，後來發展爲現代日本最具代表性的食物拉麵，最早於一八九〇年代在橫濱販售，一開始的名稱叫「南京蕎麥麵」。

因此，二十世紀最具代表性的日本食物拉麵，原本來自中國，在添加了醬油和「出汁」（だし，由乾海藻製成的日式高湯）之後，而演變成具有明顯日本特色的食物。通常，中國人熬的高湯可通用爲許多菜餚的基礎，但拉麵的高湯僅用在拉麵裡。「日本人認爲拉麵是日本食物，但知道它是從中國來的，反而許多中國人覺得拉麵完全是日本食物，」中野說。

美國人也幫助了拉麵的崛起。二戰之後，以美國爲首的同盟國對日軍事佔領到一九五二年才結束，在這期間，他們把國內剩餘的小麥廉價地傾銷到日本市場。由於拉麵用的是小麥粉麵條，因此推動了拉麵的繁榮。

橫濱中華街也是駐紮在當地的美軍的遊樂場，直到今天，這裡仍有許多爵士樂俱樂部和美式酒吧，但要到了一九七二年尼克森與中國展開乒乓外交，導致日本政府陷入恐慌，該地區才開始眞正蓬勃發展。日本政府意識到，他們也得開始與中國建立橋梁，於是田中角榮首相趕到南京與毛澤東握手。跟美國的情況一樣，此舉在日本掀起了中國熱，橫濱中華街開始飛速發展，逐漸演變成如當地人對我形容的：「一個可愛的卡通版中國，就像迪士尼樂園是可愛版的美國。」

我離開拉麵博物館，前往橫濱市另一邊赴約。拉麵的事讓我覺得是個好兆頭；歷史與政治的棘手問題先不談，不同民族之間似乎有合作的能力，也能找到共同點。然而裂痕若是發生在移民社群裡，會有什麼情況？

3 壽町

「你往那扇門的門縫裡瞄一眼就會看到他們，但最好別被發現你在看，」走在人行道上，我的嚮導湯姆．吉爾（Tom Gill）教授低聲對我說，他正在給我介紹橫濱的黑暗面。他望向左邊，確保沒有人在看我們，然後朝右做個手勢，示意我注意看前方掛有珠簾的門口後面有什麼。門外停了一輛七〇年代出廠的亮黑色賓士敞篷車，與這個破落街區顯得格格不入。我在路過時偷偷瞄了門裡一眼，盡可能裝出若無其事的樣子。裡頭有一小群人聚集在一張牌桌旁，他們是極道（yakuza，即日本黑幫）成員，湯姆說。那是一間地下賭場。

對我而言，這當然是一個很刺激的轉折，但是對於穿著菱格紋毛衣、隨意把眼鏡架在額頭上的社會人類學家湯姆而言，早已司空見慣。現年五十多歲的湯姆長期居住在橫濱市，已經在日本生活了二十六年。他在橫濱明治學院大學擔任講師，也是我們正在探索的壽町區的專家。這裡雖然毗鄰中華街，卻截然不同。遊客除非迷路得暈頭轉向，否則絕不會來這裡。

除了極道組織，橫濱市數以千計的臨時工也以壽町爲家。很多日本大城市都有類似的貧民區，不過橫濱市可能是最出名的。這裡也是非正式的韓國城，因爲大多數廉價住所（doya-gai，ドヤ街）都是韓裔族群經營的，也有很多韓裔人口以此爲家。

居留在日本的韓國人稱爲在日朝鮮人[10]（Zainichi），字面上的意思是「住在日本的外國居民」。這個詞彙在理論上適用於任何外國人，但實際上特指一九四五年以前移民到日本的韓國人後裔，這是一九一〇年至一九四五年日本併呑韓國帶來的結果。這段期間裡，數十萬韓國人接受招募而移居日本，從事採礦、彈藥製造和農業方面的工作，但是隨著日本的軍事野心快速增長，有些人被強行帶至甚至誘騙至日本，用來取代被送上戰場的日本士兵。到了二戰結束時，約有兩百三十萬韓國人居住在日本，其中大部分人來自當今的南

10 有時也寫做在日韓國人。

韓，但由於日本經濟幾乎全毀，沒有工作機會，大多數人在幾年之內就被遣返。留下來的六十多萬人，大多是日本殖民統治初期自願抵達的，已經在這裡生活了數十年。一九五〇年至一九五三年，朝鮮半島陷入內戰，緊接著是普遍的貧窮，時而面臨飢荒，且南北韓都處於嚴酷的獨裁統治，使得住在日本的韓國人更加不願意「返國」。

如今日本約有五十萬在日朝鮮人，要定義他們以及他們如何定義自己並不容易，反映了他們在戰後經歷的動盪時期。在日朝鮮人在戰後就業市場上面臨嚴重歧視，他們不得從事公部門的工作，因為只有日本公民才能替政府工作。一九五二年正式生效的《舊金山和約》結束了盟軍對日本的佔領，日本重獲對國家的控制權，從此之後，在日朝鮮人就常年處於無國籍的窘境，縱使他們為日本的戰爭和重建付出巨大貢獻，在醫療、旅行、就業方面的權利還是處處受限。

當他們終於能夠申請成為日本公民，漫長又昂貴的過程排除了許多人。直到一九六五年，日本與韓國恢復外交關係，在日朝鮮人才有機會申請南韓護照，許多人也申請了，之後，他們得以在日本申請「特殊永久居留權」。

即便如此，「比較好」的日本公司還是不想僱用韓國人，許多人因此接受以美國為首的佔領者的僱用。戰後大批緊急糧食援助從美國湧入日本，橫濱碼頭上需要大量人力從美國船隻卸下糧食，有很多工作機會給韓國人。後來的韓戰和越戰爭期間也一樣，日本也因這兩場戰爭而經濟復甦。

我和吉爾教授走進四個街區中的第一個，馬上就看到壽町的不同之處：路邊垃圾堆積如山，建築物明顯骯髒許多，水泥牆有汙漬，窗框也生鏽。中華街色彩繽紛，生氣勃勃，明顯是休閒娛樂的好去處，壽町則灰色單調，晦澀黯淡。好幾十個看來頗爲邋遢的男人坐在路邊角落，腳邊都是啤酒罐，他們是日薪零工。

「橫濱的韓國人社區沒有得到一個像中華街那樣的搖錢樹，」我們走進一間昏暗的咖啡館酒吧稍作休息時，湯姆這麼告訴我。兩名穿著工作服的男人坐在吧台喝生啤酒，對我們投以懷疑的眼光，然後將視線轉回冰箱上方的電視，現在正在播選秀節目。「他們就只有這個貧民區，大多數人甚至不知道這裡是韓國城。就算知道，也只把它當作韓國人又髒又臭的例子。」

即便在日朝鮮人後裔在日本社會多數領域都有卓越成就，這樣的壞名聲仍在。日本首富孫正義（Masayoshi Son）是電信巨頭軟銀集團創辦人，他是二戰前來日韓國人的後裔，現在改回韓國姓氏。然而，當今仍有許多日本人認為在日朝鮮人（不只零工，而是所有韓國人）都屬於低下階層的人，他們煮的食物味道刺鼻，與日本人的傳統不同，從事低技術甚至非法工作，經營柏青哥店、燒肉餐廳或地下賭場。那些開黑色廂型車的人就是利用這種刻板印象，在日本帶起反韓風氣。

在日朝鮮人現在已到了第四或第五代，人數正在緩慢下降。每年大約有一萬人入日本籍，這些人往往也會改換成日本名字。在這方面，日本有個奇特的情況剛好幫上忙。日本人自己平日也不用自己的本名，而是另取個名字做日常生活之用。

「比方說，我的本名是湯瑪斯．帕拉摩．吉爾，不過……」湯姆開始解釋。

「你叫『帕拉摩』？」我不小心脫口而出[11]。

他用捍衛的眼光看著我。「這名字沒那麼罕見。」

我趕緊拉回在日朝鮮人複雜身分認同的話題。在日朝鮮人使用姓名的方式很多：他們通常在私底下使用韓文姓名，但保留一個日文法定別名作為正式場合之用。「大多數人都

11 帕拉摩（Paramor）在谷歌搜尋僅得到四十七萬筆資料左右。

承認，在找工作時履歷上寫著韓國名字還是會扣分的，」湯姆說。他說這等同於有輕微刑事犯罪的前科。因爲如此，在日朝鮮人在過去很難租到房子，而儘管日本電視播出的浪漫韓劇大受歡迎，使得許多日本女性對韓國男人有很高評價，然而談戀愛或論及婚嫁時，韓國血統還是被負面看待。

在日本，問別人是否具有韓國血統是個嚴重禁忌，因此有時他們不得不訴諸其他手段來確定別人的血緣。我跟湯姆說我的一個日本朋友跟我說過的事。那個朋友說他未婚妻的父母懷疑他可能有韓國血統，因此僱用了私家偵探來探查他的背景。湯姆覺得這種事情現在不合法了，但也補充說，在比較傳統的家庭，這仍然是一個問題。儘管如此，還是有很多居留日本的韓裔與日本人結婚，生下了混血兒，數量估計超過一百萬。

社會學家福岡安（Yasunori Fukuoka）把在日朝鮮人分爲五類，認同南韓者稱爲「民團」[12]。他們甚至可能擁有日韓國雙重國籍（名義上是非法的，但很少遭到起訴）。從外國人的角度來看，最不尋常當屬北韓死忠支持者，他們期盼並相信總有一天會重返由平壤

12 參考 https://www.mindan.org/。

金氏王朝所統一的韓國。這個族群稱爲「朝鮮總聯」（簡稱「總聯」[13]）。不意外地，這群人的數量在近幾年有所下降，但在一九六〇年代和一九七〇年代的時候，抱持這種想法並非荒謬的事，因爲當時南韓還處在軍事獨裁統治，相較之下，北韓在經濟和意識形態上仍然保有某些吸引力。光譜另一端的韓國人痛恨自己的出身，他們改名融入日本社會，不一定會說韓語，歸化日本籍並取得日本護照。很多時候，這些人的朋友和同事甚至不知道他們是韓裔。也有一些人以自身的韓國傳統感到自豪，尤其「韓流」文化浪潮使得作爲韓國人變成很酷的事，但他們並不認爲自己是韓國人，對北韓或南韓都沒有認同感，當然更不會想搬去韓國，很多人甚至不會說韓語，這些人或許就像是愛爾蘭裔美國人。最後一種人什麼都不在乎，只想平靜度日，不想認同什麼。

對我來說，最不尋常的是自認爲北韓人的那群人。據估計，有大約三萬五千名居留在日本的韓國人拒絕申請南韓護照或日本護照，因爲他們支持偉大領袖金正日的政權，而且被迫領南韓或日本護照的人裡頭，可能有些人內心認同的依然是北韓。他們渴望有一天，

13 綠日朝鮮人總聯合會，參考 http://www.chongryon.com/。

北韓的極權獨裁政權取得最終勝利，由「眞正的」純種朝鮮人統一朝鮮半島。然而與此同時，北韓政權從沒停止朝他們的臨時家園發射遠程武器。

特別的是，日本境內仍在營運的朝鮮學校有六、七十所，大多數由北韓支持者經營，主要教的都是北韓教義。日本過去有更多的北韓附屬學校，但在過去的二十年中，有許多學校合併或關閉。更令人驚訝的是，其中一些總聯學校直接由平壤提供資金，有些甚至仍透過地方縣政府接受日本政府資助，因爲到一九八〇年代之前，許多日本政治人物（特別是共產黨和社會黨）與總聯會長的關係很好。「民團」或支持南韓的韓國家長往往會將孩子送到這些學校，希望他們學習韓語並了解韓國文化，因爲他們若不把孩子送去朝鮮學校，就只得完全放棄自身的文化和民族傳統了。凡是知道日本佔領韓國時的政策是壓制韓國文化和語言，就不難理解這些父母的苦心，因爲他們不希望這種情況再度發生。「想像一下，當你數十年來看著日本人試圖破壞你的文化和民族認同——強迫人民說日語，取日本名字，到處設立神社，」湯姆說。尤其在佔領後期，日本人竭盡全力將韓國人變成日本公民。

而實際住在南韓的韓國人對在日朝鮮人的困境似乎抱著矛盾態度。根據二〇一八年的民調，只有百分之七點八的人把「定居日本的南韓人受到歧視」視爲他們對日本有「不良印象」的原因（順帶一提，約有一半受訪者對日本的確印象不佳）。更迫在眼前的是諸如竹島／獨島的主權問題，而日本右翼團體也抱怨說，特別永久居留權就是賦予在日朝鮮人特權，說如果居留在日本的韓國人犯了罪，報上登出的只是他的別名，而非眞實姓名，這樣有失公允。他們也氣在日朝鮮人入境時可以跟日本人走同一個通道。對我而言，這實在是雞毛蒜皮的事，但湯姆也覺得有點不爽：「我也是日本的永久居民，可是我沒辦法用那個櫃檯通關，不過我是覺得還好。」

實際上，極端民族主義者可能只是拿在日朝鮮人的特殊居留身分，作爲抨擊他們的理由。眞正讓他們惱怒的，是南韓對日本的殖民歷史持續批判，而批判來自政治人物、抗議人士、電視或電影，特別是韓國學校有許多反日的課程內容，更何況還有竹島／獨島之爭。

反韓右翼團體最著名的即是「在特會」，全稱「不允許在日外國人特權市民會」[14]。

14 參考 https://zh.wikipedia.org/wiki/%E5%9C%A8%E7%89%B9%E6%9C%83。

該組織起源於二〇一〇年左右，一開始是線上活動，後來轉型爲街頭抗議，走上大阪和東京的街頭，通常在韓國人口衆多的地區。

他們在朝鮮學校和住宅區外高喊的口號（據《日本時報》報導）包括：

「把韓國人踢出日本。」

「將犯罪的韓國人推入東京灣。」

「聽到的韓國人都出來，快出來受死。別想騙日本人，你們這些蟑螂。」

「還有身爲北韓人的尊嚴的話就站出來，現在就出來，爲金正日而接受凌遲吧，快點出來好讓我們殺了你們。」

由於這種情況，美國國務院在二〇一四年發表關於日本的國家報告中，指責該國對移民人口實行「根深蒂固的社會歧視」。在聯合國人權委員會的進一步壓力下，日本最終通過了一項反仇恨言論法[15]，明定不允許以歧視性言行對他人身體和生命造成危害，但該法律實際上並未禁止仇恨言論，對這種罪行不施加任何懲罰，也不適用網路仇恨言論。

15 日本中央政府於二〇一六年六月施行「仇恨言論消除法」。

在東京，新大久保（Shin Okubo）一直以來就是韓國社群聚集地，這是新宿附近的一個小地區。我在第二天去了那裡，度過了一個愉快的下午，在車站周圍遍布韓國餐館的街道上溜達。我來是爲了與記者安田浩一（Koichi Yasuda）見面，因爲我想多了解開黑色廂型車的人。那些大聲喧譁的右翼極端民族主義者，在端莊又矜持的當代日本是如此格格不入。安田浩一從最早就開始追蹤他們。

「日本向來都有種族歧視者，但如果不刻意去找是不會注意到的，」安田浩一說。他現年五十出頭，有種記者特有的疲憊神態。「但這是一個新興的團體。成員是帶著小孩的普通媽媽、一般上班族和退休人士，他們說沒有外國人的話生活會更好。他們有種極度的失落感，覺得外國人和其他國家奪走了許多東西。」

大約在二〇〇六年十二月，線上言論移動到了日本街頭，主導的是一名來自福岡，名叫櫻井誠（Makoto Sakurai）的男子（本名高田誠〔Makoto Takada〕）。安田對他的背景做了點調查。「我訪問過和他一起上高中的人，但他們只是說他這個人話很少，很低調，大多數人甚至不記得他，他畢業後在當地做點兼差工作，之後就沒消息了，也就是說他可能朋友不多。」

高田後來搬去到東京做保全工作，在部落格發表文章，不知怎的吸引了不少追蹤者。「他開始就領土問題和歷史問題跟韓國人筆戰，變成一個網路英雄和魅力十足的愛國者。」

實際上，日本每年的移民人數少之又少。二〇一七年，在近兩萬份申請案件之中，日本只接受了二十名尋求庇護的人，而申請公民獲批准的每年也不到一萬件。目前日本的外國居民佔總人口百分之一點七五，英國約爲百分之十四。不過在過去五年內，日本的技術性和半技術性外國勞工人數增加了一倍（到二〇一八年爲一百二十八萬，最大比例百分之二十九來自中國，僅百分之四點四來自南韓）。諷刺的是，這項計畫推動者是前首相安倍晉三，而且他的目標是到二〇二五年之前，再引進五十萬名短期非技術移民，以填補老人照護、農業和建築業的勞工缺口。

儘管如此，高田的追隨者走上街頭的越來越多，一開始在日本最大的韓國人聚集區，大阪的鶴橋，後來到了東京的新大久保。安田很早就開始報導他們的活動，但無法在日本主流媒體上發表任何文章。「編輯跟我說那是很小衆的運動，不需要報導。有點像是『別理他們，等他們自動消失就好』，」他有點惱火地跟我說。「也有『不要給他們任何版面』的意思。」但是他認爲就因爲成員的人口結構如此廣泛，才構成了眞正的危險。「如果只是一群光頭黨，忽略他們就好了。」

二〇一二年，南韓首相登上有領土爭議的竹島／獨島，造成反韓遊行者人數激增，也引發了前文提及在中國城市的暴力示威遊行。朝鮮學校外的示威活動人數增加到近千人，主流媒體和當局無法再忽視他們。

東京當局最終驅散了示威人群，不過當地反對派也動員了起來。「在特會組織了七百人的活動，但是有一千多人站出來反對他們。就跟在特會一樣，反對派也包含了社會各層面的人，都是些普通人而非工會成員或共產黨員，這些人是受薪階級、樂手、上班族等。」。

爲什麼右翼人士如此反對南韓？北韓和中國肯定在軍事、經濟和外交上對日本的威脅更大啊。

「我的確問過在特會的一名成員，他說這是因爲他們對南韓了解比較多。中國和北韓的地理位置較遠，資訊也比較少。南韓媒體報導的內容在日本都有報導，都看得到。日本的種族歧視者聽說了韓國的教育體系（可說極度排日），很清楚一般南韓人對日本的看法，因此他們是明顯的攻擊目標。」

安田先生還是有一些好消息，他說在特會正在沒落。

「示威的次數在減少，他們幾乎沒什麼活動了。」

萬歲！

等等。

「這不是因爲日本的種族主義者或歧視現象減少了，而是整個日本社會都接受了他們的想法。以前吶喊『滾回你的老家，韓國人』是他們，現在我聽見身邊的人也說出相同的話。你看看日本政府，不過就是在特會的稀釋版。安倍晉三不會講出他們那種粗鄙的言論，因爲他很老練，但他主導的政府認爲戰前日本的軍國主義是正確的，地方議會裡也有很多人有相同主張。」

另一個著名的右翼團體是成立於一九九七年的日本會議（Nippon Kaigi）。他們的言辭比開黑色廂型車的那一群人更爲老練，他們畏懼中國，想恢復明治維新主義者以皇室爲中心的日本，鼓吹修憲讓日本能夠軍事化，並刪去日本歷史教科書裡有關殖民歷史的任何令人不快之處，也贊成首相參拜靖國神社。

社群媒體當然也改變了形勢，抱持極端主義觀點的人，在被孤立的同時，也和彼此連結起來。「這些人在網路上找到了他們認爲的眞相。對他們來說，媒體是敵人。最會吵又吵得最久的人就會引起人們的注意。」

但是安田對未來仍抱著希望，他把希望放在日本人民身上。「我討厭當今的日本，但我對社會有信心，我相信人們有能力改變這個垃圾社會，因爲在新大久保阻止示威活動的都是普通人。現在那些人不能再肆無忌憚地舉辦示威活動，他們受到嘲弄，也面臨反擊。民主歷來都是充滿變數，但我還是抱著小小的希望。」

4 惠比壽

你或許會以爲，在日朝鮮人的兩個主要派系——隸屬南韓的民團和心向北韓的總聯，會因爲日本右翼的攻擊而緊密團結，但才沒這回事。

一九八〇年代，曾經有計畫將壽町改造成韓國城，以便與附近的中華街分庭抗禮，但民團和總聯未能達成共識。如果眞能成的話，以其臨近中華街和棒球場的優越地理位置，肯定會有亮眼的經濟效益。當時的想法是拆除所有的廉價住所，一半土地出售改建成辦公室和飯店，剩下一半用來開韓國燒肉餐廳、燒酒酒吧和賽馬及快艇比賽的場外投注站。一九九〇年代末和二〇〇〇年代初韓國文化席捲日本，橫濱的韓國城原本有機會大賺一票，人類學家湯姆吉爾說。「……但民團和總聯恨彼此入骨。」討論進行了多年，直到經濟崩盤，再也不必繼續討論下去。

總聯與民團之間的世仇到今天還未止息。幾年前，隸屬總聯的一所學校打贏了與某極端民族主義團體的官司，那麼，民團在日本當地發行的報紙，是否報導了韓國人在日本法院擊敗仇恨分子呢？報上隻字未提。當日本對外國人實施指紋按捺制度，民團認爲是歧視性制度而發起行動抗議，他們成功了之後[16]，總聯認爲這事壓根和他們無關，因爲他們認爲自己只是日本的臨時居民，暫時寄人籬下，等到光榮的那一天來臨，他們就能重返勞動者天堂——北韓。

某些隸屬總聯的韓國人，等不及不可能來臨的那一天，他們受夠了身爲在日朝鮮人時時刻刻得承受的偏見和限制，因此不顧一切搬去北韓。

一九五九年，金日成發表著名演講，鼓勵在日朝鮮人「重返社會主義祖國」，從那時起到一九八〇年代初，在日本的總聯領導層（由於日本與北韓沒有正式外交關係，其設在東京的總部實際上就是北韓大使館），成功說服了將近十萬名在日朝鮮人移居北韓。日本紅十字會全力協助之下，大多數移民從新潟港的東港區啓航。

16 日韓兩國外交部在一九九一年簽訂備忘錄，一九九三年之後擁有特殊居留身分的在日朝鮮人無須再按捺指紋以作登錄。

有些移居北韓的在日朝鮮人後來意識到自己的錯誤而逃往中國，另一些人則因涉嫌爲日本或南韓從事間諜活動而「消失」或被監禁。出身東京的在日朝鮮人電影導演梁英姬（Yong-hi Yang）拍了幾部電影，其中幾位移民的命運現已廣爲人知。

梁英姬的父親於一九二七年在朝鮮半島西南的濟州島出生。他在十五歲那年隨兄長移居大阪找工作，如同當時許多韓國人。當時，共產主義在僑居日本的韓國人當中很盛行，理由不難理解，共產主義強調的是他們所缺乏的平等，梁英姬的父親也結交了有共產主義傾向的友人。韓戰結束之後，他們自然而然地傾向共產主義北韓。今天來看或許是個奇怪的選擇，特別是梁英姬的父親和大多數在日朝鮮人都來自南韓，但大韓民國（南韓的正式名稱）剛成立時比北韓更貧窮，因爲殖民時期設立的日本工廠和基礎建設大多位在北韓，而且，南韓很快就淪爲右翼軍事獨裁統治的控制。南韓獨裁統治政權並不關心在日朝鮮人的困境：他們被視爲通敵者，又在日本生活了數十年，根本不被當成韓國人看待。軍事獨裁總統朴正熙從一九六三年掌權至一九七九年遇刺爲止，他甚至建議在日朝鮮人應該全部成爲日本公民。相反地，北韓新政權是由反抗日本殖民主義的鬥士建立的，現在正向韓國人承諾建立一個公平、平等、不受外界勢力影響的社會。北韓領導人金日成直接對在日朝鮮人又發表了幾篇談話，承諾如果他們「回到家鄉」會過上更好的生活，教育與住宿費用均免，有工作機會，還有免費醫療服務。有多年的時間，北韓的經濟成長超過了南韓。當時，北韓與南韓之爭就像是東亞地緣政治的VHS與Betamax[17]。

「儘管在日朝鮮人大多來自南韓，但當時七成以上的人都支持總聯，」梁英姬告訴我。我們在東京西區惠比壽的咖啡館見面，距橫濱大約半小時火車車程。

我從她的電影作品得知她不平凡的家族史，她的第一部紀錄片《親愛的平壤》（Dear Pyongyang）在二〇〇六年日舞影展獲得了評審團特別獎。該片花了十年以上的時間拍攝，探討了她已故父親在一九七〇年代的決定，當時父親把她的三個哥哥從出生地日本送到了北韓受教育。兄長們再也沒能回來，待在北韓的他們，生活水準和健康狀況逐年下降。梁英姬去探親幾次，期間所拍攝的畫面（外國人在那種嚴格管制的國家絕對不可能拍到的畫面）也收錄在她的第二部紀錄片《再見，平壤》（Sona, The Other Myself），內容著重在她的侄女在獨裁專制下長大所面臨的困境。她從侄女 Sona 上學之前開始拍她，記

17 兩者皆為舊時家用錄影帶格式。

錄了一個原本天眞無邪小女孩在成長過程中，因爲生存所需而漸漸成了金正日政權的傳聲筒。

一個很明顯的問題就是，爲什麼梁英姬的爸媽當初要把她的哥哥們送往北韓？坐在東京的時髦咖啡館裡，面前擺著冰滴咖啡和抹茶瑪德蓮，這實在是一個難以想像的決定。

「日本紅十字會推動了很有組織的遣返計畫，」梁英姬說。「非常受到政府和媒體的鼓勵。你一定無法相信，但當時就連日本極右翼的報紙和雜誌都把北韓描述爲天堂，日本政府也很想盡可能踢走越多在日朝鮮人越好。」

在日朝鮮人在外交和社會上是日本的燙手山芋，恨不得他們快走，「當然了，在日本的韓國人其實沒有受多少教育，就連我父親在北韓協會（總聯）擔任高階職位，也只有初中畢業。他經常說金日成是一個偉大的領袖，或提到馬克思和列寧等思想家，但他從沒讀過他們的書，他只看過總聯出的支持北韓的政治宣傳。」到了一九七〇年代，梁英姬的父親升任大阪支部副代表，大阪是僅次於東京的總聯第二大支部。

梁英姬是個警覺而優雅的女子，我估計她三十多歲（其實她五十三歲），她很清楚自己的家族故事有多不尋常。她解釋說，想要了解那些被送去北韓就沒再回來的在日朝鮮人子女的狀況，就要跳脫歐洲思維方式，轉換成儒家思想，也就是家庭等級制度以及父權不可違逆，家庭的決定甚至比顯而易見的常識還重要。梁英姬的父親是個直率、很有個性的彪形大漢，他告訴兒子們說，他們將在北韓接受更好的教育，而且是妥當的韓國教育，不用錢，而且將來在那邊的工作機會也會好得多，不必像在日朝鮮人忍受他人的偏見。身為女孩，梁英姬躲過被送回北韓的命運，因為女孩子的教育不重要（她後來在東京和紐約的大學完成學業）。

梁英姬相信她父親的出發點是好的，只是他了解得不夠透澈，到後來變成自欺欺人。即使他的決定，使得梁英姬的母親變成她口中「時時刻刻執著於」從日本寄送物資的人，看得出來她很愛爸爸。她去平壤看哥哥們的時候，看到母親寄來的包裹原封不動像供品一樣保存起來。她的父親為什麼沒有一起過去？一個原因是他後來在日本取得了相當的權勢，是他在北韓永遠不可能達到的，而且他堅持等著金正日政權下實現統一，到時他才要回到自己的出生地濟州島。

儒家父母的壓力是梁英姬和其他在日朝鮮人沒有申請日本國籍的原因之一。「要是我申請日本公民，應該會發生家庭革命，我爸媽要求我不要改國籍，所以我才會等到我三十多歲、在紐約讀完研究所回來才申請。那時我已經不在乎他們說什麼，甚至我爸也說我應該申請日本籍。」梁英姬的電影裡記錄了這個重要的時刻：她的父親承認他對北韓的看法錯了。

「那是很重要、很短的一句話，他不想再爭論了。到了晚年，他終於看清了現實，我在鏡頭前問過他，會不會後悔把兒子送到北韓。我以爲他什麼都不會說，結果他很誠實地說：『那時候我太年輕。我沒想到後來事情會變成那樣。』這句話給他在日本總聯惹來很大的麻煩，因爲他在大阪支部擔任了非常重要的職務。」但是到了這個階段，連她的父親都無法否認北韓政權的本質了。金日成已經公開承認，北韓政權從日本東北海岸綁架日本公民，而總聯給人的感覺越來越邪惡。

儘管她的電影幾乎沒有反北韓的言論，梁英姬還是被北韓禁止入境。「我已經被列入黑名單，沒辦法再去，我只能寫信給我的哥哥和侄女。我擔心我的紀錄片放映後，在北韓的家人會遇到更多麻煩，但到目前爲止還好。」她的電影廣受好評，並代表日本電影參與國際競賽，但梁英姬在國內也碰到強烈反彈。

「當然了，對於日本總聯來說，我的片子挑釁意味很強，特別是我讓我的父親在片子裡表達悔意，因此我變成頭號公敵。電影發行之後，我很擔心自己或爸媽遭到暗殺。我媽媽家被攻擊，有人扔石頭打破窗戶，還接到勒索電話，一個聽起來像是總聯的人說：『你的女兒真是問題人物，我們恨她，她是叛徒，一個朝鮮學校畢業的人怎麼能做出這種事？』」

這是梁英姬改拍劇情片《應許之國，雙重人生》（Our Homeland）的原因之一，她同時也在寫小說。片子是根據她的哥哥成鎬（Seong-ho，音譯）回日本接受腦瘤治療的真實經歷改編，這一趟是他們父親經過數個月的背後協調才得以成行。不幸的是，她哥哥還沒接受治療就得返回。她跟我說哥哥還活著，但是身體孱弱。該片比她的紀錄片得到更好的成績，但許多人警告她根本不該拍這部片。「一開始的時候，人家跟我說不可能有日本明星願意演出，因爲這部片太政治化了，參與演出會損害他們的演藝生涯，未來再也不可能拍廣告，但我們成功請到了我們心中的首選演員。我找到了兩位日本大明星[18]，因此很多對在日朝鮮人一無所知的人也來看這部片，甚至時尚雜誌也寫文章報導。我才發現有許多優秀的日本演員，其實對日本片簡單的情節感到無聊。」

18 《小偷家族》女主角安藤櫻、《我的意外爸爸》男星井浦新主演。

她因爲謙虛而不提，其實《應許之國，雙重人生》在日本國內電影獎囊括所有大獎，最驚人的是儘管主題敏感，該片獲選代表日本角逐二〇一二年奧斯卡金像獎最佳外語片。「這很荒謬。我的電影算還不錯，但老實說那年沒有什麼優秀的日本片。總之……」她說，以一種非常日本人的方式，輕描淡寫帶過我的讚美。「拍完那部片之後，兩位明星又接拍了很多電視廣告！」

那麼，今日隸屬總聯的在日朝鮮人是什麼狀況呢？是否人數少到要解散了？「我還是有朋友把孩子送到總聯的學校，」梁英姬說。「其實呢，如果他們否認或改變了自己的意識形態，就等於否認自己的一生。那一代人奉獻生命來維護總聯的說詞，也因此付出巨大代價。現在我終於稍微懂了。他們是貧窮又沒有受過良好教育的人，生活在一個不把他們當人的社會裡，他們找到了一個社群，也找回身爲人的價值，得到了某種信仰和歸屬感。當然了，當他們最終意識到整個人生是錯誤的，只是活在幻想裡的時候……」梁英姬聳聳肩，彷彿是說，他們的一生都是基於虛幻的承諾，承諾落空之後就什麼也沒有了。

這些人失去了太多，他們失去了生命、時間、希望、國籍和歸屬感，也失去家園。也許當他們踏上船前往日本時，就注定了要失去一切。正如李珉貞（Min Jin Lee）所寫的在日朝鮮人家族史小說《柏青哥》（Pachinko）[19]，該書以日本佔領朝鮮半島時期及之後為背景，「總有傳言說韓國人要回家，但是從某種意義上來說，所有人都永遠失去了家的感覺。」

我在猜，一九七〇年代返回北韓的在日朝鮮人，很多人的命運都跟梁英姬的兄長一樣。那麼，那些忽視金正日的聲聲呼喚，試圖去南方尋根的人呢？

清晨時間。這種時候傳來敲門聲一定不會有好事，二十四歲的姜鍾憲（Kang Jang-Heon）爬下床，他所居住的漢城[20]學生宿舍門外站了三個男人，他們想問姜鍾憲的朋友的事，麻煩請他出來一下。他快速穿上衣服，跟著那些人下樓，一輛吉普軍車和兩名武裝士兵在街上等著。當時南韓處於軍事獨裁統治，總統是日本陸軍士官學校出身的將軍朴正熙。當時在大韓民國不時有人失蹤，而且再也沒有消息。

憲兵把姜鍾憲帶到一個軍事監獄，經過長時間審問之後，他被控違反國家安全法。他被控造訪敵國北韓，聽從北韓政權的指令，也是某「地下組織」的領導人，企圖在南韓煽

19 蘇雅薇譯，蓋亞文化，二〇一九年出版。

20 二〇〇五年之後改名首爾。

動革命。他們沒有逮捕令，不讓他見律師，也不准他與外界聯絡。姜鍾憲遭到水刑和電擊伺候，受了兩個月的拷問，最後簽下了自白書。

那是一九七五年的事。姜鍾憲於一九五一年生於日本奈良，父母爲韓國人。他的父親跟隨祖父的腳步，年僅十五歲時，在戰爭結束之際離開韓國，在大阪擔任文書人員。姜鍾憲的母親也經歷了類似的旅程，在大阪認識了姜鍾憲的父親。

姜鍾憲成長於一九五〇年代的日本，很早就意識到自己身爲在日朝鮮人，生活會很辛苦。「我在日本看不到未來，」姜鍾憲這麼告訴我。我們在大阪鶴橋一間昏暗的咖啡館見面，鶴橋是大阪的韓國城，姜鍾憲現在住在這裡。「你不能在政府機構工作，公部門不會僱用你，也無法進入大型企業，我覺得我在這裡沒有機會，在韓國的展望比較好。」

儘管不會說韓語，姜鍾憲還是在一九七一年去了漢城大學讀醫學系，不久就加入民主派人士的行列，軍政府聲稱他們受到北韓控制。「我反朴正熙，也反金日成，我只想要和平，」他說。在當年，日本人去北韓容易得多，可以從日本港口循常規渡輪路線前往。姜鍾憲認爲這就是爲什麼他明明沒去過北韓，卻被當作目標，說他是地下組織領袖，定期前往北韓。

他於一九七六年一月被起訴，在接下來的十四個月中三次出庭受審，每次都上訴，每次判決都是縵首死刑，不是由陪審團判刑，而是由三名法官作出的判決。「一開始我以為不可能眞的被判死刑，但審判進行了一次又一次，我開始覺得好像是眞的，就越來越害怕。」

姜鍾憲現年六十多歲，後來成爲學者，看起來也一副學者的樣子，目前在京都同志社大學教授國際關係。他緩緩向我道來過去的苦難，冷靜沉著，沒有一絲憤怒或怨恨。

宣判之後，他和殺人犯、偷竊犯和強姦犯關在一起，一天二十四小時都戴著手銬，連睡覺也不例外，幾年下來歷經多次移監。有一度，他被剝奪了寶貴的運動時間，只有在這個時候他才有機會見到其他學生囚犯，因此他絕食抗議。守衛把他綁了起來，連續打了八個小時。日本政府起初並未介入本案，但他懷疑是因爲他跟日本的關係，所以南韓當局才遲遲沒有將他處死。其他被判與北韓共謀的學生，很多都遭到絞刑，但國際特赦組織最終介入了姜鍾憲的案子。他的日本朋友作證說，他不可能在南韓當局聲稱的那幾天去了北韓，因爲他跟朋友一起待在北海道。一九八二年，在被判死刑六年之後，他的刑期被減爲無期徒刑，之後再減爲二十年。他在獄中又待了七年，後來隨著南韓民主運動蓬勃發展，漢城奧運也引起人們關注監獄系統的黑暗處，他終於在一九八八年十二月獲釋。

「要被釋放的前一天晚上，我睡不著，」姜鍾憲回憶說。「我摸摸我的牢房的牆，心想著我的青春都在這裡了。我記得那天早上，我穿越了好多道大門，眞的很多……」他朝我後面的牆壁望了一會。「一開始我有點不知所措，但最終我重設了自己的感受。外頭的人一直過著自己的生活，而我必須按照自己的節奏，慢慢找回自己的生活方式。」

令人意外的是，姜鍾憲對南韓的感情還是很深，也期待朝鮮半島統一，他說他能夠把監禁他的軍政府和他所愛的國家分開來。「我埋怨的是韓國政府，不是韓國人民。」他甚至能正面看待十三年的獄中生涯。「我在監獄裡認識了韓國。監獄反映了社會，在大學往往只和其他學生混在一起，但我在監獄裡學到了很多東西。而且我從來沒有放棄，因爲親友一直在支持我，這麼多年下來，我也感覺到韓國社會一點一點地朝著民主邁進。」

直到二〇一五年，南韓當局才宣布姜鍾憲無罪，首席法官崔圭弘（Choi Kyu Hong，音譯）正式裁決對他的指控是捏造的，目前他正在尋求國賠。「這與錢無關，監禁一年只賠一百萬韓元[21]，」姜溫和地說。「這筆錢並不能補償我受的苦難，那是無法賠償的。我

21 約兩萬五千台幣。

不滿的是韓國政府沒有表示歉意，他們沒有道歉。」

姜鍾憲還是沒有日本護照，但現在持有南韓護照了。他經常去南韓，甚至去過北韓（一九九二年去的，他說是因為好奇）。我覺得奇怪的是，他對折磨和監禁他的國家比對他出生的國家更為依戀。他說他的兄弟們都領了日本護照，那為什麼他不領呢？

「我的青春在韓國度過，我在那裡有朋友。我認為自己是韓國人，」他說，喝了一口咖啡，抬頭看我。「我在日本結婚生子，日本人民是我的朋友，但日本不是我的國家。每次回韓國，我都有回家的感覺。我認為國籍是一項人權，每個人都應該有選擇的權利。」

並非所有在日朝鮮人都決心維持韓國身分。鄭太金（Tei Tai-kin，音譯）是東京都立大學教授，現年六十九歲，母親是日本人，父親是韓國人，他的學術生涯主要致力於日韓關係，有十四年時間在韓國各大學擔任講師。

我們在東京見面。他跟我說，他對於在日朝鮮人同胞的「受害者心態」覺得不耐煩，他很早就選擇加入日本籍，也取了一個日本名字（他原本姓鍾 Chung）。

「我搬去韓國才發現南韓國內其實沒有多少同情心，」他說。「這太虛偽了。」

鄭太金有個姐姐拒絕加入日本籍，保留了她的韓國姓名鍾香均（Chung Hyang Gyun，音譯）。她發現自己無法參與公部門升遷考試，因此向東京法院提告，但之後敗訴。

「我認爲生在日本的韓國人就應該申請日本籍，」當我問起他妹妹的事，他快速而簡短回了我一句。「我妹妹早該處理好這件事，這樣她就可以繼續在東京都政府工作。」

「（在日朝鮮人）的要求越來越多，根本就是在騷擾和欺負日本政府，歇斯底里地試圖懲罰日本政府。過去，韓國人在日本確實受到歧視，但不是所有日本人都歧視，總是有一些日本人表達同情，那些歧視在一九八〇年代初都被廢除了，但大家還在討論。我的看法是，在日朝鮮人應該別再批評日本政府，而是決定一下要怎麼解決自己的國籍問題。」

5 奈良

在東京和橫濱穿梭了一個多星期，我終於準備上路了，開車離開橫濱之後，我先去了橫濱外國人墓地。該墓地位在一處峭壁上，可俯瞰整座城市，由培里准將本人創建，當初是爲了埋葬一八五四年返回日本的途中去世的一名水手。到了一八九〇年代，最早到日本的英國人也埋葬在這裡。

這種在遙遠國度偏遠地區的外國墓地總是令我覺得感傷。也許是因爲葬在這裡的人們千里迢迢來到了世界另一端，當時的日本是眞正的未知領域，他們懷抱希望和樂觀心情啓程，也不知道會不會再見到家鄉。從歐洲的角度來看，他們就像十九世紀的太空人，當然也是殖民主義者，來這裡是爲了進行貿易、開疆闢土、征服或傳教，然而長眠於此的人再也沒有見到家鄉。

存活下來而且活了好長時間的人，在橫濱重建了獨特的維多利亞時代上層中產階級生活，成立草地網球協會和板球俱樂部，還有賽馬場、圖書館、學校、醫院和英語報紙。墓地旁的橫濱外國人墓地資料館，訴說了這些勇敢的早期移居者的故事，其中包括美國旅行作家伊莉莎．西摩（Eliza Scidmore），她於一九二八逝世於瑞士，但要求死後下葬在她熱愛的橫濱，就在母親和兄長旁邊[22]。世界另一端的華盛頓特區到如今也懷念西摩女士，因爲她受到在日本生活的啓發，才推動在波多馬克河岸種植櫻花樹。

當初在計畫旅行的時候，我本來打算在東京買輛車，昭和時代的車款，比如一輛中古一九七〇年代豐田花冠（Toyota Corolla）或者是本田喜美（Honda Civic），象徵日本戰後迅速成爲工業和經濟超級大國的車款。我打算開這輛老爺車穿越三個國家，作爲我的和平使命。我的想法是，一輛來自純眞設計時代的汽車，就像來自另一個時代的和平使節，或許可作爲破冰船。看著一輛橘色日產達特桑 Cherry（Datsun Cherry）從地平線那端開過來，所有人都會心頭一暖。

22 伊莉莎．西摩曾多次隨外交官兄長造訪日本。

我也覺得，從三個國家的汽車工業能一窺戰後東亞歷史的許多面向，不僅限於工業和經濟發展方面。領頭的當然是日本，一九六〇年代末期和七〇年代初，日本出產了大量小型汽車，排第二的是一九八〇年代的韓國。八〇年代時，日本借助革命性的「改善」或「準時化」生產線系統，製造了世界上最好的汽車。一九五〇和六〇年代，日本照著英美的設計拼湊出次級汽車，有些模具還得從英國工廠進口，到了東方再建立新的生產線。韓國在七〇年代和八〇年代採取相同做法，現在也跟隨日本步上高峰，韓國車在品質和設計方面，與日本車或歐洲車幾乎不相上下（除了少數別具聲望的汽車品牌以外）。現在，中國也趕上了，中國本土生產的汽車正脫離被取笑的階段，想當初，日本和韓國汽車業發展初期也都歷經過的。中日合資生產的汽車達數百萬輛，中國現在已成為世界上最大的汽車生產國。從電子業到造船業，這樣的發展模式複製到了三國的其餘產業，日本是先驅，增加附加價值之後進入高峰，而某些產業則往下滑。韓國遵循日本的榜樣，然後對鄰國採取削價競爭；接著，採用計畫經濟的中國避掉勞基法、人權、環評和反壟斷等諸多不便，輕易地把日韓打趴。

總之呢，本來我以為本書可以從汽車行業的角度來探討這些主題，但是當我試著在東京買一輛二手達特桑，發現這是不可能的事。在日本購買汽車必須有居民身分，而且要證明自己有停車位才能買車，我兩樣都沒有，所以「開老爺車行遍亞洲」的想法就這樣泡湯了。而且我在啓程之後也很快意識到，這個地區能講的故事遠遠超過了汽車業。不過，當我還在研究日本汽車工業早期階段的時候，我去了橫濱近郊座間市的日產經典車庫（Nissan Heritage Collection）[23]一趟，向公關部門提到了我的汽車難題。

儘管大多數人（包括我在內）都認爲豐田汽車是第一家日本汽車製造商，但一九一四年創業的日產公司，才是日本第一家國產車製造商，當時名稱爲「快進自動車工場」（Kwaishinsha Motor Car Works），生產的第一輛汽車是DAT。之後更名達特桑汽車公司，一九三四年再度更名爲日產汽車公司，博物館裡有個標題寫著，「鮎川義介（Yoshisuke Aikawa）接受了製造汽車的挑戰……目標是發展日本汽車工業，以造福國家社會和公衆。」當時，民族主義情緒高漲的日本政府正在加速軍事化，禁止進口美國車，國內汽車工業因而蓬勃發展。日產汽車在二戰期間一直使用達特桑的名稱，也和當時其他日

23 集結日產所有經典車款的汽車博物館，參考 https://www.nissan-global.com/EN/HERITAGE/index2.html。

本汽車業一樣專注生產軍用車輛。一九八四年，日產決定捨棄達特桑的名稱，以母公司日產作爲品牌，據稱花費了三點五億英鎊（約台幣一百三十三億）[24]。

我在博物館裡仔細瀏覽了款式不同的各種汽車，其中有一九四〇年的 Graham Paige（原本爲美國車，改商標後於戰後在日本銷售，當時日本被禁止發展製造業），一輛一九四七年製造的電動車，各式賽車，還有一輛奧斯汀 A40——以一九五三年在英國亞平敦（Abingdon）製造的零件在日本當地組裝而成。

這也就是爲什麼幾天之後，我離開橫濱時所開的車，跟我當初計畫一九七〇年代掀背老爺車會天差地遠——我開了一輛日產 GT-R，這款可說是當前最終極的日本車了[25]。

我抗拒不了這輛時速一百九十六英里的超高科技轎跑車，它可能是全世界點到點賽段速度最快的汽車（現實世界的路況和直線加速賽道或測試賽道不同，但它的排名依然很前面），暱稱「哥吉拉」的它，就像電玩賽車的眞實版。我在橫濱海濱的日產全球總部地下停車場領了我的 GT-R，車色是搶眼的金屬光澤橙色加青銅色（官方稱「桂橙」，Katsura

---

24 日產在二〇一二年重啟達特桑作為平價汽車品牌，主攻市場包括印尼、尼泊爾、南非、印度和俄羅斯。
25 汽車雜誌多以「東瀛戰神」稱之。

orange），刀片般的車身輪廓，切口般的巨大前燈，它看起來更像武器而不像交通工具。

我坐在駕駛座，花了點時間來適應。「手工縫製」，兩個座位上縫著的小徽章這麼寫。這輛車有個叫「彈射起跑」的系統。之後六百多英里的路上，我將被皮革座椅的香氣所環繞。就連方向盤也有皮革裝飾，上面還有像一級方程式賽車那種旋鈕和開關，高檔的碳纖維閃閃發光。我的左邊有個大螢幕，裝有日本專用的GPS系統，下方是序列式排擋桿（方向盤後面還有換擋撥片）。這輛車的目的性和奢華程度，絕不亞於我過去開過的各式豪華義大利超跑，但感覺起來像一輛迷你巴士那麼大。在我那個年代，跑車都是精悍短小，現在安全規定要有潰縮區、安全氣囊和行人安全防護系統，讓車子增加了不少重量。

當我從日產總部小心翼翼開上橫濱街道，讓我不太自在的不是車子馬力太強，甚至也不是因爲在國外開車（就它的超強馬力而言開起來簡直輕鬆自如），是直到這一刻，我才注意到日本人只開三種顏色的車：白、黑或銀色，大約八成的車似乎都是白色。我簡直像騎著駱駝上路一樣引人注目。

我今天打算從橫濱往西走一條「風景路線」，也就是走東海道高速公路，連接東京和京都（相距四百五十英里）的古老道路。出發之前，我想像這是一條半鄉村的兩車道道路，類似古老的郵政路線，路上偶爾會看到木造房屋和神社等小村莊，有鵝卵石路和武士宅邸，說不定還看到一兩個年老睿智的占卜師，或是抽煙斗的神父之類的。但我很快就發現東海道完全相反，沿路看不完的都是汽車經銷商、生鏽的自動販賣機、像餅乾模切出來的一模一樣的房子、大型加油站、速食店、輕工業園區、商場、電塔和廣告牌。因爲塞車的關係，車速很少超過二十英里，因此我有充足的時間來享受沿途風景。

其實我說「享受」完全沒有自嘲的意思。身爲哈日族，就是可以從最尋常的日本景觀體驗到激動興奮的感覺，例如某個咖啡廣告招牌上面是湯米．李．瓊斯（Tommy Lee Jones）戴游泳圈浮在池子裡，或者一九六〇年代店面忽然跳脫時空出現在路邊。所以呢，儘管我的旅程一開始是在濛濛細雨中塞車整整一百英里到第一個過夜站靜岡，我一點也不以爲苦。靜岡是個美麗的城市，被竹林、山脈和大海所包圍。沒有蓋房子的土地都用來種茶，蔥翠飽滿的綠色滋潤著眼睛，茶樹之間長滿了藤蔓和綠色植物，我想像如果日本人外出度假一個星期，回來時會發現整個地方又被叢林佔據了。

上路的第一天，我想到幾件與行車相關的瑣事。這個國家沒有圓環，但是日本人眞的有夠愛紅綠燈，每兩百碼左右就有一根，讓人開車開到厭煩又乏力。就算不塞車，日本人也以小心謹愼的速度開車，雙線車道的速限是三十英里。日本的汽車甚至卡車都維持一塵不染，連一點汙泥也沒有，但似乎只有三種顏色：白、黑或銀色，大多數是白色。在單色調的車陣裡，開著我的青銅色日產 GT-R，我感覺自己像會計師年會上打扮時髦的剛果紳士。與我此行任務更相關的觀察，我連一輛韓國車都沒看到。儘管韓國是世界第五大汽車製造商，路上看不到起亞（Kia）、現代（Hyundai）或是雙龍（Ssangyong）。

沿路上，我用一直在玩的日本車名賓果遊戲來打發時間，我看到一些經典款，如日產勝利（Cedric）和豐田（Ractis），還有最高分十分的馬自達（Bongo Friendee）露營車。對於英語母語者來說，這些名字有點奇怪，但我知道日本人覺得沒什麼問題。不過，這種語言上的傲慢，代表日本自信滿滿的一面，他們有膽量覺得自己可以改造英語來符合自己的目的。局外人很難想像在一九八〇年代身爲日本人是多麼了不起的感覺。一九四〇年代，戰後的日本幾乎在破產狀況，當時人均收入與斯里蘭卡差不多。重建之後，日本成爲世界上最富有、技術最先進的國家，擁有子彈列車和手提電視，還有足夠的資金請到哈里遜・福特（Harrison Ford）來推銷幾乎任何產品。日本的飲食習慣也不再令西方人退避三舍，曼哈頓到處都是高檔壽司餐廳，這是好事，因爲日本企業擁有相當數量的曼哈頓地產。

一九八〇年代奢華東京的事蹟蔚爲傳奇，豪客們在會員制銀座餐廳從裸體藝妓的身上吃壽司，一時興起買的法拉利隨便丟在中目黑地下室車庫長蜘蛛網，金箔隨意撒在韃靼和牛配著吃，大批購入的古典畫作就掛在企業大樓的廁所牆上。

這種揮霍無度的時代已經過去了。二十多年來，我們聽到的是日本「經濟停滯」，而且會因爲不可逆的人口負成長而導致經濟崩盤。我不禁懷疑，日本商人其實很高興他們的外國客戶繼續抱著這個想法，因爲所有來日本的遊客都看得到情況其實沒有那麼糟。這裡看起來依然像個極爲富裕的高度發展國家，擁有世界上最好的生活條件。所以日本經濟危機的現實是什麼？到底哪裡做錯，哪裡又做對了？

據說在一九八九年經濟全盛時期，皇居所在地（位在東京中心，面積相當於一個迪士尼樂園）土地價格超過了加州所有房地產的總和，這個例子可說明當時日本房市飛漲，遠超越正常經濟規模，當時皇居土地價值約爲五兆一千億美元，一九八九年日本的GDP總額爲五點三千億兆美元，然後泡沫破滅了。

「泡沫破滅」。我看過這個詞很多次，但從來不曾完全搞懂它的含義、發生的原因、或是日本金融崩盤的嚴重性。一些嚴酷的數據如下：兩年之內，日本首都房地產平方公尺價格跌了八成，某些情況甚至跌更多，日經平均指數暴跌百分之六十。

簡單解釋就是，公司以及機構大量借貸，最後威脅到當時世界第二富裕國家的經濟。一九七〇年代工業出口帶來的驚人增長，促成日本銀行[26]大量放貸，助長了人類歷史上最驚人的房地產榮景。爲了因應隨之而來的通貨膨脹，央行做出升息的決策，所有有負債的公司突然無力還貸。政府被迫介入，扶植那些「大到不能倒」的企業。同時，那些在七〇年代進口原料來增加附加價值、生產高品質和高科技產品而賺大錢的製造商，面臨了快速發展的韓國、台灣以及之後中國的激烈競爭。爲了振興經濟，日本通過借貸來增加支出，而今，日本負債佔GDP比率百分之兩百三十六，甚至希臘也只有百分之一百八十。

美國作家艾力克斯．柯爾（Alex Kerr）在《犬與鬼：現代日本的墮落》一書中[27]，將責任歸咎於日本的統治階級精英，特別是其官僚主義，以及拒絕現代化的心態：「日本人的做事方法，無論是經營股票市場、設計高速公路、拍電影，基本上都停留在一九六五年

26 即日本央行。
27 馬慈光譯，木馬文化，二〇一四年出版。

左右，」他如此寫道。日本似乎確實受困於舊日的做法，在勞動力市場、公司董事會和政府職務等方面，婦女參與更是不足。

經濟停止成長，但實際上並沒有緊縮那麼多，即使在谷底，失業率也從未超過百分之六（至少根據官方統計沒有）。今日，《華盛頓郵報》聲稱日本「過去幾年經濟表現如此出色，幾乎完全彌補了九〇年代長期不景氣期間失去的基礎。」但其實情況從來也沒有表面上那麼糟糕。日本勞動力減少，才使得總體GDP數據看起來比實際情況更糟。適齡勞動人口的GDP（個人實際為經濟做出的貢獻）保持強勁增長，超過了英國和美國。換句話說，日本人口雖然減少，但生產力卻一如既往。在過去六年中，工作的女性人數也增加了百分之七。

政府債務仍然令人吃驚，低通膨無助於償還債務，加上總人口下滑勢必對未來的稅收產生影響。但至少在二〇一八年，日本的貿易順差為一千八百九十億美元。債務也大多限於日本國內，因此不必擔心債主來敲門。據說日本企業還坐擁至少兩兆美元現金，約為全國的一半財富，另一半大多被藏在床墊下：日本人是著名的守財奴。

有關日本已死的報導或許誇大了，但該國相對貧窮率在所有開發國家之中確是數一數二。六分之一日本人過著相對貧窮的生活，近三分之二的人說自己經濟方面有困難。同時，日本的吉尼係數（Gini Coefficient，衡量相對經濟平等的指標）高於經濟合作暨發展組織[28]（OECD）的平均。日本曾經是世界上最平等的社會，一個由中產階級組成的國家，但不平等的情況正在加劇。大多數日本父母認爲，子女未來的經濟狀況會比自己更糟。

造成悲觀心態的最主要原因，可能是不穩定的就業市場，這也加劇了經濟不安全感，使得人們更想把錢留在手上，而不是用在消費，刺激經濟。目前將近四成勞工簽的是臨時合約，意味著他們不太願意結婚生子，也更容易被迫加班。根據政府報告，兩成日本企業承認旗下員工每月加班超過八十個小時，一天工作二十個小時並不罕見。這個結果就是，每年大約有兩百起官方承認的「過勞死」事件，但有些人認爲眞正的數字可能破千。

第二天上路，開車前往奈良的沿途風景訴說了日本工業的興衰。我經過了富士軟片工廠，數位相機問世和勢不可擋的智慧手機給它帶來嚴峻的挑戰。東芝集團總部，二〇一五

28 全球三十七個市場經濟國家組成的政府間國際組織，總部設在法國巴黎米埃特堡。

年爆發全日本最大會計醜聞。還有近年來召修車輛破紀錄的豐田汽車。

我經過了名古屋，日本戰後工業發展最快速的重地。今日看來，它呈現的是一九七五年對未來的願景：摩天大樓、礦渣場、儲氣罐和倉庫，一眼望不盡的水泥建築群聚。電纜塔多得像一片森林，碼頭邊是一排排巨大的紅白相間碼頭起重機。最壯觀的是翻花繩一般的高架橋，沿著開就能跨越底下攪動的棕色河水。過了揖斐川再往南走，我經過了這輩子見過最大型的雲霄飛車。

最後這條路終於脫離名古屋都會工業區，進入綠色山脈，我越過雲霧籠罩的山頭，來到奈良，八世紀時日本定都於此，現在這裡最有名的就是很適合拍照上傳ＩＧ的梅花鹿。牠們像集三千寵愛於一身的妃子，漫步在市中心的神社、街道和公園。梅花鹿的毛色是美麗的栗紅色，牠們有著神奇而彎曲的鹿角，背上散落著淡色斑點，彷彿落雪。人們覺得牠們溫馴得無以復加，冷冷淡淡地在風景如畫的亭子前面擺姿勢。我彎下腰和一隻鹿自拍，後來看照片才發現我按下快門時，牠正在啃我帽子的帽緣。

奈良是個帶著惆悵神祕感的小鎮，要等到從京都來此地一日遊的觀光客在傍晚都回去了之後，才能眞正感受這裡的氣氛。修整過後如衣帽架般的松樹，在地上灑下奇形怪狀的影子，迷宮般的羊腸小徑成了鎮上四足居民的天下，隱約給人一種世界末日的氛圍。倖存下來的是鹿，不是蟑螂。

但是，日本經濟沒有到達末日。當前這種還能控制的緩慢經濟衰退，從外部看來並沒有那麼糟糕。每當我思考日本的經濟困境時，我總是想到凌大爲（David Pilling）關於日本的絕妙著作《大和魂：日本人的求存意識如何改變世界》[29]（Bending Adversity: Japan and the Art of Survival）中的一句話。凌大爲之前是《金融時報》亞洲版主編，他寫說某位英國國會議員到東京參訪，看著繁華的銀座說道：「如果這叫經濟衰退，也給我來一份。」

凌大爲寫道，也許我們需要重新調整對於經濟以及經濟成就的評估方式，特別是眞正在日本旅行的時候，就能感受到日本各方面的運作勝過世上任何一個國家。低犯罪率，堪爲模範的公共運輸，高度公民責任感，更不用說還有世界頂尖的服務文化。日本在實際上依然很富有：根據彭博社的報導，日本百萬富翁的人數，比德國和中國還多，而且是超過

29 陳正芬譯，遠足文化，二〇一四年出版。

兩國加總的人數。

回頭來看，日本人最受打擊的可能是自尊心。二〇一〇年，中國取代日本成爲世界第二大經濟體，老大哥中國再次成爲世界中心，恢復古老的儒家秩序。

提到中國，日本人依然有錢花在某個地方：軍隊，應該說自衛隊。過去六年來，軍費開支一直在增長，並創下歷史新高（五兆一千九百億日元，相當於四百二十億美金），這主要是受到中國不斷發展海上勢力的刺激。現任首相主張增加支出[30]，他正試著做出更深遠的改變，進一步將日本社會軍事化。他想修改日本戰後的和平憲法，這樣未來就能將軍隊用於其他目的，而不只是向世界其他地方提供人道主義援助。

30 此指前任首相安倍晉三。

6 京都

我每次都把京都搞錯。我來這座古老、不可知、醜陋而美麗的城市不下十幾次，但它仍然讓我疏於防備。

第一次來這裡的時候，以爲我一步下子彈列車，就會踏入十七世紀的封建日本，相反地，我卻身陷京都車站附近絲毫不友善的混凝土建築荒原。另外一次，我下榻市區最北邊的一家旅館，離任何地方都遠得要命。我常沿著一條無人的六線道路走上好幾個小時，道路兩旁都是不知名辦公大樓和星巴克，但我很清楚繽紛豐富、別具古風的小巷弄就在附近。而且我總是排進太多聯合國教科文組織世界遺產的行程，京都有十七個（荷蘭只有十個），第一天結束時就已經看神社看到眼花。我最新犯下的錯誤：在櫻花季開始的時候抵達京都。

京都跟威尼斯一樣幾乎沒有淡季，但從三月下旬到四月初，傳奇的櫻花散發出如凱蒂貓的魅力，我沒見過比現在更擁擠、更粉紅色的京都了（或任何城市）。泡沫經濟之後，日本政府大力推動觀光業，遊客人數從二〇一一年的六百萬，激增到今天的兩千八百六十萬。京都觀光業一直是重要經濟來源，旅客人數預計在二〇二〇年京奧達到高峰[31]，但許多人認爲觀光業正在破壞像京都這種地方的本質。

我在人群中穿梭，準備去賞櫻。看了一眼盛開的櫻花樹之後，我不但沒有「好，我看過了」的老神在在，而是看得欲罷不能，在京都第一天的時間，我大都花在四處賞櫻拍照，心裡還帶著少女般的狂喜（我得老實說）。一個小孩子追著被風吹拂的花瓣從我身邊跑過去，我也忍不住偷偷伸手去抓了一些，我知道我沒救了。

我進城這天不僅有大量櫻花盛開，幸運的是當晚還是滿月。這樣的雙重襲擊，肯定令人開始思考人生意義，日本人集體陷入神魂顚倒的狀態。大家低聲讚嘆「すごい」（Sugoi），規規矩矩地排隊等著站到一個絕佳位置，欣賞月光之下粉紅色枝椏延伸到鴨川

31 京奧因新冠肺炎疫情之故延期至二〇二一年。

上的美景。

京都對日本人來說幾乎具神祕意義，部分是因爲從公元七九四年到一八六八年明治維新時期，這裡一直是日本首都，包括至關重要的鎖國時期。當時是國內統一與相對和平的安逸時代，武士階級鑽研茶道、書法、詩歌、精美的懷石料理和精緻園藝。至少，這是十七、十八世紀和十九世紀初日本給外界的印象。

「所謂日本被孤立的這種先入之見，一定要小心看待，因爲日本和亞洲及世界其他地區都經歷過數個階段的深度交流，」隔天和我相約見面的約翰・布林（John Breen）教授解釋說。日本與外界一直有接觸，主要是從西邊九州島和琉球群島（當今的沖繩）透過中國來聯繫，但也從東邊與俄羅斯有所聯繫，在長崎也透過設在當地的小型荷蘭「貿易站」與歐洲進行貿易。隔一小段海域與北九州相望的韓國，與日本也有頻繁往來。

「當然了，培里抵達帶來深遠的影響，但在那之前日本發生了許多事，已經有嚴重的內部社會問題，」研究日本宗教史的布林說。就算美國人沒來，法國、俄羅斯、英國甚至德國也會試著開放日本，他補充說。所以我的理論「怪美國人好了」不成立。

布萊恩娶了日本老婆，育有三個成年子女。他在十年前搬到京都，之前在倫敦大學教了二十年日語。他讓我想到年輕的約翰．伯格（John Berger），兩人都有一頭不羈的捲髮，臉上皺紋很深，生著方下巴。他對日本以及日本歷史非常熟悉，人脈也很廣。我們談話過程中，他不經意地說他見過天皇、天后和皇子。他猜測皇子跟父親一樣，私底下都很開明。我們訂定午餐之約時，我注意到他的手機號碼最後四碼是一八六八，明治維新開始的那一年。

我和布林在京都市中心鴨川旁的一家豆腐餐廳見面。我想談的是神道和靖國神社，堪稱亞洲最具爭議的宗教場所。

日本和鄰國之間所有不必要的挑釁中，最簡單也最容易解決、而且在我看來解決之後能給所有人帶來莫大好處的，就是日本的大臣、首相和其他知名人士參拜靖國神社這件事。

這座神社位於東京市中心皇居的步行範圍內，紀念大約兩百三十萬在一九四五年以前為日本作戰而死的軍人，其中大多數是男性，也有女性[32]，甚至還有動物。靖國神社實際上並沒有墓地，入祀者的名字書寫在「靈璽簿」內，伴隨著悲戚的笛聲，在夜間舉辦特殊

32 沖繩女學生組成的「姬百合救護隊」。

的招魂儀式，讓亡靈附在一個稱為「內內陣」的特殊容器，供奉於本殿。

這不該引起爭議。全世界幾乎每個國家都有軍事紀念館，例如美國維吉尼亞州阿靈頓公墓埋葬了四十萬士兵，美國總統經常造訪，沒有人大驚小怪。問題是，靖國神社與日本帝國的歷史有著分不開的關係，更大問題的是在一九七八年，十四名日本甲級戰犯被祕密奉入靖國神社，這些都是經判決犯下危害和平及人類生命罪行、製造戰爭的戰犯。從此之後天皇不再來參拜，但有十四位首相來過，其中包括一位基督徒大平正芳，以及現任首相安倍晉三。安倍於二〇一三年停止參拜，可能是應歐巴馬總統的要求。

另一個爭議點是靖國神社也供奉了約五萬名韓國籍和台灣籍士兵的亡靈，許多人是從殖民地被徵召入伍為日本作戰。軍屬提出抗議，甚至告上日本法院，但無濟於事。靖國神社的政策是，一旦供奉了的亡靈便無法撤離。

多年前，我第一次來到靖國神社，那天剛好是八月十五日紀念二戰終結的年度活動。參加的人很多，各個年齡層都有，許多人撐陽傘抵擋豔陽，也有不少帶著大聲公的極端民族主義者在場，他們的廂型車就停在街上。在通往神社入口的大街上，聚集了幾名穿著殖民時期軍裝的男人，有些是年輕人，其他年紀較大的應該是退伍軍人，其中有一個我覺得是神風特攻隊的飛行員。有個男人站在神社主建築前，身穿全白制服，站得直挺挺的，手裡拿著六公尺長的旗桿，上面掛著旭日旗[33]。

「在主要場合的確會看到這些人穿著帝國軍服走來走去，甚至還跟移居日本的韓國人打架，」我和布林坐在京都某餐廳的櫃檯座位，他這麼告訴我。靖國神社的字面意思是「和平之地的神殿」，但他將其形容為「暴力之地」。「靖國神社的神職人員可以拒絕極右翼團體進入，也可以要求警察他們驅離……但他們沒有這麼做，」布林寫道。近年來，靖國神社還吸引了外國右翼邊緣分子，例如尚馬里・勒龐（Jean-Marie LePen）和英國國家黨的領導階層。

布林與神風特攻隊倖存者在內的退伍軍人一起參觀過靖國神社，也曾在裡頭演講。「神風特攻隊會有倖存者是因為飛行當天氣候不佳，或者飛機故障而被迫返回，或是還沒出任務戰爭就結束了，」他回憶道。「演講後的提問很有意思。有人問我關於道歉的問題，他說，你來自世界上第一個也是最大的帝國，如果你堅持日本道歉，那你不覺得現在

33 舊日本軍旗，也被視為日本帝國主義象徵。

也該是英國道歉的時候了？我說我完全同意他的看法！」

日本退伍軍人之間對道歉的問題也有不同看法，這又是與中韓關係的另一個敏感話題。「有些人說天皇應該爲戰爭道歉，其他人則說與天皇無關。」有些退伍軍人是佛教徒，有些是基督徒，有些甚至是共產黨員，但大家都回到了靖國神社來祭拜同胞。「許多人覺得同胞被迫白白送命，對於送他們上前線的高級官員感到非常憤怒。」有些人之前也是軍官，但強烈反對靖國神社供奉戰犯。「發起戰爭的人不值得和沒有發起戰爭的人獲得相同待遇。」

除了退伍軍人之外，布林負責的日本研究小組還曾邀請「日本會議」的成員去演講，許多主要的日本政治人物都是這個右翼歷史修正主義團體的成員。「之後我們去喝酒，我問了天皇的事。他眞的很氣天皇，他覺得天皇應該以參拜靖國神社而自豪，他用的形容詞是『堂々と』，意思是『堂堂正正地』，這樣對日本年輕人的道德才有深遠影響，讓他們學習如何做一個愛國的日本人。」

做一個愛國的日本人是什麼意思呢？對許多人來說，這意味著要誠實地面對日本的過去，但是對於右翼人士來說，他們視自我反省爲「自虐」，不利於日本的士氣。

我過去在南韓和中國旅行時，好幾個人跟我說日本人很「特別」，而且不是好的那種，靖國神社就是這種缺乏人性或同理心的表現。「看起來這麼禮貌又理性的民族，怎麼會把那些罪犯視爲英雄，」某個中國學生跟我說。「他們的文化是不是暗藏什麼複雜的東西？」先鄭重聲明，約翰．布林不同意日本人在這方面有什麼不同或缺陷，但昔日的日本專家露絲．潘乃德在一九四六年發表關於日本文化的《菊與刀：日本文化的雙重性格》[34]討論到，日本文化沒有道德絕對主義，日本是恥感文化，與西方的罪感文化相反。對西方而言，道德方面的對與錯、有罪或無罪比較清楚。在恥感文化中，影響人做抉擇的是爲了維護名聲，而不是道德準則，被抓到才叫犯罪。如今，潘乃德有許多觀點被認爲已經過時，也就是愛德華．薩依德（Edward Said）指出的東方主義「他者化」思維。不過馬丁．賈克（Martin Jacques）在備受推崇的著作《當中國統治世界》[35]中寫道，在亞洲社會，「……關鍵在於別人如何看待自己，而不是自己的良心怎麼想……道歉的舉動可以減輕罪疚，但相較之下，羞恥沒有那麼容易解決。」也許這可以解釋日本爲二戰所做的道歉被認

34 陸徵譯，遠足文化，二〇一八年全新修訂版。亦有桂冠圖書版，黃道琳譯，一九七四出版，書名《菊花與劍：日本民族的文化模式》。
35 李隆生譯，聯經，二〇一〇年出版。

爲不足，因爲道歉是不夠的，永遠也不夠。恥辱的痕跡一直都在。

神道作爲日本文化和歷史的一個獨特面向，我想知道它是否能解釋鄰國在日本人身上所感受到的「他者」。有關日本古代信仰體系的第一份文字紀錄，可追溯到公元前六世紀，不過，像日本神道這種信仰對象包括天地萬物與自然現象（現在還包括人造物）的泛靈宗教，不難想像從日本（或任何地方）有人類以來，就以某種形式存在。神道沒有創始人或先知，沒有教義或戒條，也沒有神聖文本。從當代角度來看，更大問題的是它作爲國教的角色，與日本貫徹帝國主義的野心密不可分。例如，韓國人和台灣人皈依神道是被日本帝國同化的重要一步，帝國主義者將神道起源所賦予的種族優越性，作爲殖民主義的理由。這就是爲什麼盟軍於一九四五年接管日本之後，所制定的戰後憲法之一大關鍵，就是在第二十條明定國家機關與宗教必須分開。麥克阿瑟將軍甚至考慮過拆除靖國神社，有個說法是他被兩位天主教徒勸退。

儘管這麼多年來，靖國神社因爲多位首相和大臣參訪而引起非議，但它事實上是個私人神社，而非哀悼或祭拜的公家場所，因此大臣去參拜在技術上違反了憲法的第二十條。但是憲法也保證了個人的信仰自由。爲了利用後者來規避前者，一些首相以「私人」身分前往參拜，其他技巧包括不搭乘公務車前往神社，在簽名簿寫名字時不留下頭銜，奉獻的祭品不使用政府資金支付（前首相中曾根康弘堅稱他去參拜沒有問題，因爲他只鞠躬一次，不是兩次）。執政的自民黨長期以來一直想撤銷憲法第二十條，部分原因是爲了使靖國神社成爲國家級紀念場所，因而有資格獲得國家資助和資金。

中曾根康弘在戰時以軍官身分服役於海軍，甲級戰犯入祠引起爭議之後，他是第一位前往參拜的首相，那是一九八五年，日本投降四十週年。實際上，當時北京對於中曾根去參拜並沒有意見。他向中國政府預告說他會去參訪，當時擔任領導人的胡耀邦是他的朋友，同意不會對此大驚小怪。但就在不久之後，日本社會黨代表團訪問北京，在中國領導人的耳邊倒了毒。「去靖國神社參訪，就是朝日本軍事化邁進一步，」他們如此告訴中國人，很快地中國的街頭就出現了反日抗議活動。

十多年之後，才有另一位首相敢於公開參拜靖國神社，不過小泉純一郎（二〇〇一至〇〇六年出任首相））是把它納入競選活動，有人說這是因爲他需要日本遺族會[36]的支持，

36 二戰後日本官兵的遺屬組成的一個全國性組織，在法律上屬於財團法人。

並且根據當時的民意調查，百分之六十五的日本人支持日本首相去靖國神社參拜。現年七十六歲的小泉最近接受《金融時報》採訪，仍然對這個問題持強硬態度，「無論裡頭是否有甲級戰犯，三百萬日本公民在戰爭中喪生，很多人的亡靈被奉入靖國神社，去那裡參拜有什麼奇怪的？」

這年頭的輿論有了變化。調查顯示，日本人稍微不同意首相參拜。例如，最近的一項民調顯示，不同意爲百分之四十七，而贊成的有百分之四十三。這也許是安倍晉三自二〇一三年之後就沒有去過的另一個原因，但他還是供奉了金錢或樹等祭品。

英國人菲利普·西頓（Philip Seaton）是北海道大學媒體與傳播學副教授，他發表過不少有關日本與過去敵國關係的著作，我問他是否認爲安倍晉三去靖國神社參拜，是以行動來反抗外國批評靖國神社。「不，我認爲他要表達的是這是他的信仰體系，如果不去的話就是背叛自己，」西頓說。「他一定要去參拜，這樣他的政治觀和哲學觀才說得通。我不認爲他在乎中國人的想法，他寧願中國人轉過頭不要管他，這樣他也落得輕鬆。他沒有要激怒中國人的意思。」但布林不同意，「我認爲他就是以行動表示反抗。」

參拜靖國神社眞的會激怒中國人嗎？中國共產黨領導人的抗議似乎隨著國內情況而有

程度的不同。「中國國內政治情勢如果升溫，他們就會提高這件事的問題程度。」約翰．布林是這麼說的。不過，靖國神社一直是韓國人和中國人的攻擊目標。二〇一一年，一名中國男子對著神社的鳥居縱火。二〇一三年，一名韓國男子向神社內投擲油漆稀釋劑，企圖縱火。二〇一五年，一名韓國男子炸毀靖國神社廁所。各方都不認爲這些人是各自的政府派來的，他們的行動都是出於自己的意願。

在離開東京進行東亞之旅之前，我參觀了靖國神社。我才讀完中國駐英大使劉曉明爲《每日電訊報》撰寫的一篇評論文章，他將神社比作「分靈體」，就是載有佛地魔（哈利．波特宿敵）靈魂的七個容器之一，「如果說軍國主義就像是困擾日本的佛地魔，那麼東京靖國神社就是一個分靈體，代表著這個民族靈魂最陰暗的部分，」他寫道。

日本有許多古老的寺廟和神社，陰森、雄偉而神祕莫測，例如伊勢神宮和島根縣的出雲大社，據信都有一千多年的歷史。靖國神社引起了這麼多爭議，政府高層人士也對它如此崇敬，我一直以爲它的歷史也回溯到幾個世紀之前，當我走上兩旁種了櫻花樹、以石板鋪面的寬闊參道，穿越兩個大型鳥居，抵達本殿，我試圖以同理心來思考它作爲國家焦點的角色。作爲一個外人，我沒資格去評判日本人中世紀前的靈性實踐，也許我們應該要容忍，就像我們也容忍其他類似的具有冒犯意味的禮節和傳統，像是雷威斯（Lewes）篝火之夜焚燒假人[37]，或是荷蘭的黑彼得[38]。至少，也該更深入了解其歷史脈絡。

這次來參觀，神社裡幾乎沒有別人，我進一步探索這座建築，發現離主神社不遠的角落，有一個大得出奇的「遊就館」[39]。我進去之後，才知道原來靖國神社並非古代神社，而是建於一八六九年[40]，最初是紀念在明治維新時期為恢復明治天皇權力而犧牲的反幕武士。遊就館中庭入口大廳有一架神風戰機，一艘載人魚雷，一架二戰時期零式艦上戰鬥機，說明牌寫著它在第一次戰鬥擊落了「幾乎每一架敵機」，並且「是全世界最優秀的艦上戰鬥機」，還有一座用於沖繩抵禦美軍的榴彈砲，一個蒸汽火車頭（實際上是第一個蒸汽火車頭），用在又稱「死亡鐵路」的泰緬鐵道。

---

37 一六〇五年十一月五日，一名叫 Guy Fawkes 的教徒不滿宗教自由受到迫害，預謀炸掉國會大廈，也就是所謂的「火藥陰謀」（Gun Powder Plot）。計畫最終失敗，此後英國君主以此日提醒大家莫忘「叛國賊」的歷史，各地發展出燃燒假人及放煙火等活動，雷威斯是最盛大的地方。

38 黑人彼得是荷蘭版聖誕老人聖尼古拉身邊的隨從，裝扮者把臉塗黑，戴上黑色假髮，扮相遭批殖民遺毒。

39 靖國神社裡的戰爭博物館，源於荀子《勸學篇》中「故君子居必擇鄉，遊必就士，所以防邪僻而近中正也。」指居住要選擇合適的地方，交遊要接近賢德之人，以免入歧途，在此處「遊就」意為要遵循這些被紀念的軍人的道路。

40 前身為東京招魂社。

火車頭旁邊的一塊牌子上刻著：「原定一九七七年退役，參與修築泰緬鐵道的南方戰隊鐵路中隊成員出資，向泰國國家鐵路局購回，在一九七九年獻給靖國神社。」

大約一萬三千名盟軍戰俘和十萬名亞洲強制勞役者在修築鐵道期間喪生，大衛．連（David Lean）一九五七年電影《桂河大橋》描述了這件事，但遊就館沒有提及這些受害者。我後退幾步再看一次火車頭，一個小男孩揮舞著木劍，大嚷大叫地跑過去。

只有少數遊客在看館內設置的螢幕，內容是說日本發動了光榮的戰爭，反抗西方對亞洲「赤裸裸的帝國主義侵略」，所有日本軍人都「紀律嚴明」而「英勇」，而「軟弱」的中國人在義和團之亂後，樂於有日本來干預西方列強，「（日本軍人）得到北京居民的敬重和讚許，相較之下，西方列強的士兵只是四處掠奪。」日本「啓發了其他被壓迫的亞洲人民」起身對抗殖民者，像是印度人顯然沒想過能爲自己爭取自由，直到出現日本的光輝榜樣。壞人當然就是美國，日本七成的石油、鋼鐵、橡膠和其他原材料都由美國供應，但他們以此要挾日本，並在一九三〇年代後期對日本實施制裁，逼得日本只好襲擊珍珠港。日本試著求和，卻遭到盟軍拒絕，最終因一些未明說的文書錯誤而戰敗，「使得日本士兵遭受了悲慘的命運」。

有一種說法是，日本確實從西方殖民者手中解放了亞洲的一大部分，也有人聲稱日本阻止了俄國或中國接管朝鮮半島。但關於靖國神社敘述的「日本是亞洲救世主」，我後來去南京一所紀念一九三七年南京大屠殺的紀念館（高達二十萬中國軍人和平民死在大日本帝國陸軍手中），該館的策展人是這麼說的：

「中國是一個主權國家，不需要外國部隊的幫助，即使需要，日本使用的軍事方法也完全推翻了他們的論點。這樣說好了，假如今天中國以美國在日本有成千上萬駐軍爲藉口，說要解放日本而入侵，日本會有什麼感覺？」

我繼續參觀，有些文物非常特別，包括由十萬名日本婦女捐出頭髮耗時一年製成的繩子，還有年輕日本士兵的照片。神風特攻隊是靖國神社的超級巨星，這些年輕人以單純的崇敬被供奉著，而批評者通常把矛頭指向靖國神社中供奉的十四名甲級戰犯，例如前任內閣總理大臣東條英機（Hideki Tojo），以及南京大屠殺期間負責指揮的松井石根（Iwane Matsui）將軍。我想到乙級戰犯和丙級戰犯，他們也不是聖人，其中有人處決戰俘，有軍官下令沖繩人自殺，有人在慘烈的新幾內亞戰役造成士兵斷糧，有人吃人肉求生，有人在南京斬首無辜平民，所有人都被當作「光榮殉國的靈魂」，得到一視同仁的崇敬。不僅如此，他們的「犧牲」也被認爲與戰後日本社會的成功息息相關。在靖國神社的言辭中，日本經濟成就是基於神風特攻隊、士兵、特別是軍官們的犧牲而建立的。

安倍晉三以阿靈頓國家公墓做辯詞，說他國對陣亡者表示敬意，日本爲什麼不能？葬在美國軍人公墓裡的確實有一些人被視爲戰犯，阿靈頓公墓就有南方邦聯將軍。塞繆爾·科斯特（Samuel Koster）將軍因一九六八年越南美萊村（My Lai）屠殺而聲名狼藉，他被安葬在西點公墓。柯蒂斯·李梅（Curtis LeMay）將軍被安葬在科羅拉多州的美國空軍學院公墓，他是一九四五年東京轟炸的指揮官，十萬人因而喪生，可以說是軍事史上造成最多平民死亡的轟炸行動。李梅本人承認，「如果美國輸掉了戰爭，我會被當作戰犯來審判。」一九九二年時，倫敦的白廳（Whitehall）豎立了空軍上將馬歇爾·阿瑟「轟炸機」哈里斯爵士（Sir Arthur 'Bomber' Harris）的雕像，他違反一九九二年《華盛頓條約》規定，在德勒斯登對平民轟炸，有些人認爲哈里斯也是戰犯。

此外還有關於「勝利者正義」的批評，指盟軍一九四六年的東京審判有著嚴重的缺陷，由於把重點放在恢復戰後秩序，因此可能有很多戰犯（可能還是甲級戰犯）僥倖脫身。有些人後來甚至經營大型企業，或者像安倍晉三外祖父岸信介（Nobusuke Kishi），成爲國家治理人。岸信介在一九三〇年代末和一九四〇年代初在滿洲國監督奴隸勞動，而被判定爲甲級戰犯，並在戰後被拘押三年，後來獲美軍無罪釋放，並在一九五〇年代後期成爲日本首相。

支持靖國神社（或許不是支持遊就館）的還有另一種說法。軍隊能存在，是政府和被送上戰場的人民之間有著不成文的約定，也就是陣亡將士必須獲得褒揚和紀念，否則要怎麼讓殉國成爲崇高的事，或維持一支軍隊？「你想想看，政府的義務是什麼？」菲利普．西頓問我。「就是爲了褒揚並紀念爲國服務並犧牲的部隊。每一支軍隊都需要紀念系統，才能說服普通人自願上戰場戰鬥到死。他們必須相信，如果上戰場犧牲自己，最終將得到褒揚。不僅在日本，每個國家都是這樣，只不過日本戰敗了。實際過程是完全相同的。」能夠入祀靖國神社，好比極端主義伊瑪目向準備進行恐攻的年輕穆斯林男子承諾說，他們進入天堂會得到眞主賜予的美女相伴。正如一名退伍軍人近藤肇（Hajime Kondo，音譯）在二〇〇〇年告訴英國廣播公司紀錄片團隊，「如果在戰場上犧牲，你就會變成神，被奉入靖國神社，天皇還會來爲你祈禱。」日軍把慘烈的緬甸戰役撤退之路，戲稱爲「通往靖國之路」，不是沒有原因的。

如同約翰．布林指出，日本人自己也覺得這座神社有爭議。「在日語中，很少會單獨聽到『靖國神社』這個詞，」我們在京都吃中飯時他告訴我。「它總是與名詞『問題』連在一起，例如『靖國神社問題』。」

至少在目前，爲了改善中日關係，這個問題暫時被擱置，讓各方都鬆了一口氣。只要安倍晉三或繼任者不要又在八月十五日去參拜，大概不會再有什麼風波。

7 大阪

在泡沫經濟年代，日本花了一些錢在蓋博物館。有很多無奇不有的特色博物館，而且看似都沒有營運壓力，還往往以浮誇的水泥建物外形來反映展示的主題，像是蓋成黌的形狀的笠岡市立黌博物館就是我的最愛。

八〇年代後期大量出現的博物館之中有一種比較嚴肅的類型，旨在紀念戰爭期間某個城市或縣所受的苦難，其中最後一個在一九九一年日本經濟榮景開始走下坡之時開放，就是位於大阪城公園的大阪國際和平中心。

開放之初，它呈現東亞戰爭脈絡的方式可說相當前衛，但現在方向已經變了。大阪政治人物對日本少數民族議題有話直說是出了名的，例如二〇一三年時，前市長橋下徹（Toru Hashimoto）聲稱慰安婦軍妓制度是日本帝國戰略的必要部分，在韓國引起軒然大波。現任市長吉村洋文（Hirofumi Yoshimura）最近斷絕大阪與舊金山的姐妹市關係，因爲舊金山唐人街豎起了慰安婦雕像。

我第二天早上從京都開車去大阪國際和平中心，一走進這棟以混凝土和鐵皮屋頂構成的獨特建築，很快就清楚看到和平中心的重點，即一九四五年美軍空襲造成十萬多人喪命，造成所有大阪人的苦難。有一個展區描述大阪人因空襲而「受害」，另一個展區則強調了當地人的勇氣，「應付空襲的同時，也試著展現合作精神，做優秀的公民」。

到一九四〇年代初，大阪已成爲「東方的曼徹斯特」，不只是日本工業重鎭，也是世界第六大兵器生產城市。在此之前的幾年，日本入侵了數個主權國家，殺死成千上萬的人民，在無預警之下轟炸珍珠港對美國宣戰，破壞了整個太平洋地區的穩定，但和平中心對此隻字未提。中心不提引發美國空襲的責任歸屬，僅提到「戰亡者迅速增加」和「有些人移居滿洲國」。但是那些戰亡者的國籍是什麼，爲什麼日本人要移民去中國東北，都沒有解釋。某個展區的標題是「人們等待著歸不了家的親人」，還是沒提親人當初爲何要離開日本。「我們懷著強烈的愛國心，覺得我們一定要贏。如果輸了，日本將不復存在。」某個人的證言。

離開和平中心我心裡納悶著，這樣選擇性的敘述居然在日本第二大城市佔據重要地位，但近年來，這種歷史修正主義或全盤否認日軍戰爭罪行已成為主流，不僅在政治上和博物館裡，也見於雜誌和書籍出版界。

歷史修正主義運動中最引人側目的人物之一是韓裔日本人吳善花（Sonfa Oh），她出生於濟州島，現年六十多歲。上週我在東京與她會面，她告訴我她寫了多達八十本書，其中大多是鼓吹她對於日本殖民時代的歷史修正主義觀點。

吳善花的作品屬於「嫌中（國）憎韓（國）」流派，這些書近年來佔據日本暢銷書排行榜。二〇一三年，日本銷量最高的三本平裝書都是攻擊韓國的書籍，其中包括暢銷書《呆韓論》[41]。吳善花說她的書已經賣出幾百萬本。

她的一本書被翻譯成英文，《釋懷吧！為什麼韓國需要停止抨擊日本》（Getting Over it! Why Korea Needs to Stop Bashing Japan，暫譯），幾乎令人讀不下去，全書糾結在枝微末節之事，只重申放下仇恨，但充滿立場偏頗的指控。例如，吳善花宣稱北韓在南韓派了

41 作者為室谷克實。

十二萬名間諜，但沒有提供任何證據。不過她也主張，南韓編造出一個抵抗殖民者的故事，忽略了南韓獲得解放是盟軍擊敗日本的「附帶結果」，這部分還站得住腳。她指責南韓政治領袖利用反日言論來謀取政治利益，這也沒說錯。

關於吳善花這類人微妙之處就在這裡。韓國當然有很多通敵者，日本統治朝鮮半島長達三十五年，要是沒有才奇怪。在基礎設施和國家發展方面，韓國從日本佔領中受益，到了一九六〇年代，日本將資金和知識轉移給韓國，助長了製造業經濟。沒錯，自內戰以來，韓國人對彼此也做了可怕的事情，吳善花津津樂道戰後南韓獨裁者的暴行，如光州和濟州島屠殺事件，泛民主運動人士被監禁和謀殺等等（但奇怪的是，她覺得在共產主義的威脅之下，獨裁做法是必要的）。

我們在一間時髦東京飯店的大廳見面。她帶了一位女伴來擔任翻譯，還有一位年輕男子，看起來大約二十歲，我後來才知道是她的菲律賓出版商。我們有些局促地圍著一張矮咖啡桌坐下。吳善花穿著套裝，年齡看起來比書封上的照片稍大（哪個作家不是呢）。

她堅稱日韓之間的仇恨都應歸咎於韓國，及其過時的區域關係儒家觀點。「韓國甚至在日本佔領之前就瞧不起日本，」她告訴我。「即使弟弟比哥哥更成功，更強盛富裕，但弟弟就是要尊重哥哥。韓國認爲弟弟不尊重他。」

這部分她說的很有道理，我在稍後的旅途會發現。但是，她把日本的殖民歷史描述得像是什麼外展服務。「日本試著讓韓國與日本一樣現代化。」她提出證據，日本統治時期韓國人口從一千三百萬增至兩千五百萬，水稻收成也加倍。一九一〇年，韓國有一百所學校。到日本人離開時，有五千九百六十所學校，她補充說，學校到這時候才開始教韓語。「日本人來之前，韓國人甚至無法讀寫自己的語言！呃，只有大約百分之六的人可以。（日本佔領）三十五年之後，這個比例上升到百分之二十二。」

這很像住在橫濱的人類學家湯姆．吉爾告訴過我的，「這些極右派人士認爲日本實際上做了很多好事。跟英國《每日電訊報》的讀者很類似，他們認爲英國把文明帶到了印度，修築了道路、鐵路和橋梁等，和日本對韓國所作所爲的論述一模一樣。」

「不對，日本佔領韓國與英國人佔領印度完全不一樣，」吳善花反對。「日本沒有從韓國那裡拿走任何東西，幾乎什麼也沒有。沒有殺戮或殺人之類的事情。」是的，她承認在殖民統治初期，人民受到了一些鎮壓，但很快就緩和了，「如果人民生活水準改善了，就不能把殖民主義跟邪惡劃上等號。」她的書中補充說，只要日常生活不受干擾，人民並不在乎統治者是誰。

那麼那些被帶到北海道煤礦強迫勞役的人呢？他們是被「招聘」去的。可是有些歷史學家說不是這樣？「他們撒謊，」吳善花不屑一顧地晃動她的咖啡杯。事實上有更多韓國男子想加入日軍，但因爲徵募標準太嚴格而無法如願。「五十個（申請者）只有一個能和日軍一起上戰場。加入日本軍隊對他們來說是非常非常好的事情，他們眞的很想加入。在戰爭快結束時，就說一九四四年好了，日本政府確實說，『好，讓他們去礦坑之類的地方工作』，的確比較危險，但是與其他工作相比工資很高。」她順道說了一句，南京大屠殺也是「騙人的。沒有人死掉，整件事沒發生過，是捏造的歷史。」

談話結束時，我問吳善花是否覺得自己做的事對日韓關係有正面貢獻。她現在沒辦法再回老家，二〇一三年，她在首爾仁川機場轉機準備參加母親葬禮時被拒絕入境，她也聲稱韓國政府禁止出版她的作品，所以正面貢獻似乎不太可能，但我很想聽聽她會說些什麼。

「我書裡頭的內容，對於想了解眞相的韓國人、日本人以及全世界其他人都很重要，所以我也出英文版。我絕對不會停筆不寫。」好，但如果她偶爾也批評一下日本，做一點平衡報導，會有幫助吧？「這不是批評或不批評日本的問題。許多外國人光看表面現象就指責和批評日本。」

我堅持尋找和解的跡象。日本不能做點什麼來改善與韓國的關係嗎？把竹島／獨島交給韓國，正視慰安婦問題，或是不要再去靖國神社參拜？「竹島是日本的，」她一口咬定地說。「靖國神社與韓國人無關。沒有慰安婦這件事，她們都是妓女。我從歷史中找到眞相。」

所以，世上其他歷史學家都錯了，或者被中國或美國收買。「沒錯，美國人編出一段歷史來教給日本人：『日本人是壞人，我們從戰爭中拯救了日本人』什麼什麼的。韓國人被灌輸反日思想。你去跟六十歲以上的韓國人聊一聊，他們對日本比較友善，因爲他們了解日本人也記得（殖民）當時。」她在韓國長大，也被灌輸憎恨日本人的思想，但是當她移居日本，她找不到恨日本人的理由。她輕鬆帶過開黑色廂型車的抗議者，「那只是少數右翼分子。美國或英國到處都有新納粹分子，但你把他們當作普通的美國人或英國人嗎？沒有吧。」她還聲稱住在日本期間，連一點點反韓歧視都沒碰到過。

美國幹嘛要對同一地區的兩個盟友挑撥離間？「等著他們之後打仗，這樣美國人才能大賺一筆。我認為他們真正想要的是日中之戰。」

「難道沒有其他聰明的韓國人發現自己被操縱了嗎？你是唯一知道這件事的韓國人？」

「不是唯一的一個，」她承認。但是極少數之一。

回到大阪。參觀了國際和平中心之後，我越過整個城市，來到了另一個八〇年代後期遺跡，大阪人權博物館。

比起組合式現代主義建築的和平中心，人權博物館雖然位在一幢單調的市政建築裡，卻呈現了一個更進步、兼具包容、關懷和體貼的現代日本，熱衷於接納所有處於邊緣的社會團體，從同志平權（好）到氮汙染（壞）都關心。裡頭有反霸凌專區，多元性別族群權利專區，甚至還提到呼吸器使用患者承受的偏見，這我以前還真不曉得。

「社會難道不應該珍視世上所有生命嗎？」一張海報這麼問。另一張海報建議我們「穿上各個國家和地區的服裝，演奏當地樂器，一起來想想學習各種文化、習俗和價值觀，相互理解與尊重能帶來的好處。」博物館也讚頌多樣性的韓國社群（大阪市兩百萬人口中大約有十萬到十五萬在日朝鮮人），在大阪就能體驗「源自朝鮮半島並在本地社會扎根的各種不同文化」。

要嘲諷博物館的歡樂氣氛不難，但這也讓我想到，在反思殖民時代的時候，右翼民族主義者或許聲量大，政治人物和吳善花這類作家的言論或許令人不安和冷酷，但日本普通百姓面對少數民族和歷史，很可能更寬容、開放和進步，也很可能會更友善。

當然，我意識到像這樣的二分法也有過度簡化之虞。一億兩千七百萬日本人不可能簡單分成兩邊，右邊的否認帝國主義侵略，踩上受害者的位子，左邊的承認日本的戰爭罪，對於在日朝鮮人遭受的待遇感到深惡痛絕。英國學者菲利普．西頓認爲，我們不應該以日本政治領袖的民族主義傾向來評斷日本，也不能因爲日本學校歷史教科書模糊帶過日本殖民主義，就假設大多數日本人對戰爭都是這個看法。

「我在這裡住得越久，越覺得刻板印象對於解釋日本國內的多樣性沒有幫助，」在日本居住了二十多年的西頓告訴我。「因爲某些預設值，日本人無可避免地被歸爲保守派，但是我長時間與公民社運人士相處，這些人願意花上一整個暑假，跪在泥巴地裡挖出韓國強迫勞動者的遺骨。他們會比在廂型車裡大喊『臭韓國人滾出日本』的人更不像日本人嗎？不，他們同樣是日本人。」

西頓在《日本爭議的戰爭回憶》（Japan's Contested War Memories，暫譯）一書中，檢視了外人對於日本如何面對戰爭的一般看法。日本還在否認，到目前爲止沒有道歉，對自己的所作所爲沒有正確認識，也沒有要求政府承擔責任。基本上，日本要招供才對，學學二戰之後的德國。但這些看法「把官方行動擺在公衆意見或文化記憶之前，」他寫道，我想他的意思是說，我們不應該從治理日本的人來評斷日本。他也指出，官員說出有關戰爭的愚蠢言論時，往往賠上自己的職位。這樣的人很多，例如法務大臣永野茂門（Nagano Shigeto），他在一九九四年說南京大屠殺純屬捏造，最後被迫下台。或是一九八八年出任內閣成員的奧野誠亮（Seisuke Okuno），他公開宣稱日本並非戰爭中的侵略者。這的確是挑釁的言論，最後他也被迫辭職。所以發表這種言論不是沒有後果的。

日本的保守派或許主導了國家層面的戰爭論述，但西頓認爲，大衆可能還比較進步，他們「在民調中經常超脫保守主義和民族主義的觀點。通常，有五到六成的人把戰爭描述爲「侵略性」，而五到八成之間（端看問題的確切措詞）會批評政府對戰爭責任問題處理「不當」（例如賠償金額），或支持額外補償以及承認侵略的倡議。」值得一提的是，一般日本人對二戰歷史的了解遠超過美國人或英國人。

正如戰爭有不同的解釋方法，在日本，愛國主義也有不同定義。「如果你是右翼分子，你會認爲愛國就是仇視韓國人，」西頓對我說。「但是對於進步派來說，愛自己的國家意味著回顧過去，向過去學習，確保下次能做得更好。這是另外一種愛。」

日本有許多組織和個人一直在不懈地研究戰爭的眞相，其中包括人民團體「日本戰爭中女性受暴支持網絡」（VAWW-NET Japan），他們於二〇〇〇年在東京召開女性國際法庭，審判日軍性奴役罪行，認爲裕仁天皇和日軍犯下危害人類罪，另外也有由日本先進戰爭學者組成的「日本戰爭責任研究與文獻中心」。許多全國性團體也經常抗議首相參拜靖國神社。早在一九七二年，韓國或中國記者還沒開始研究公領域的戰爭史之前，日本記者本田勝一（Honda Katsuichi）在他的著作《中國之旅》（Journey to China，暫譯）中首次揭露了日本在二戰期間的暴行。本田是多年來挖掘日本戰爭罪行證據的無數日本記者之一，這些報導大多刊在日本第二大報《朝日新聞》。中央大學教授吉見義明（Yoshimi Yoshiaki）在防衛研究所圖書館找到史料，證實日軍建立了軍妓系統，經《朝日新聞》報導之後，慰安婦問題更爲人所知。還有在一九八〇年代，中國歸還者聯絡會[42]（在中國經

---

42 一九五七年成立，二〇〇二年因成員老去或病故而解散。

過戰犯審判及關押的日軍回到日本成立的組織）承認犯下許多可怕的戰爭罪行。其他公民團體也致力於解決在日朝鮮人的困境，並團結起來對抗右翼仇恨言論團體。日本藝術家也以小說和電影來批判軍國主義之下的人性悲劇，如一九五〇年代末期，五味川純平（Junpei Gomikawa）共六部的巨著《人間的條件》，描寫一名理想主義者日本士兵在戰爭前後的經歷，後來由小林正樹（Masaki Kobayashi）改編成電影三部曲。已故漫畫大師水木茂（Shigeru Mizuki）發表自傳性質漫畫《昭和史》，也以年輕時在巴布亞紐幾內亞的作戰經驗爲出發點，探索了戰爭年代和戰爭的意義。

我感覺西頓對於他的僑居之地頻頻受誤解感到有些厭煩（我也覺得他有點像年輕的肯尼斯・布萊納〔Kenneth Branagh〕），我們在東京分道揚鑣之前，他特別提到日本各地區對戰爭的看法也不盡相同。他居住在北海道，那裡有著較爲強盛的進步主義運動，因爲戰爭期間大量韓國工人來到當地煤礦工作。有時，光是在一個地區內，人們記住戰爭的方法也會有所不同。「在廣島，民間社會談論的都是原子彈，但在廣島縣境內的其他地方，例如到了沖之島，談的都是有毒氣體，因爲使用在中國的所有化學武器都是在那裡生產的。在廣島被原子彈炸死的人數，比廣島縣製造的毒氣（在中國）所殺害的人數還少。另外還有擁有海軍基地的江田島[43]，目前特種防禦部隊在該市擁有訓練基地，那裡還是一個非常保守的地方。所以光是一個縣，情況也是如此複雜。」

43 位於廣島縣西南部海域。

8 廣島

我向西行駛，先去神戶參觀那裡繁華的中華街（及其異常沉悶的博物館），然後繼續向廣島前進，路上的風景變得越來越浮誇。我去到休息站，到處是蜻蜓在飛，我頭上在上升熱氣流裡盤旋的老鷹大如滑翔翼。天氣也增添戲劇性。某一刻，在還不到龍野市的高速公路高架橋上，我在遠處似乎瞄到完整復刻的一座新天鵝堡（我猜又是泡沫經濟時代的遺跡）[44]，拐了個彎之後，馬上從藍天白雲開進一場傾盆暴雨。眼前的路變成了一條小河，我的頭頂上彷彿忽然倒下一整個垃圾車的水。我看不到車子引擎蓋的盡頭，差不多像是從山中航行到海岸邊，不時可見遠方的瀨戶內海，海上如珠串連結的小島之間浮著片片蠔

44 位於姬路市太陽公園主題樂園，園內亦有凱旋門、埃及金字塔、兵馬俑、天安門廣場等仿造建築。

田。

我定了一間希臘主題（而且有員工）的旅館過夜，沒什麼特別原因，就是在網路上看起來不錯。辦理入住手續之後，我借了自行車沿著海岸騎行來紓壓，路上有貓在溫暖的石階上小憩，還有小螃蟹爬進磚縫裡。我來到一個美麗的海水浴場，日落時分，幾個家庭準備開始烤肉，海灣中不時可見銀光粼粼的飛魚。

過了海灘，沿海公路變成單線道，穿越荒無人煙的漁村，店鋪都早已倒閉，空地長滿了虎杖。在某些村莊，唯一的商業活動是幾台生鏽的自動販賣機。這裡與我目前爲止待的大城市非常不同，人口高齡化的影響明顯可見。

沿海地區的許多房屋都是用炭化木建造的，一種稱爲「燒杉」的傳統技術。炭化可使木材防火，纖維素重組之後還可防蟲。

隔天我去廣島和平紀念公園及資料館的時候想到了這些房屋。資料館入口處有一面牆展示了爆炸之前的廣島全景照，是一個有著木造房屋、水路和橋梁的優雅城市。這張照片與一九四五年八月六日早晨八點十五分過後不久拍下的照片形成強烈對比，當時第一枚原子彈「小男孩」在島醫院（Shima Hospital）上方六百公尺處引爆，製造了一道「美麗的閃光」。這座城市被焚毀了，數以萬計的人當場死亡，在隨後的幾天和幾個星期裡，估計共死了十四萬六千人。蕈狀雲散開後，黑雨落下。二〇〇〇年，英國廣播公司紀錄片團隊採訪了廣島倖存者，其中一位憶起當時低頭看著自己的腿，發現水溶解了她的皮膚，

「我看到許多傷患舉著手臂，手上的皮膚全部剝落了……有個男人上半身的皮膚都沒了，露出鮮紅色的肉。」

資料館裡有許多發人深省的文物，衣服、燒焦的兒童三輪車框等等。我讀到一個倖存者說必須把他的同學抱起來，因爲他的腳底已經燒掉了。目擊者還記得櫻花樹在燃燒。

廣島之所以被選爲美國新型武器的第一個目標，部分是因爲廣島是個繁忙的軍港，還有廣島三面環山，可以集中炸彈的威力，長崎也是如此被選上。落在廣島是鈾彈，落在長崎的是更大型的內爆式鈽彈。

我在資料館裡四處參觀時，注意到一名工作人員戴著徽章，表明她可以回答問題，她的名字叫池田美子（Miko Ikeda，音譯）。她告訴我說她九十多歲的父親出生於廣島，原爆之前本來住在京都，爆炸發生十天後回到城裡來幫忙。他有許多親人在爆炸中喪生，因此當他看到老家的木屋缺了屋頂但仍然屹立不倒，感到非常驚訝。她說父親最記得的是籠

罩著整個城市的可怕味道。

我們聊到原子彈是否有必要性等等。美子認定美國投下原子彈是爲了給俄國發出明確訊號，也爲證明曼哈頓計畫的經費沒有白花，她也承認廣島有許多軍事基地，可能因此才被選爲目標。她還說她也聽過日本在製造原子彈，理論上來說大概會投在洛杉磯。幾年前，京都大學某退休教授找到了該炸彈的設計圖，以及鈾濃縮離心機的工程製圖，原定於一九四五年八月完工，但日本沒有足夠的鈾——同年五月時，美軍攔截了一艘載有一千兩百磅氧化有的納粹潛艇。

資料館描述一九四五年的日本處在「極其脆弱的處境」，並指出一九四五年七月，美、英、中三國共同發表《波茨坦宣言》要求日本投降，但卻未提到美國有原子武器。言下之意是如果日本知道美國有原子彈，就不會等到炸彈落下了才投降，但這是極不可能的。資料顯示，即使在廣島原爆之後，昭和天皇仍堅信美國會在有利於日本的條件之下求和。他希望日本人民繼續戰鬥。

以麥克阿瑟將軍爲首的盟軍樂意掩護天皇的罪行。盟軍需要日本振作起來，以面對蘇聯的威脅，他們發現投降後的日本非常配合，也相信制裁天皇並沒有好處（「他是所有日本人的精神支柱，」麥克阿瑟下了結論，「毀了他日本就會解體。」）盟軍也意識到《凡爾賽條約》的嚴格條款對一戰後的德國造成的影響，該條約納入了「罪責條款」[45]，迅速促成了孕育納粹主義的經濟和社會條件。一九四六年東京審判沒有追究昭和天皇的戰爭責任，如今仍被韓國和中國用來證明日本從未完全承認自己的罪行。戰爭以他的名義發動，但他從未受審，而且在戰後四十四年才壽終正寢。

廣島資料館與大阪和平中心一樣，不太提供這類背景訊息。有幾句話提及一八九四到九五年發生第一次中日戰爭，使得廣島成爲重要的軍事基地，也明確說到日本針對美國發動太平洋戰爭，但是涉及日本在亞洲其他地區的行動時，很奇怪地語氣又變得很被動，「一九三一年發生滿洲事件，後來升級爲一九三七年與中國全面開戰，」資料館這麼說。它也提到「（在）通稱『南京大屠殺』的事件裡，中國的犧牲者包括士兵、戰俘、平民甚至兒童」，用這種方式來描述大東亞戰爭中最臭名昭著的戰爭罪還眞是奇特。提到韓國奴工一樣不清不楚，只說韓國人「應徵入伍爲戰爭服務。許多人被分配到廣島的工廠。」在

45 第二三一條款，德國被迫承認發動戰爭的全部責任。

廣島和長崎的兩次爆炸中，約有三萬名韓國人喪生，另有總計十萬人因與戰爭相關的勞役（例如徵兵）而喪生。

離開廣島的那天晚上，我心裡依然深受戰爭恐怖畫面的衝擊，但我也想了解這座城市對戰爭的態度，以及日本在戰爭中的角色。經營和平紀念資料館及和平公園的單位說得合理，它的目的是紀念死者，而不是探索戰爭的脈絡或究責，因此重點是受害兒童和老年人。原爆中心地有一塊牌子註明，這附近原本都是受民眾喜愛的遊樂場所和寺廟，池塘裡還有烏龜和鯉魚在游泳（意思是這裡不是彈藥工廠）。一位評論家把和平公園稱為日本的「受害者國家聖殿」，正是因為這種強化平民苦難的觀點。

毫無疑問，日本人民是受害者。他們是美國人大規模轟炸行動的受害者，也是不受控的日本軍事精英分子的受害者，年輕的新兵遭到他們殘忍對待，導致兩百多萬人死亡。戰後，在中國北方被俘虜的五十萬日本戰俘被蘇聯強押至西伯利亞勞改營，舉國震驚，那些人也是受害者。

菲利普．西頓在《日本爭議的戰爭回憶》裡寫到當今的日本如何反思戰爭。他告訴我，這種受害者敘事在日本主流媒體中佔主導地位，並且經常「避免明確提及日本的戰爭責任」。他以廣島和平公園爲例，並提到了日本最受歡迎的電視連續劇《阿信》（Oshin）（一九八二）和最受歡迎的戰爭電影《緬甸的豎琴》（The Burmese Harp）（一九八五）[46]，兩部片把重點放在日本人作爲受害者。

一九四六年，駐日盟軍實施的憲法第九條，嚴格爲日本戰後和平主義定調，進一步強化了日本的受害者地位，規定日本人民「永遠放棄以國權發動的戰爭」，「不保持陸海空軍及其他戰爭力量」。和平主義似乎確實根植於當代日本人民的性格中，許多日本人以其「非軍事主義」而感到自豪。「放棄戰爭，不殺人，也不被殺，聽起來或許是理想，但也可能是日本達成的最偉大成就，」與我在東京韓國城見面的新聞記者安田浩一告訴我。「美麗的憲法第九條。我們製造了汽車和電子產品，創造了很多東西，但我之所以能稱得上是個驕傲的愛國者，完全是因爲憲法第九條。」他說他願意用生命來保護它。

這是很感人的體悟，也是我所聽過對於日本和平憲法的最佳辯護。他的觀點並不罕見，從民調來看，日本人對於是否修憲將自衛隊轉型爲具備「交戰能力」的軍隊，甚至配

46 此為彩色版，黑白版於一九五六年發行，導演亦為市川崑。

備核武，支持或反對者差不多各佔一半。通常，反對修憲的人稍微多一點，在最新民調佔百分之五十一，只有大約百分之三十的人贊成修憲。鑑於金正恩一直朝著日本方向發射導彈，這樣的結果眞是非常了不起。

根據調查，日本人是最不愛國的民族，不僅在亞洲，可能還是全世界。《二〇一〇年世界價值觀調查》（The World Values Survey of 2010）顯示，在所有接受調查的民族中，日本人對自己國家感到驕傲的比例最低（百分之二十四），只有百分之十六的人願意爲自己國家而戰。亞洲民主動態調查（Asia Barometer survey）也顯示，只有百分之二十七日本人「爲自己的國籍感到驕傲」，中國人則是百分之四十六。

正如布拉德．格羅瑟曼（Brad Glosserman）和史考特．史奈德（Scott Snyder）在《日韓身分衝突》（The Japan-South Korea Identity Clash，暫譯）一書中所指出的，「安倍晉三或許渴望建立一個更保守的日本，但公衆不太可能追隨他。」儘管缺乏人民授權，安倍政府最近通過了允許「積極和平主義」的法案，並於二〇一七年五月時，把東京奧運二〇二〇年定爲撤銷憲法第九條的最後期限，首相可兼任總司令。日本「海上部隊」規模已經比英法兩國加起來更龐大，此外還有一千零四架飛機和二十五萬軍事人員。二〇一八年四月，日本朝著全面軍事化邁出了一步，在長崎附近的佐世保市相浦基地啓動戰後第一支海軍陸戰隊，目的是防禦中國襲擊日本群島。

那麼，爲什麼日本政府如此狂熱，人民的態度卻較爲模稜兩可？其實各國都一樣，日本人也經常不得不接受民意代表持與自己相反的觀點：事實上，二〇一七年的一項民調顯示，百分之六十五日本人不支持任何政黨。住在橫濱的人類學家湯姆・吉爾認爲，安倍掌權的原因主要是他承諾會拯救日本經濟，「沒錯，這位右翼首相贏得了兩次大選，但不是因爲人們同意他說的日本應該重返戰前以天皇爲中心的軍事國家。首先我要指出，日本在八年前才以壓倒性選票選出一個思想較爲進步的政黨。難道日本從極右，變成極左，現在又變得極右？當然不是。日本人沒有變，只是被無能的政客惹惱，用選票趕他們下台。」

「其實人們不是投票給安倍，而是投票給他的政黨，」一位日本友人解釋說。「反對黨也很弱。」

的確，就我所看到的，日本的反對黨似乎特別容易在不合時宜的時機潰散（通常是在大選前幾週）。如果我是那種相信陰謀論的人，我可能會說這是故意的……

9 福岡

我來福岡有兩個理由。首先，這是唯一能夠不搭飛機前往韓國的地方，我有個浪漫的想法，就是用緩慢的方式來進行這趟旅程。每天有渡輪從博多港口（福岡和博多是同一個城市）出發，前往南韓東南方第二大城釜山。第二，日本最受歡迎的極右派網紅石井洋子（Ishii Yoko，音譯）住在這裡，別名「閒談洋子」（Random Yoko，暫譯）。

這位身形高眺的三十二歲女子，最近因上傳支持川普的影片而備受國際媒體的關注，她大多數影片都是以英語錄製，以輕鬆的閒聊爲主。這實在是個奇特的狀況，一個年輕的日本女子，竟然崇拜一個七十歲的皮膚曬成橘色的煽動家，但洋子顯然非常認同川普對正統國際政治的不信任，以及他對主流媒體的憎恨。

探索過她的 YouTube 頻道的人會發現她還擁有獨特的音樂才華，洋子錄製了無數首自己創作的合成器抒情曲，特點是充滿活力的鍵盤演奏，還有她獨特的歌唱風格。

她於一九八五年出生於福岡，在大阪念大學，也就是韓國人口最多的日本城市。現在的她強烈反韓，寫了不少有關韓國慰安婦和殖民時期的令人反感的歌曲。儘管這些都不是搖滾抒情曲的常見主題，但洋子硬是讓歌詞配合曲式，就像幼兒玩形狀配對玩具時塞錯了洞還硬塞。

以下歌詞摘自她寫的一首歌，關於日本對朝鮮半島殖民的「仁愛」表現：

「我們給了他們大型鐵路，乾淨的街道，自來水、下水道服務還有神社……」

當然也不忘了提到「圖書館、工廠、還包括氮肥工廠」（自從蘇聯解體以來，應該沒有幾首歌的歌詞提到了氮肥工廠）。

洋子在二〇〇六年發布了她的第一支 YouTube 影片，二〇一一年獲得了首屆 YouTube NextUp 新人獎，她的 YouTube 頻道觀看次數超過六百五十萬。她寫的慰安婦饒舌歌歌詞如下：「奴隸沒有薪水，她們連微笑也不會。她們哭泣的時候韓國男人在哪裡，」這首歌有六十五萬觀看次數。她在日本電視台迅速成爲右翼名嘴。

我在和洋子在福岡車站碰面，隨後去附近的咖啡館，她把她成爲網紅之路解釋給我聽。一切是從四年前她離職之後開始的。「我那時候身體不太舒服，去了癌症中心，」她告訴我。她沒有得癌症，但「必須做檢查，所以我就去那邊，心裡有點擔心，而且我還有點出血，狀況不太好，精神上很疲憊。」

洋子說話時語速快，表情很豐富。「也是在二〇一二年，我想應該是秋天的時候吧，我開始對政治產生興趣，因爲我那時跟男友分手，剛好有時間思考，」她前男友是美國人。

大約同時，日中之間關於尖閣諸島所有權的爭議，隨著北京的暴力反日示威活動而越演越烈。

「當時我對政治一無所知，想說『他們幹嘛那麼生氣，還砸碎東西』，所以我就問我爸。」洋子的父親是英語老師，據她描述是個保守的人，雖然沒有積極參與政治活動，但擁有許多關於政治的書籍，她開始大量閱讀。「我以前討厭政治，因爲我讀數學或物理學可以讀得懂，但是一講到政治，我以爲那是我永遠無法搞懂的東西。」她接受政治沒有絕對，我以爲是個好的兆頭，但我錯了。

「我對政治感興趣之前本來很討厭自己的國家，因爲我在學校學到日本是歷史上的壞人。等我開始讀我爸的書，讀到過去眞正發生的事，才知道我們跟中韓的爭端都是捏造出來的，一切都是中國共產黨的戰略，而且中韓爭端的證據都不存在。」現在咖啡館裡的人對我們側目了。「基本上，他們的目的就是說日本人的壞話，讓美國對我們失去信任，開始對抗我們。」

所以，洋子說，韓國人和中國人才會從學齡開始就被教導「日本人很邪惡」，這都是中共以及美國的社會主義教師之間的陰謀。我不確定我是否有聽懂。但是在戰後，洋子說，日本傳統家庭價值觀被破壞了，因爲美國人鼓勵建造小公寓，導致人與人之間的疏離，切斷了家庭聯繫，又推動不自然的性別平等（對於當代日本有些微了解的人，聽到這句都會笑出來）。

「男人跟女人不一樣，很多女人都很笨。」

「很多男人也很笨，」我冒昧地說。

「但是笨的方法不同。」

「所以你不會自稱爲女性主義者了？」

「我是眞正的女性主義者，男人很弱。我的意思是說女人善於講話或打斷別人，或是跟小孩玩之類的，但是她們的數學不好。」

我應該強調一下，洋子是用幽默的口吻說這些話，但我覺得認為她是認眞的。她也承認，自己的言論有時會給家人惹上麻煩。像她的哥哥在銀行上班，老闆叫他不要在客戶面前提到他妹妹。

所以，她在學校學到了哪些個謊言？

「說我們犯下南京大屠殺。考試還要考呢，所以當我知道這件事實際上是捏造的，我眞的很震驚。」

「唔，那不是捏造的，洋子。」

「是有個南京事件，但不是大屠殺。大概就五十個人（被殺害）吧。」

「你是說五萬？」

「不是。是五十。」

我請她提供證據，她說，沒發生的事情很難提供證據。我想這也算是符合某種扭曲的邏輯吧，只不過，雖然我們不曉得一九三七年日軍入侵南京造成的確切死亡人數，但有大量證據顯示成千上萬甚至數十萬中國人被日軍殺害。洋子反駁歷史學家，引用了快樂的人群抱著嬰兒歡迎日本侵略者的照片，在右翼網站上可以看到這些照片。她說，歷史學家引用見證暴行的西方目擊者寫的日記作爲證據，但那些日記根本就被篡改了。日本不是二戰的侵略者。日本對抗的是共產主義，就是戰後美國繼續在做的事。韓國不是殖民地，因爲韓國人沒有受到壓迫，而且有很多韓國人在主事。「我們教他們怎麼讀寫自己的語言，日本付出那麼多，大可在離開的時候摧毀一切，可我們只想讓韓國變強。然後中國那塊地方，那裡本來就不是中國領土，就像一片空地一樣。」

我問她怎麼有辦法這麼自信滿滿地否認主流歷史的證據。「嗯，這麼說好了，就像在學校裡，大多數同學去攻擊某一個孩子，但是這個孩子說的才是實話。」

「這個比喻不太好，洋子，因爲他們不是終生都在研究怎麼攻擊孩子，而且還獲得這方面學位的專家，你懂我的意思嗎？」

「但他們就是在攻擊。」

「那些專家是以研究歷史作爲終生志業的。」

我們就這樣來來回回好一陣子，我擁護專家，洋子說專家都拿了共產主義分子的錢，想要造成亞洲與美國分裂。「專家哦，」她嘆了一口氣。「他們甚至預料不到川普會當選總統。」她補充道，「有些人上網，但找到的全是假訊息，根本沒有證據，」她沒有意會到自己話裡的諷刺。

她在一支較輕鬆的影片裡，抱怨南韓挪用日本文化，說他們在觀光宣傳影片裡提到相撲和壽司，暗示這些是韓國的發明。我問她，她的消息來源是什麼？真的是韓國旅遊發展局發布的官方宣傳嗎？她說她不太確定。如果她不確定消息來源，怎麼能指責韓國挪用日本文化呢？而且關於挪用，日本在一九六〇年代（以及一八九〇年代）不就做過了，日本去西方學習工業革命的祕密哪。

「但那是技術，韓國是竊取我們的文化，例如武術之類的東西，而且還說發源地在韓國，這樣不對。」她說，韓國人大可開開心心地享受自己的成就，跟日本建立和諧關係，但他們卻選擇生氣，還要一直提殖民暴行的爭端，沒有作用的島嶼，奴工和慰安婦等等的。

我想知道洋子對於老家福岡有越來越多中國和韓國觀光客的看法。這不只對經濟有幫助，也能夠讓日本和鄰國分享第一手經驗，應該算是一件好事吧？

「到處都是中國人和韓國人，」洋子搖搖頭。「對，賺錢是好事，我們也鼓勵他們來，他們在學校學到日本人很邪惡，但親自來看看就知道日本其實是個偉大的國家，然後他們可以把這些知識帶回祖國去宣揚，所以是好事，並非全都是壞事。可我還是覺得這個城市被佔領了。」

當她還在大阪念大學時，曾經有幾個外國朋友和在日朝鮮人朋友，現在沒有了。「我的外國朋友開始攻擊我，說我很笨，說我是種族主義者。」她上傳了目前爲止點閱率最高的影片〈慰安婦之歌〉後，甚至開始接到死亡威脅。她說她不當一回事，她現在的名氣可以保護她。「如果我死了或出了什麼事，那些人會遭殃。」她還說，她贏得了新的日本友人來取代外國人。

根據她寫的支持靖國神社歌曲的歌詞（「勝利者絞死爲我們作戰的人」），我以爲洋子投票給安倍晉三。

非也，她投給了反移民政黨日本之心黨（Nippon Kokoro），由前東京都知事石原愼太郎（Shintaro Ishihara）創立。這位人物在一九九〇年接受《花花公子》採訪時，聲稱南京大屠殺是中國人捏造的。他描述佔領朝鮮半島並無不當，還曾說「過了生育年齡的女性就沒資格繼續活著」，類似的還有很多，你大概懂我的意思。

「人們認爲我們極右派什麼的，」洋子告訴我。「雖然我們看起來是右派，其實是世界上其他人都是左派。」這包括了想讓日本重新武裝起來的安倍首相，那個去參拜戰犯的人。安倍的副相麻生太郎（Tarō Asō）曾問他，「我們爲什麼不從納粹那裡學習如何進行憲法改革？」洋子覺得安倍對日本鄰國妥協太多。

我們聊得差不多了，我問她未來的計畫。她說當網紅賺不了多少錢。「我從川普那裡學到一點，就是我必須變有錢。」她打算當個勵志演說家來實現這個目標。踏入主流政治圈的局限太多，「你得隨時小心自己說的話。」

洋子和我向彼此道別，她要回爸媽家，她現在還跟他們住。我們分開之前，她告訴我說她很長一段時間深受憂鬱症所苦。現在她得了潰瘍性結腸炎，安倍晉三在二〇〇七年也是因該病辭職。「我的力量太強大，我盡量不傷害別人，結果傷到自己，害得腸道受罪。」

我搭上前往釜山的渡輪離開日本，洋子滿不在乎的歷史修正主義和仇外心理困擾著我，我也爲她和她的國家感到擔憂。如果和她觀點相同的人，眞的如觀看她影片的人數一樣多，那麼日本似乎正走向一條非常黑暗的道路。

韓國

1 釜山

在我到之前的幾個月，韓國發生的事件佔據了全球新聞頭條。所有人都在注意朝鮮半島，我覺得自己正駛向世界中心。

一切都要從二〇一六年底說起，當時該國已故軍事獨裁者朴正熙的女兒朴槿惠捲入一場怪誕的醜聞，其中涉及一位神祕宗師、丹麥和馬術學生、以及來自三星的數百萬元賄款。成千上萬韓國人上街抗議，最後以總統被彈劾下台告終，雖然過程似乎沒有遵循常規的法律程序，但朴槿惠還是入獄，皆大歡喜。

同時，美國在首爾以南的一座高爾夫球場安裝了終端高空防禦飛彈，澈底激怒了北京，中國迅速對南韓實施了非官方制裁。該系統表面上旨在保護南韓抵禦北韓，但發射範圍涵蓋了中國，因此中國視為威脅，中韓之間旅遊和貿易往來因而驟減。而且當然了，北韓最近也對日本（理論上也是對著美國）進行了挑釁的遠程武器測試，衝動的人開始猜測第三次世界大戰是否即將在東亞爆發。

當我抵達大韓民國（南韓的正式名稱），當地正要舉行總統大選以選出朴槿惠的繼任者，佔據了更多國際新聞版面。最受歡迎的候選人是共同民主黨籍的文在寅，他承諾對北韓採取和解政策，並振興國內脆弱的經濟。許多人認爲，強大的「財閥」（邪惡的家族式企業集團，例如三星和現代）正嚴重危害著國家。

發生這麼多事，相較之下，韓國與舊時殖民者日本的關係似乎不是最要緊的問題了。但往日的仇恨不曾遠離：一九一〇年到四五年的佔領和奴役，包括慰安婦在內，還有獨島／竹島之爭，日本學校的歷史教科書內容，以及靖國神社。

我想知道的是在新聞頭條及政治姿態之外，韓國人在日常生活中是如何看待這些問題，我也想更深入了解兩國的歷史關係。最重要的是，我想多看看韓國，認識很多韓國人。

南韓雖然在國際上引起這麼多注目，又擁有超過五千一百萬人口，面積卻意外地小。理論上來說，我只要開車走高速公路就能在四小時內直達北部的首都首爾，但是我計畫在南海岸的釜山待幾天，然後向西前往木浦和光州，然後從西海岸往北開。到了首爾看看之後，我要前往東海岸，然後往北至非軍事區（DMZ）以及與北韓的邊界，再返回首爾多停留幾天。

我在福岡碼頭等渡輪時，已經發現了韓國人和日本人之間的一些主要差異。日本人在登船之前就排好隊，但是韓國乘客可沒這種耐心。他們採取了一種巧妙的方法，避免排隊這種煩瑣的小事——叫行李去排。他們把行李箱放在日本乘客的前面或後面，自己把握最後一刻去逛免稅店。這彷彿是高度社會信任和坐享特權的結合，眞是有趣。

我搭渡輪通常會吃暈船藥，我就在藥效引起的飄飄然狀態下度過了三小時航程，抵達釜山。搭計程車前往旅館的體驗，更明顯對比出兩個鄰國的差異。

日本計程車司機彬彬有禮，效率好，守法又謹愼，通常還戴著白手套，很有點《溫馨接送情》（Driving Miss Daisy）[47]的氣氛。他們通常知道路，不知道的話就會停下來問路人。我碰到的第一個韓國計程車司機不太一樣。他從渡輪碼頭飛速離開，彷彿剛聽到北韓

47 一九八九年電影，改編自同名舞台劇，描述一九四八年一位高齡白人寡婦對黑人司機從排斥到建立信任的過程。

入侵的消息。雖然我住的是位於海濱區一間大型且顯眼的飯店，但他對於飯店地址完全沒概念，在我的手機上對著地圖看了又看，像是第一次看到象形文字。據說韓國人的識字率高達百分之九十九，是世界上最高的（這可是發明活字印刷術的國家，比古騰堡早了兩百年[48]），十六到十九歲年齡層的韓國人，也是經濟合作暨發展組織會員國裡識字率和算術能力最高的。也許剩下那百分之一的人都開計程車吧。

最後我總算給送到了飯店。然而當晚我去「烤盲鰻一條街」上的餐廳吃飯，又碰上韓國服務業文化給我的震撼教育。一位身材嬌小、皺著眉頭、身穿連身印花圍裙的女服務生拿了一份護貝的圖片菜單給我，上面有許多吸引人的菜餚。我仔細考慮了半天，選擇了一道菜，但女服務生從我手裡把菜單搶走，翻開另一頁並用手指戳向另一道菜的圖片，同時轉過頭去跟另一個工作人員講話。顯然，這一碗紅色的東西是我今晚要吃的東西。我試著指另外一頁上的菜（就說我古怪好了，但我想吃點鰻魚），可她在我眼前把菜單給闔上。

48 古騰堡發明了歐洲第一台鉛板活字印刷機，但四百年前中國北宋年間畢昇就發明了泥活字印刷術，活字以膠泥為原料製成。韓國曾因找出一三七七年印製的《白雲和尚抄錄佛祖直指心體要節》金屬活字印刷品，被聯合國教科文組織確認是世界最古老的金屬活字本。

在我等待那碗紅色食物時，我第一次注意到韓日之間最顯著的日常差異：韓國用金屬筷。我從來沒有在日本見過金屬筷，但在韓國這是常態，木筷非常罕見。金屬筷重得多，也滑溜許多，我花了數十年才練成一般般的筷子技能，現在完全派不上用場，實在狼狽又丟臉。從公鍋或火鍋中共食是韓國人的用餐特色（有人會說韓國人的集體情感也是如此），如果你不會拿筷子也沒得躲，而且笨拙的嘗試影響的不只自己的食物，還有別人的，而且這金屬筷還讓我右手痠痛。後來在韓國期間，我越用越受不了，經常想著木筷與金屬筷之別。韓國人用金屬筷主要是爲了成本效益，金屬筷可以洗了再用，但木筷用過即丟。韓戰之後，韓國經濟崩盤，森林幾乎被砍伐殆盡，造成木材短缺。但日本在一九四〇年代後期也經歷了經濟困難，而韓國經濟在過去幾十年飛速發展。幹嘛還要用金屬筷呢？也許人們覺得身邊有個致命武器比較安心吧。

釜山周圍是一連串海灣、港口和新月形的海灘，有點像里約熱內盧。這裡感覺也有點像巴西，或說不像日本那麼受管制。這是好事（所以我不必像在日本一樣，經常擔心自己像個笨拙的大老粗），但也是壞事。我委婉一點講，韓國第二大城的人似乎不覺得美學很重要，至少從公共領域來看是如此。例如，商店和公司行號大量使用雷射印刷的廉價招牌，造成每一間店看起來都像炸雞店。到處都看得到高聳入雲的怪手在施工，平均樓高四十層的都市叢林越來越茂密，但沒有一棟樓看起來是建築師花了心思來繪圖設計。

第二天早上，我從一處高原的聯合國紀念公墓拍攝了這座城市的全景，該墓園是城裡少數綠地之一，一九五〇到五三年韓戰期間死亡的三萬七千名聯合國士兵中，有數百人下葬在此地。如我們所知，日軍在一九四五年戰敗離開朝鮮半島，留下的眞空狀態導致了韓戰。但是我們先回想一下，當初大韓帝國怎麼會變得如此衰弱，以至於無法擊退日本？

從十四世紀後期直到一九一〇年日本併吞朝鮮半島，韓國由單一王朝的後裔所統治，也就是趕走蒙古人、推翻高麗王朝的李氏朝鮮。二十七代君主之中，並非個個都睿智、公正與公平，實際上，其中一些君主已處於瘋狂邊緣，而到了一八〇〇年代末，統治朝鮮的是「無能的貴族和腐敗的統治者，最後國家被盜賊奪走」，《柏青哥》作家李珉貞如此描述。

日本在一五九〇年代後期兩次入侵朝鮮（見後文詳述）。到十九世紀，朝鮮王朝擔心西方殖民強權來襲，自外爲「隱士王國」[49]，與日本一樣對世界封閉。日本明治維新之

49 Hermit Kingdom 一詞出自美國作家 William Elliot Griffis 的著作《Corea, the Hermit Nation》，指任何故意自行閉關的國家和社會。

後，軍事及技術崛起，朝鮮王朝把鄰國日本加入了有威脅的國家名單中。一八七五年，日本學美國那一招，與朝鮮王朝簽訂不平等條約，以貿易相關的基礎建設投資爲起點，開始逐漸收回碼頭、鐵路等，在無形之中併吞了整個朝鮮半島。

清朝不滿附屬國遭到入侵，於是派出部隊，緊接著發生第一次中日戰爭（甲午戰爭）。雖然這只是一場小規模的衝突，但日本在一八九五年取得勝利，戰利品是中國割讓台灣與遼東半島，這個由中國延伸入黃海的半島位在韓國以西，具重要戰略地位。從全球角度看，日本在一九〇五年日俄戰爭擊敗俄羅斯（又是爲了控制朝鮮而戰）帶來的震撼更強，因爲這是第一次有亞洲強國在戰場上擊敗西方國家。此後，日本有如慢慢坐進熱水盆裡，一步步全面掌控朝鮮。

日本在一九一〇年併呑朝鮮，美其名爲「大東亞共榮圈」的開始，表面上是互惠互利的泛區域合作，目的在促進區域現代化，並將帝國主義強權驅逐出亞洲。多年後，中國第一位民主共和國總統孫中山肯定這個說法，「我們認爲俄羅斯（在一九〇五年）敗於日本可以被視爲東方擊敗西方。我們視這次勝利爲我們的勝利。」如今，許多日本人仍用這些說法來捍衛當年的行動。朝鮮情勢不穩，俄羅斯或中國隨時可能進攻，就連英、美甚至法國都準備突襲。正如當時一名德國軍事戰術家所說[50]，朝鮮「就像一柄指向日本心臟的匕首」，這麼不祥的地理風水，日本政府認爲非處理不可。

一九三〇年代期間，朝鮮半島提供重要的食物、礦產和人力給不斷擴張的日本帝國。到了一九四四年，超過百分之十五的韓國人口居住在日本，一九三七年第二次中日戰爭爆發，日本進一步加強對朝鮮的殖民統治。正如我在釜山參觀的歷史博物館說明的，日語課取代了韓語及歷史課，以「消滅朝鮮精神」。日本蓋了數百個神社，關閉了韓語報社，要求所有韓國人都改日本名字（有人認爲是自願的），由於韓國看重姓氏文化，這點特別難接受。不論是否被迫，到戰爭結束時，有百分之八十四的韓國人改了名。

我之後在首爾與英國記者麥可．布林（Michael Breen）見面，他在韓國生活了數十年，也是《新韓國人：從稻田躍進矽谷的現代奇蹟創造者》（The New Koreans）[51]一書作者，這是關於戰後韓國最精彩也絕對最有趣的一本書。我問他現在的韓國人怎麼看當年日本佔領。他告訴我，韓國人在學校學到的依然是他們如何被無情地剝削，日本人沒收農

50 此指梅克爾少校（Klemens Wilhelm Jacob Meckel），他曾在日本陸軍大學教授戰略與戰術，並擔任參謀本部顧問。
51 方祖芳譯，聯經，二〇一八年出版。

田，盜走白米，「關於日本的一切都是壞的……同化政策就是種族滅絕的一種形式。」但他也指出，「日本人接管朝鮮半島時，並沒有阻斷任何發展計畫。」換句話說，當時韓國並未走向現代化，是日本投資和領導才開始的。其實據他的經驗，經歷過日佔時期的老一輩韓國人不像現在的人那樣仇日。

這很奇怪，因為我在旅途中碰到的年輕韓國人，通常都指責老一輩的人在延續仇恨。年輕韓國人熱愛日本，一有機會就去日本玩，還希望韓國可以更像日本。讓人不禁要問，韓國人眞的討厭日本嗎？如果仇日的不是年輕一代也不是老人，那麼到底是哪些韓國人？

2 木浦

我在釜山花了幾天參觀博物館，被女服務生告知要吃什麼，然後離開釜山，向西開往車程三個多小時的木浦。

從日本的右駕換到本地的左駕是個稍微混亂的過程，其他用路人似乎對我的調整階段沒什麼耐心。韓國駕駛比起日本駕駛明顯更逼人，比較不遵守交通號誌，基本上根本就沒在管。我在旅遊指南網站讀到，大型昂貴的轎車在韓國道路上有優先權，可是雖然我開的是 Kia Stinger，一輛時髦、全新、保證是韓國最新科技縮影的四門轎車，我卻沒有享受到任何好處。

在飯店的時候，我花了幾分鐘來熟悉一下車子。它的功能很多，包括八速手自排變速系統，其實五速就已經夠多了。隨著旅程的進行，我還會發現 Stinger 更多奇妙之處，包括手機無線充電裝置（我以爲這是ＴＥＤ演講才會出現的東西），以及可與前車保持安全距離的「智慧巡航控制系統」（但韓國用路人對「安全」距離的想像與一般人不同，只要一有空隙就切進來），但最令人大開眼界的，當屬這是一輛自駕車。我不知道這東西已經存在了，開上高速公路的前一百英里，我盡可能去忽略偶爾從方向盤傳來的奇怪的拉扯感，直到最後，我決定放縱一下，憑著直覺，在時速約七十英里過彎時放開了方向盤，車子很詭異地就自己開過去了。這實在太令人興奮了。但是幾秒鐘後，一個警告標誌亮起，「未偵測到駕駛人手握方向盤」。我心想安裝自駕系統的又不是我，到底要我怎麼樣……我只好重新握著方向盤。但我開著開著，發現這項功能對於在開車途中打開零食非常有用，特別是花生巧克力麻糬蛋糕，我每次開這東西總是把黏乎乎的巧克力碎屑撒了滿身，因此需要雙手操作才行。

在釜山郊外，我開車行經一群有編號的粉色高樓，一邊沉思：爲什麼我會覺得這些數字這麼令人沮喪，普通房屋也有數字，爲何我對四十層樓高的公寓大廈就有不同感覺？可能是聯想到喬治．歐威爾吧，如此龐大的東西卻還要編號，光憑它的大小，應該就很容易辨認才對，然而同樣大小的樓房這麼多，導致它雖然大，卻平凡到如同匿名……給這麼大的東西編號，搞得好像會弄丟它一樣。我的確看到有些大樓是有名稱的，「幸福水原」或「歡樂家庭」，這是爲了說服居民可以把這裡當作家，而不只是房屋嗎，好讓人們願意選擇這裡來居住……？突然間，一陣刺耳的警報聲把我從白日夢中驚醒。

一開始，我以爲是車子出了什麼大問題，但所有系統似乎都正常運轉，最後我發現聲響是來自手機。我讓車子自己開一下，看了看手機，好像是什麼簡訊警報，但用的是韓語。它要提醒我什麼？核戰、鄰國入侵、地震還是巧克力碎屑？我一點概念都沒有。

我在加油站停下來，希望找出答案。我沒有要炒冷飯的意思，但在日本的加油站，在你把車子停下來之前，就有一群人湧上前來，拉開雨刷，把一塵不染的擋風玻璃再用海綿清得更乾淨，幫你加滿油，揮手送你上路並拒絕任何小費。在韓國的情況不一樣。加油員穿著髒兮兮的工作服慢條斯理走過來，弄了半天總算給車子加滿油，然後等待小費。這一位問我要加什麼油，我只好承認我不知道。雙鋰晶體（Dilithium crystals）[52]？他鄙夷地看了我一眼，還是把車加滿油了。我給他一些零錢作爲小費，打手勢請他翻譯一下手機上的

52 影集《星艦迷航記》裡太空船用的核融合燃料。

訊息。他看了一眼，說是警告我氣溫過高，已超過安全水準。

高溫（熱到眼前東西在晃動的那種）大概可以解釋為何木浦像個鬼城一樣，路上一個行人都沒有。今晚，我將在這個偏遠的西南港口城市過夜。

我讀到木浦是少數還保持日本殖民時期建築風格的地方，花了一個下午找到了幾棟堅固的明治時期西式建築，大多是從前的銀行。其實並不難找，整個城裡似乎只有這幾棟建築還算有美學價值。木浦市的一切看起來都像是便宜蓋起來的，混亂的螢光色壓克力店招牌覆蓋了所有大樓表面，簡直像建築物的牛皮癬。

我爬上市中心的儒達山，來到這裡的主要景點，一棟建於一八九七年的大型紅磚別墅，原本是日本領事館，日本人離開之後改為市政廳，現在是近代歷史館。館裡給殖民時代做了平衡報導，日本的確竊據土地並剝削勞工，但同時也在該市建立了第一家醫院，而且木浦人口在殖民時代也有增加，館內甚至提到一九三〇年代的都市化計畫和鐵路使得本地「蓬勃發展」，不過也說明了那都是為了「掠奪」白米以供應日本市場。

我回到外頭的火爐，跟隨標語來到日佔期間韓國勞工在山邊挖的防空洞。涼爽的地下隧道內展示著詭異的白色雕像，敘述綁著纏腰布的瘦弱勞工被日本士兵用警棍毆打的場景。

我再往山坡上走，欣賞木浦港和離島的景色。山頂上有一尊身著犰狳鱗片般盔甲的李舜臣（Yi Sun-shin）將軍雕像，他是十六世紀統率朝鮮水軍的名將。這座紀念雕像提醒著人們，早在二十世紀日佔之前，這裡的水域見證了朝鮮和日本之間另一次劃時代的戰鬥，豐臣秀吉的軍隊曾在一五九二年和一五九七年兩度試圖入侵朝鮮半島，統稱爲壬辰之役[53]。

豐臣秀吉統一了日本，趕走了麻煩的基督徒，如今把目標放在建立一個帝國。還有什麼比攻擊鄰國更能培養民族團結的新精神的？入侵中國[54]是他的最終目標，但他先派兵佔領朝鮮，遠至今日的首爾，還把城市摧毀了大半。這一戰令朝鮮人感到震驚，因爲截至當前，他們一直自視爲儒家階級中的優越文化，而距離中國最遠的日本則在最底層。在日本，壬辰之役最爲人所知的就是在入侵期間，有五萬名朝鮮工匠被當作囚犯帶回日本，時至今日，距離韓國最近的日本九州島仍以有田燒（Arita）和薩摩燒（Satsuma）瓷器而聞

53 朝鮮王朝方面稱「壬辰倭亂」，中國稱「萬曆朝鮮之役」。
54 當時為明朝。

名，這些都是朝鮮囚犯引進的技術。韓國人以此證明他們在當時是上等種族。

即使從全球角度來看，壬辰之役也是一場重大戰事，但我懷疑在日韓以外的人大多不曉得這件事。據信，有一百多萬朝鮮人（約佔人口的三分之一）在戰役中喪生，這也是韓戰（一九五〇到五三年）之前韓國史上死傷最慘重的事件。

一位在壬辰之役目睹了西南部全羅道南原大屠殺的日本佛教僧侶，寫下了「此處一定是人間地獄」。他看到嬰孩被殺，母親被殺，身強體壯的人被竹子做成的頸圈銬著，準備送去當奴隸。

雖然日本最終戰敗的主因是中國出兵協助，以及豐臣秀吉在一五九八年病死，但韓國人多半強調這是朝鮮軍事史名將李舜臣將軍的功勛。公平來說，即使在韓國之外，軍事迷也公認他是有史以來最偉大的海軍戰術家之一。李舜臣是日本人的剋星，在超過二十三場對日戰役大獲全勝。

在木浦市中心的山上，傳說李舜臣曾命令士兵用稻草覆蓋山頂上的岩石佯裝成武器，來矇騙進攻的日本海軍，結果日本海軍眞的誤以爲那些岩石是武器而撤退，因此在此立雕像爲紀念。

李舜臣將軍還有許多諸如此類逆轉勝的故事，經常被改編成韓國電影和電視劇，一百韓元硬幣上的頭像就是他。他的一生轟轟烈烈，在軍事上取得極大成就之時，卻遭到朝鮮國王下令監禁並遭受酷刑（因爲他沒有遵守一些有問題的命令），並被降級爲士兵。不過在日軍節節取勝之下，李舜臣再次被復職，執掌剩下的十三艘板屋船[55]，並以智謀在鳴梁海戰擊敗了由三百多艘船組成的日本艦隊隊。他在一五九八年與日本人最後一役的露梁海戰之中身亡。

我在韓國去的每個戰爭博物館裡，都有李舜臣著名的龜船模型，就是打敗日本的船身擁有裝甲的船艦。每當我看著這些複製品，我都會想到英國歷史上某位同等地位的人物，一位備受尊敬的軍事領袖，法蘭西斯·德瑞克（Francis Drake）[56]。現在的英國年輕人是否知道他呢？我覺得不知道。話說回來，若是西班牙對英國做了像日本對可憐的韓國做的事，那麼……

55 一說是十二艘，板屋船是壬辰之役後出現的大型戰艦。
56 英國著名私掠船長、探險家、航海家，後成為海軍中將，在軍旅中擊退西班牙無敵艦隊的攻擊。

3 扶安

第二天早上，我從木浦北上尋找被割下來的斷鼻。我手上的線索不多，我要找的鼻子已經有四百多年歷史，而且是從很遠的地方而來。

在豐臣秀吉的年代，日本人通常在戰場上將敵人頭顱砍下，事後計算殺敵數來請功。但在一五九二年和一五九七年入侵朝鮮期間，被屠殺的朝鮮人數量太多，運回日本成爲後勤的難題，於是日本人提出了一個解決方案。如同某當代觀察家的描述，「男女老少都被殺死了，沒留下一個活口，他們的鼻子被切下來用鹽保存。」

日本人留下了詳細記錄，統計共二十一萬四千多個鼻子，其中有韓國人也有中國人，大多來自南部及西部的慶尚道、忠清道和我目前所在的全羅道。鼻子浸在鹽桶中保存，等著運回日本「點人頭」，送到了以後還會公開展示，作爲警告，然後埋葬在特製的墳墓——鼻塚，一五九七年九月二十八日在當時日本首都京都啓用。

故事已經很淒慘，後來還變得更混亂。鼻子們在臨近豐國神社（祭祀豐臣秀吉的神社）附近長滿了草的丘陵之下埋了多年之後，忽然被改稱爲「耳朵」[57]。有一說是因爲過了幾個世紀之後，日本人在意起自己的所作所爲，覺得割耳聽起來比割鼻稍微好一些。一九六〇年代，鼻塚安裝了一塊牌匾提供簡單歷史脈絡，上面寫著「依照當時標準，割鼻並不算殘忍。」確實，歷史上許多戰勝國的士兵都做過類似的事，例如越戰期間的美軍。日本還聲稱，鼻塚象徵著他們尊敬敵方死者的靈魂，但顯然許多韓國人依然爲了此事而咬牙切齒，他們當然才不在乎什麼歷史脈絡。

牌匾已經不在，但丘陵還在，我之前還在日本京都時特地去看了一下，當地人照著豐臣秀吉的意思把它照料得很好。這個綠草覆蓋的小山丘周圍由六角形石牆支撐，比我預想的要大，令周圍房屋相形見絀。鼻塚前的台階最上層放了鮮花，台階盡頭是一個祭壇和一塊石碑，旁邊長了一些灌木。鼻塚隔壁有個小公園，上方電纜縱橫交錯。鼻塚後方的牆邊

57 埋葬鼻子的地方原本名稱為鼻塚，但日本儒學學者林羅山在其所著的《豐臣秀吉譜》中稱之為「耳塚」，此後「耳塚」一名廣為流傳。

立了一個社區布告欄，住附近的人沿著鼻塚的另一堵牆擺了一些盆栽。

京都的鼻塚不是壬辰之役被割下的鼻子唯一安息之地。一九八三年，大阪市西部岡山縣備前市出土了另一個謠傳已久的「千鼻塚」，鼻塚一事再次引起韓國熱議。一九九〇年，韓國和尚朴三中發起請願將鼻子送回國，一九九二年獲得日本政府同意，可惜開挖之後連鼻子的殘骸都不剩了。韓國人依然將一些象徵性的土壤帶回韓國西南部的一座寺廟中，舉辦隆重的下葬儀式。

我想試試找到新的鼻塚，前往致意，我手上唯一資料提到韓國西南海岸扶安縣的一座寺廟。我從一本旅遊指南查到，扶安西南方幾英里處的邊山半島國立公園裡有個來蘇寺。在車上設定衛星定位系統時，我心想，如果我要替捍衛祖國而犧牲的祖先鼻子重新下葬，我會選一個宏偉而古老的地方。來蘇寺建於七世紀，是該地區最大也最重要的佛教寺廟。而且，「來蘇」（Naesosa）聽起來有點像英文的「鼻子」（nose）。

我花了大約一個小時到達寺廟，沿途鬱鬱蔥蔥，襯托著遠方的重巖疊嶂，風景十分美麗，唯一美中不足的是韓國人特別喜歡用隧道式塑膠棚，搞得每一塊田地都變成了塑膠海浪。寺廟建築群坐落在陡峭山壁之間，有點像在一個臂彎裡，環境美不勝收。兩個老頭在顧入口的售票亭，我問他們這裡是不是埋鼻子的地方，他們不會說英語，所以我試著比手畫腳，但只讓場面更混亂，幸好這時迎面來了一個家有十幾歲女兒的家庭。年輕一輩日本人英文往往比老人好，原來在韓國也一樣。由於我的任務特殊，所以我還是得寫下來，還畫了圖解輔助。兩個年輕女孩向售票口的人傳達我的問題，他們討論了一段時間，然後給我另一座寺廟的名字，從這邊開車過去不遠。他們很篤定地向我保證，我要找的鼻子就在那邊。（到目前為止，韓國人跟我說去哪裡要怎麼走，我都還是信以為真。）

總之，我興奮地朝著下一座寺廟出發，沿著蜿蜒的上坡山路，開向樹木叢生的山丘，山路兩旁有會開花的樹、茶園和茂密的松樹。在第二座寺廟的入口處，有幾尊高大的木頭武士雕像，每個都畫上瘋狂的雙眼，彷彿他們對某事非常憤怒，應該是鼻子吧？這座同樣建於七世紀的開巖寺，一定就是我要找的地方。我在高溫下走了一小段山路，來到了兩排小木屋之間的入口。看似無人，但片刻之後，出現了一個戴眼鏡的圓臉年輕女子。沒有，她沒聽說過什麼鼻子被送回來的事，但她願意打給當地的公園巡山員，他可能會知道，電話撥通之後，她就把話筒交給我。我幾乎完全聽不懂巡山員的英文，不過他給了我一個電話號碼，我憑直覺認為可能是扶安郡政府某辦公室的電話。我打過去，但沒有人接。從剛剛一路搞到現在，我不但嚴重脫水還快要趕不上下一站的泥漿節，我決定放棄，打算開車離開國家公園。開車離開的途中我經過一個標牌寫著：「巡護站」。我猜這就是剛才跟我講電話的人的工作場所。這趟任務成功與否就在千鈞一髮之際，我決定做最後一次嘗試。

巡護站裡有個穿綠色和灰色尼龍制服的年輕人，肩上縫著的補丁有一隻大棕熊。是巡山員！是跟我通電話的巡山員嗎？是他沒錯！他承認剛才電話上的是他，樣子有點不太放心。他的名字叫姜功孝（Kang Gong-hyeop，音譯），等等我會發現他是一名活生生的韓國英雄。

我再次比手畫腳跟畫圖解，終於說服了姜先生上谷歌搜尋關鍵字「日本　鼻子　扶安」。跳出搜尋結果的時候，他的眼睛亮了。他立刻行動，拿起電話，興奮地撥給一個聯絡人。一陣熱烈的談話，他掛上電話，帶著燦爛的微笑看著我。

「我跟你說一個故事，」他說。「我的祖先被日本人奴役，鼻子還被割下來，最後埋在日本。」

對，我知道，我說。所以我才……

「然後有一位和尚去取回鼻子，但是那些鼻子都……」

他停了下來，想找出正確的詞彙。

「腐爛！鼻子已經都腐爛掉了，最後他只能帶了一些土回來。我知道那些土在哪裡！」

我想看看這個地方嗎？是的，我非常想看。

「你可以開車跟著我，」他指著門外說道。

他爬上裝滿圓木的小貨卡，我開車跟著他往森林外面走，下山開往通向扶安的主要道路。走了幾英里之後，我們轉進一條泥巴路，開進一片田野，那裡有一座看起來剛建成的木頭寺廟，漆著韓國傳統的藍綠、紅和黃色的裝飾圖案，屋頂鋪著灰色厚瓷磚。

寺廟的所在地在一八九七年曾經發生一場戰役。可惜寺廟今天沒開，但姜先生說，這裡就是和尚把混著鼻子的土壤帶回來之後下葬的地方。我竭誠地感謝他，他做的已經遠遠超出了職責範圍，帶領一個迷路的外國人進行荒唐的任務，尋找一些腐爛的鼻子。爲了紀念這一刻，我們倆合影留念，站著想了一下該做什麼，然後尷尬地道別。

4 光州

第二天早上，我朝南返回光州，在高速公路休息站停下來吃了一碗辣麵當早餐，價格不到一磅。抱著冒險的心，我選了洋蔥果汁來搭配。這在韓國是主流商品，跟可樂雪碧擺在一起販售，喝起來沒有聽起來那麼可怕。韓國有一些不尋常的鹹味汽水，經過一番試誤法，我的結論是玉米鬚茶最好喝。

之後我去男廁，旁邊的人在撒尿時接起電話，後果可想而知。我穿過停車場回到車上，跟一個朝商店走去的人擦身而過。那個人獨自旅行，打扮成超人。就在這一刻，我意識到我不能再拿日本跟這裡相比。我現在人在韓國，這裡不一樣。

光州是一個擁有一百五十萬人口的城市，外國人最熟知的可能是一九八〇年五月時，民主人士要求剛奪權的全斗煥軍政府下台，結果遭到血腥鎮壓，有人說這是韓國的天安門事件。時間回到一九七九年十月，他的同夥朴正熙總統遭到韓國中央情報部（相當於美國中央情報局（CIA））部長金載圭暗殺，國內短暫出現了民主改革的希望，但全斗煥趁亂發動雙十二政變取得最高軍權，隔年五月十七日，他宣布全國擴大戒嚴，並下令大規模逮捕政治人物和公民領袖。第二天，超過二十萬人走上光州街頭。五月二十一日，軍隊開始向聚集在地方政府機關前的示威者開火，在接下來的六天內持續攻擊，造成一百六十五人喪生，一千六百人受傷——這是官方數字。目擊者和失蹤者親友認為數字還要更高。全斗煥聲稱民主抗議是北韓的陰謀，據報他甚至要求裝載炸彈的戰機待命。

數百名抗議者被送進位於漢城（今首爾）西大門監獄，遭到審訊和折磨。我在之後旅程參觀了已改為博物館的西大門刑務所歷史館，去過之後就能了解，在將近整個二十世紀裡，身為韓國人是多麼可怕的一件事。這座監獄最初建於一九〇八年，當時日本加緊對朝鮮半島的全面控制，蓋了這座監獄來容納韓國抵抗軍。日本人離開後，韓國軍事政權繼續使用，一九八七年關閉。這裡一度是全國最大的監獄，監禁了成千上萬名囚犯。

牢房維持監獄關閉時的狀態，只增加了一些令人毛骨悚然的展覽，例如一幅標出了適合拷問的部位的完整人體解剖圖。在「地下刑訊室」，我花了點時間試著看懂一個日佔時期刑訊現場的蠟像立體模型，其中一個人從腳踝被懸吊著，旁邊一個衣著整齊的人手上拿著一個水壺。「狹窄牢房酷刑」聽起來特別可怕，囚犯被安置在兩堵牆之間，沒有足夠的空間坐下或站立。「飛機酷刑」（受害者雙手被反綁著，整個人懸吊起來）簡直令人無法想像。

菲利普（Philip）親身經歷過飛機酷刑。他是歷史館的志工，「你無法想像我受到的折磨，」他回憶。「我以為我會死。」菲利普（他跟許多韓國人一樣都有英文名字）參與光州民主抗爭被捕時只有十七歲，後來在光州被關了四個月，和家人相距好幾百英里。當年刑訊造成他的後頸和肩膀到今天仍然有問題，他跟我說，僵硬地指了指自己的肩頸。

歷史館的展覽把重點放在日佔時期，描述殖民統治者將韓國轉變為「奴隸國家，並發狂地試著抹殺韓國文化和語言」，一個標牌這麼寫，「儘管日本在一九一〇年強行併吞朝鮮，韓國人卻從未喪志，並積極推動獨立運動。從一九一〇年到一九四五年以各種方式與日本統治者激烈作戰，」諸如此類的文字。

歷史館沒提到日本人離開後的幾十年間，韓國軍隊替獨裁者做了多少骯髒事。關於光州民主運動期間軍隊做的事，某個標牌寫著「他們被魔鬼附身」，因此才會「喪失人性……變成了不會思考也失去知覺的怪獸」。就算這能解釋軍隊刺殺咖啡店裡的示威者、或是對和平抗議者使用火焰噴射器好了，我還是好奇菲利普怎麼想，他能夠接受刑求他和監禁他的就是自己同胞嗎？他告訴我，沒有那麼難接受。一九八〇年代後期韓國民主化之後，軍方因為造成他的苦難而向他道歉，因此他不怪軍方。反正，他把光州事件歸咎於美國人，「他們大可出手阻止。」美國確實低調地支持全斗煥以及其他軍事獨裁政權，有時甚至以實質行動來支持。軍政府謀殺數千名本國公民時，華盛頓一直袖手旁觀，不僅光州事件當時的卡特政府如此，在此之前甚至之後的許多場合，美國都以遏制共產主義之名而放任軍政府恣意妄為。

文在寅在二〇一七年贏得總統大選之後做的第一件事，就是命令政府對這起屠殺事件進行調查，這已經是第四次了。第一次調查時，軍隊莫名地集體失憶。一九九六年的另一次調查之後，全斗煥和繼任者兼盟友盧泰愚分別被判處無期徒刑及十七年徒刑，但都獲當時總統金泳三特赦。後來在二〇〇七年的調查，找不到任何與民主運動相關的軍事文件。

我在某處讀到，光州本地有一間關於當年民主事件的博物館，我花了很長時間在一個沒有市中心的奇怪城市繞了又繞之後，終於在一間市政大樓裡找到了五一八紀念文化中心。

中心裡沒什麼人，但從中庭進去一樓的某個陰暗角落，有幾個看似臨時的看板，描述當時軍方的殘酷行徑，甚至還稱之爲「種族滅絕」事件，講到軍人如何洗劫民宅，帶走年輕的抗議者如菲利普。我發現旁邊的辦公室裡有人在工作，那裡是國際事務部，有二十名員工。一個很有禮貌的年輕女子從書櫃後面走出來，她叫李多順（Lee Da Som，音譯），是助理統籌。她說，該中心負責包括爲青年人權鬥士舉辦冬令營，文化及教育部門的營運，以及協助有關一九八〇年五月事件的研究。該知道的都知道了，不是嗎？我問。

「其實我們還不知道眞正下令開火的人是誰，」李多順告訴我。可能的人選從前總統到各階層軍官都有。美國人涉入多少？李多順認爲華盛頓方面並沒有直接下令，他們只是對全斗煥政權的殘忍行爲袖手旁觀。「我們無法確定。這是一個漫長而棘手的問題。對我來說，美國的責任在於允許部隊進入光州，美國知道部隊在移動，但沒有出手阻止。」

我在韓國旅行時，一部關於光州事件的新片《我只是個計程車司機》正在韓國上映。這部電影根據眞實故事改編，講述了德國電視記者于爾根・辛茲佩特（Jürgen Hinzpeter）藉由一名當地計程車司機的協助，在情況最激烈時偷偷越過軍事警戒線去報導抗議活動，他被韓國人暱稱爲「藍眼睛的見證人」。辛茲佩特拍下的照片，引起全球譴責韓國軍政府的鎮壓行動，韓裔美國人在美發起抗議活動，甚至還有德國人以絕食抗議來聲援韓國。不久前去世的辛茲佩特在光州被尊爲英雄，當地也爲他豎立了紀念碑。這部電影甫上映便勇奪票房冠軍，上片九天就有六百萬觀影人次（中國當局迅速禁止這部片，大概是怕有人聯想到一九八九年天安門廣場事件）。

這部電影大獲成功，榮登韓國影史十大賣座片，大衆齊心協力尋找計程車司機金士福的下落，他的名字是當月韓國谷歌熱搜關鍵字第一名。最終，金士福的兒子出面，提出證據證明他父親就是當年的計程車司機，可惜金士福已經於一九八四年因肝癌去世。

5 首爾 I

越接近韓國首都首爾，空氣汙染就越嚴重。距離首爾還有一個小時車程，我已看不見兩旁的田野，只見鐵鏽色的霧霾。在高速公路的車陣裡，我經過一輛老舊貨卡，上面載著約二十隻關籠的狗，不是寵物犬。感覺好像我正翻開一本巴拉德[58]所寫的人類世（anthropocene）反烏托邦小說。

在這種空汙之下要怎麼生活？答案是沒辦法。根據政府公布的數字，每年因空氣中懸浮微粒而死亡的人數為一萬兩千人，可想而知實際死亡人數還要高得多。根據經濟合作暨發展組織的數據，韓國空氣品質是會員國之中最差的。我後來聽說，二〇一八年冬季奧運

58 英國小說家 J.G. Ballard，被認為是末日小說大師。

會期間的空氣品質不錯，是因爲政府下令工廠關閉數週。韓國政府常指空氣品質差「都是中國的錯」，這說法實在站不住腳。

從我車子前方望出去的一點點風景來看，韓國首都似乎沒有郊區。從深谷幽林出來到滿布隧道式塑膠棚的田地之後，立刻接到高樓密布的都市叢林，一直到漢江都沒有中斷。首爾看起來彷彿在一九八三年左右匆匆建成，說好「以後有時間再好好整頓」，卻一直沒兌現承諾。紀念碑谷[59]是受風侵蝕而成，金錢旋風則塑造了首爾的城市風貌，過去幾十年裡，金錢旋風席捲首爾，完全不受法規、計畫或品味的規範。

韓國一半人口生活在大都會地區，而且每個人好像每天至少喝一杯咖啡。倫敦到處是房地產經紀人，巴黎到處是藥房，首爾則到處是咖啡店，幾乎無所不在，確切來說有一萬八千三百一十六間，每月新開張兩百到三百間。二十歲以上的韓國人平均每年喝四百一十三杯咖啡，全國每年花在咖啡的費用高達驚人的五十六點八億美元，而且還逐年增加。有一次，我看到三間咖啡店比鄰而開。西雅圖跟首爾比起來簡直是哈羅蓋特[60]。

---

59 Monument Valley，位於科羅拉多高原一個由砂岩形成的巨型孤峰群區域。

60 Harrogate，英格蘭北約克郡的溫泉小鎮。

我入住的旅館位在梨泰院，一個略微髒亂的外國遊客聚集的商區，路邊很多俗氣酒吧，人行道踩起來黏呼呼的。我把車停到旅館之後就出門探索，搭地鐵去江南區。韓國人在車廂裡會講話，有時彼此交談，大多時候在講電話，音量很大而且講個沒完。在日本沒有人這麼做。

韓國是全球智慧型手機普及率最高的國家。我知道大家都為螢幕成癮所苦，韓國人根本就是離不開手機。據我觀察，無論任何時間，都有約八成韓國人正盯著螢幕。數不清的人把螢幕打橫了擺在面前，戴著耳機邊走路邊看電影，或是手肘開開的擋住了手扶梯。我來首爾總共三次，沒有看到任何人在閱讀紙本報紙或書籍，一個都沒有。我最近讀到伊隆．馬斯克[61]有一間叫 Neuralink 的公司，正在研發植入式腦機介面技術。你晚了一步，伊隆，韓國人的腦部早就跟三星 Galaxy 融為一體了。

第二件令我震驚的事是這裡的人都隨地吐痰。而且，韓國人在公共場合執行的生理功能還不只吐痰。第二天，在國家戰爭博物館裡，我聽到了第一個肆無忌憚的響屁。在韓

61 電動汽車公司特斯拉汽車執行長。

國，在公共場合排氣顯然不算什麼大問題，但是頭幾次聽到身邊的人放屁，我還是嚇了一跳。有一次我還眞的跳了起來。罪魁禍首幾乎都是上年紀的韓國男人，年輕的韓國男人則澈底沉迷於外表，看起來像是花了太長時間待在浴室鏡子前面。很多地鐵站閘門附近都有大尺寸全身鏡，使用的男性跟女性一樣多[62]。不過，要是我的樣子有他們那麼好看，我大概也會多看自己幾眼。韓國男人顯然經常上健身房，個個身材壯碩，但奇怪的是，他們花了那麼多時間在修飾體格和臉蛋，卻不介意穿著打扮都一樣，他們的穿衣風格我稱之爲「時尚文青」，最缺乏創意的部分是鏡框，要不是方形粗黑框，像唱紅〈江南 Style〉的 Psy 戴的那種，就是金邊中樑的圓形細黑框，只能二選一。

日韓其他差異：在日本，刺青被認爲不雅，因爲刺青的人多半是極道成員，身上有刺青者甚至不得進入溫泉浴場。但在首爾，男女刺青人數幾乎跟北歐一樣多。韓國男人使用大量美髮和美容產品，相比之下雪兒簡直算是溫蒂修女[63]。根據英國廣播公司在二〇一八

62 原注：日本幾年前也開始在某些地鐵站月台安裝全身鏡，但在日本這屬於防止自殺的措施，概念是希望有自殺念頭的人在鏡中看到自己之後能三思。

63 Sister Wendy，英國籍修女兼歷史學家，一九六〇年代在英國廣播公司主持了一系列藝術史紀錄片節目。

年的報告，韓國男人平均每人使用的化妝品比世界上任何國家的男人還多，佔世界供應量的五分之一。在日本，地鐵站和地下聯通道都是蛋糕、糖果和冰淇淋攤位，在首爾，化妝品和美容產品代替了甜食。Olive Young 是韓國最大藥妝連鎖店，旗艦店位於首爾最炫目的江南區，店內提供一萬五千種產品。我看了一下胎盤素面膜、雙眼皮膠帶和蝸牛萃取液修復霜，百思不解地退出門外。

某次坐地鐵，幾名大學生走進我坐的這節車廂，三個男孩之中的其中兩個畫了全妝，包括粉底、睫毛膏、眼線液和淡唇膏。他們化妝技術高超，而且也很好看，但重點這是他們的日常。他們不是要去參加派對或上夜店，只是要去上學。

化妝品廣告無處不在，從路邊胡亂架設的廣告牌到地鐵站貼得到處都是的小廣告來看，男女都是廣告受衆。雖然市政府承諾會逐步撤掉地鐵站的整形外科廣告，這個消息並沒有傳到江南站。牆上滿版的海報，保證你也能成爲肌膚無瑕、五官對稱的複製人。廣告裡的年輕模特兒都皮膚柔潤光亮，五官完美對稱，看不出是男是女，推銷著各式面霜和美容產品。美白和緊緻是重點，把自己的臉變成有如蕭邦死後由他人製作的臉部石膏脫模就對了[64]。再年輕的族群都是廣告受衆。

韓國人對美的著迷不止於皮膚表面。每年約一百二十萬次整容手術在韓國進行，是全球人均最高。我讀過一份報導聲稱，二十多歲韓國女性中有半數做過整容手術，佔首爾所有女性三分之一。最受歡迎的是雙眼皮手術，也是「江南美人」的要件。據我觀察，「江南美人」要有一張瓜子臉，尖下巴，水上芭蕾舞者那樣的鼻子，以及撞球桌那麼平坦的額頭。

爲什麼韓國人重視相貌到了偏執的程度？爲什麼一定要遵循如此狹隘的外貌至上主義？是因爲承受了一整個世紀的佔領、戰爭和軍事獨裁之後，想要好好放縱一下嗎？還是因爲北韓常年軍事威嚇所造成的結果（在還來得及之前，展現最好的自己）？我在一則關於整容業的新聞報導裡，讀到一位江南整形醫生的名言，「韓國人出於某種求生意念，對於權勢、特權和地位特別有反應。」也許美麗是一種權力攻勢。直到幾年前，在韓國投履歷還必須貼照片，不難想像這給年輕人帶來多大壓力。也許韓國人重視個人儀態之美，是

64 作曲家蕭邦在一八四九年十月十七日過世之時，法國藝術家 Auguste Clésinger 製作了蕭邦臉部及手部石膏脫模。

因爲都會環境令人洩氣？他們無力改善居住的地方，但至少可以控制自己的外表。可以肯定的是，如果有心理學人類學家這樣的職業，診斷韓國人一定讓他們很樂。唯一能找出眞相的方式，就是我親自去做整容手術[65]。

我打電話給我太太，跟她說我要去「動一點手術」，奇怪的是她沒有問我要做什麼手術。事後回想起來，這可能不是什麼好兆頭。

其實我沒什麼野心。這幾年，我的鼻翼長了兩個紅色小硬塊。我找家庭醫生檢查，她只是聳聳肩。常常我去看病的時候，如果問題是跟老化有關，她都這個反應。那個沒什麼大礙，她說。搞不好在我離開診間之後，她還嘖了一聲。既然我已經來到世界整容之都，難道不趁此機會逆轉衰老的過程，對抗時間的巨輪，好好地嘲笑……呃，我自己的臉？

我搭地鐵來到靠近江南區的狎鷗亭洞，也是「整容一條街」所在地。地鐵車廂上又都是整形外科醫生廣告，全都是相當難看的中年男人，都站在像芭比娃娃一樣完美無瑕的模特身邊，其他也有隆乳手術、下巴精雕術和「鼻綜合手術」的廣告。有一則廣告的賣點是「專爲東北亞人士設計的美膚外科」，另一則推銷「圓臉拉提」，還有一則廣告聲稱能治

65 話說得冠冕堂皇，其實我老早就想找藉口做點什麼。但除了知道燃燒的肉是什麼味道之外，我沒有從這次經驗獲得什麼新知。

療O形腿。在狎鷗亭站，有個廣告招牌引用了奧黛麗・赫本的話：「快樂的女孩最美麗」，我不確定設計廣告的人眞的明白她的意思。

我在地鐵站外研究了一下我的選項。六、七個整形外科醫生廣告，有些大樓四層樓全都是整容診所，其中一間叫「再臨」（The Second Coming）。附近有個類似整容手術遊客中心的地方，提供許多介紹做法的簡章，並設有開放式諮詢室。我在這裡讀到某診所的廣告說創下個人抽脂量的世界紀錄：兩萬一千五百毫升，「從體重一百零二公斤變成S型身材」。根據經濟合作暨發展組織在二〇一五年發布的肥胖數據，韓國成年人肥胖率是已開發國家中第二低的（約百分之五），僅次於日本。到底哪來這麼多脂肪可抽？

我繼續往前走，看見一間診所符合我對於做整形手術的主要訴求（診所名稱與《聖經》無關），因此我走了進去，向假人一樣的櫃檯小姐說明我想處理的部分。她們請醫生過來來，一個五十多歲的矮個子。我馬上發現他左眼有點脫窗，雖然不像馬蒂・費德曼那麼誇張[66]，但我跟他說話時，不知該望向哪一隻眼睛。我藉口離開，往前走再找了另一位醫生。這個人視線的方向正確，我同意手術。

66 Marty Feldman，著名英國喜劇演員，雙眼嚴重斜視。

我被帶到一個地下室等候區，旁邊有一扇門寫著「雷射室」。一個漂亮的年輕人在我的鼻子上塗抹了一些麻醉乳膏，叫我等二十分鐘讓它生效。我注意到診所也賣成套的新娘禮服，還有化妝系列產品，其中一種叫Skinbolic，擁有專利的「肌膚滲透」科技。

終於到了我動手術的時間了。我在雷射室裡，躺在牙醫診所那種椅子上。漂亮的年輕人拿著一根吸塵器管的末端放在我的臉旁邊。嗯？眞奇怪。整形外科醫生腳步輕快地走進來，我這才注意到他的手在抖。他再次檢查了我想移除的部位。

「是這裡嗎？」他問，指著我臉上另一個我還算滿意的部位。「不，是這裡，我鼻子上的東西，」我向他示意。

整形外科醫生處變不驚，拿著他的雷射筆開始在我鼻子上的紅色硬塊上工。前後只有幾秒鐘，應該不到半分鐘，但是痛得要命，而且儘管吸塵器開到最強，室內還是充滿著肉在燃燒的味道，彷彿有人在烤乳豬。

結束之後，他們拿了一面鏡子給我，原本兩個紅色硬塊的位置現在是兩個紅瘡。醫生向我保證，只要我買Skinbolic每天早晚擦兩次，一個星期左右就會好。

6 首爾 II

又是熱得像火爐的一天，也是好事，因爲這表示首爾市中心南山谷韓屋村一定人不多。我鬆了一口氣，因爲我的跆拳道課是在大庭廣衆之下進行，地點在一個漂亮的開放式長形涼亭，屋頂漆成薄荷綠色、橙色和淡紫色，傳統的韓國裝飾風格，稱爲「丹青彩畫」（讓我想到 Dolce and Gabbana 的長衫）。

我簽了切結書，領到一套白色睡衣叫我換上，脫了鞋子和襪子，走到亭子裡和教練姜先生（Kang，音譯）見面，一位身高六英尺三英寸、帥氣的黑帶高手。唯一另一個瘋狂到在四十度高溫下報名公開跆拳道課程的人也來了，這位叫蘇（音譯，Sue）的嬌小女子來自日本名古屋。

涼亭旁邊有個觀景池塘，姜先生解釋說，池塘就像古時候的空調，空氣經過水面上會被冷卻，但我不覺得有效果。他邊跟我講話邊打量我，然後建議我們從基本的伸展運動開始。才沒多久我就渾身大汗，還拉傷了兩條我不知道存在的肌肉。跆拳道是韓國的全民運動，姜先生說。我猜他是藉著講話來給我時間恢復。這項武術已有兩千三百多年歷史，跆拳的意思就是「腳及拳之道」。

回到動作課程。他教我們如何阻擋敵人攻擊，先將前臂抬高到頭頂上方，然後降低到腰部以下。我們練習這個動作，感覺像在跳村民樂團（Village People）的舞步。現在姜先生示範複雜的組合動作，出拳同時向前踏一步，然後踢腿，最後以霸氣十足的一聲「喝！」結束。他說明，食指和中指跟前臂連成一直線，但小指頭一定要收在拳頭裡。據說小指對於支撐拳的力量至關重要。

又是休息。我彎腰喘口氣時，姜先生似乎很擔心。他請我們思考一下韓國國旗中央的太極符號，是不是跟小指頭支撐拳頭的方式很像？再看看四個角落的三條線，就像我們剛剛練習的四個阻擋點。跆拳道出拳的另一個關鍵是在出擊時旋轉拳頭，這點蘇做得非常好，實在令人氣惱，後來她承認自己在日本學了三年跆拳道，眞是狡詐。輪到我時，我覺得至少我的決心勝過了她。

接著，姜先生拿來一些泡棉球棒，我們要試著以組合動作來攻擊，類似打地鼠遊戲。這我就做得不錯，正當我開始覺得跆拳道很好玩，就瞄到一群坐在大廳角落看著我們的孩子，我想像了一下從他們角度看到的畫面。現在來處理中年自信危機已經太遲了，我們已經來到課程的壓軸：一拳將一塊木板劈成兩半。

「擊打在中間只需要大約五至十公斤的力量，」姜先生說，「但是如果打在邊緣，大約需要一噸的力。」我第一次出拳根本沒打到木板，而是打在他的前臂，拳頭滑了出去，彷彿我打的是一個過度充氣的充氣城堡。我覺得他好像沒感覺。第二次嘗試，我依然有點偏移目標，但是木板被我打破了。我自豪地撿起碎片，仔細看了一下，我覺得這是巴沙木[67]。

課程最後是簡短講習，姜先生介紹跆拳道以及跆拳道在韓國近代史的角色。內戰之後，韓國為了感謝十六個不同國家前來協助重建，派出了十六位跆拳道大師與各國交流。早在全球觀眾迷上 K-pop、韓國電影和電視劇之前，韓國在戰後最早是藉著跆拳道來建立

67 balsa wood 又稱輕木，世界最輕的木材。

文化品牌。在我看來，跆拳道就是韓流的前身。韓流指的是一九九〇年代之後在國際上大獲成功的韓國流行文化，分水嶺年分是二〇〇二年，當年韓國與日本共同舉辦世界杯足球賽，K-pop 歌手寶兒在日本拿下排行榜冠軍，韓劇《冬日戀歌》首播。

如今，韓國的國際形象幾乎完全建立在流行娛樂產業。有人認爲這是恥辱，因爲韓國還有許多傳統文化和藝術，都能追溯到幾個世紀之久。然而，我碰到的大多數韓國人都覺得，自己的國家除了飛彈測試和非軍事區之外還有別的國際文化地位，就已經得意又慶幸了。韓國流行娛樂在鄰近的中國和日本表現特別出色。二〇一八年一份針對日本人的民調顯示，超過一半以上受訪者把「對韓國的戲劇、音樂或文化的興趣」，列爲對韓國人「有良好印象」的第一原因。

金亨俊比大多數人更有資格談論韓流。他是過去二十年來最成功的一位韓國電影製片，韓國前五十大賣座電影有五部出自他手。那天早上我上完跆拳道課之後，去梨泰院一間咖啡店（不然呢？）樓上他的辦公室與他見面。他現年五十七歲，打扮入時。

「世界各地的人經常問我，爲什麼不是日流或中流，爲什麼是韓流？」金亨俊開門見山地說。他坐在那種電影大亨的大辦公桌後面，我也很高興看到他穿著電影人會穿的那種多口袋的獵裝背心。我坐的是導演椅。「最後我忽然懂了，我回想我國的歷史，過去一直是三個王朝或國家，數千年來維持著穩定，不像中國，每四十五年左右就改朝換代。像韓國這種穩定的國家，基本上沒有什麼問題，所以大家做什麼？開趴！」

這個理論很有趣。畢竟，日本也是在穩定的十七、十八世紀之後迎來文化榮景。但韓流是緊跟在一世紀的壓迫、戰亂和貧困而發生的呀？金亨俊也有答案。苦難使得韓國藝術更普及。另外一點，就是VHS的發明。

「一九八〇年代，所有VHS機器都在韓國生產，但是國內製作的內容並不多，」他說。「在韓國，色情片從以前到現在都是非法的，因此無法和新興的VHS行業搭上線。很幸運的，爲了滿足新格式的需求，新一代導演和製片應運而生，而財閥（製造VHS機器的韓國企業集團）爲他們提供資金。一九九七年，韓國終於擺脫了審查制度，也助長了影視工業發展。

最早搭上這波浪潮的電影是描述南北韓議題的愛情喜劇《魚》（Shiri），由金倫珍[68]

68 有時被音譯為金允珍。

主演，也就是後來演出美國影集《Lost 檔案》的女星。《魚》的資金有部分來自三星。當年韓國片平均預算約爲五十萬英鎊，《魚》的製作成本雖然超過五百萬，後來卻打破了《鐵達尼號》創下的票房記錄。

「《魚》的韓文片名 Shiri 是一種魚的名字，所以我們常說那是一條害鐵達尼號沉沒的魚，」金亨俊笑著說。他創造了屬於自己的韓流。二〇〇三年，他的公司製作了《實尾島風雲》（Silmido），這部動作片描述一群死刑犯受訓組成特工隊，目的是行刺北韓領導人。本片是韓國首部破千萬票房大關的電影，部分原因是該片發行的同時適逢韓國第一間影城開幕。《魚》在日本和香港都很成功，韓國政府意識到這是潛在的出口工業，於是爲韓國電影提供了數千萬英鎊的種子資金。目前韓國電影工業資金依然有大約四成來自政府。韓流席捲全球，但關於韓國政府在韓流所扮演的角色，尚有一些爭論。

洪又妮在二〇一四年出版的《歐巴當道憑什麼？全方位解析韓國文化產業崛起的祕密》[69]，把韓流現象大多歸功於韓國文化部的直接參與，但英國外派記者安德魯・薩蒙

69 吳郁芸譯，麥浩斯，二〇一七年出版。

（Andrew Salmon）不同意，「她用從上而下的角度來分析，憑良心說，韓國別的產業是這樣沒錯，從經濟革命到一九九〇年代初高科技革命皆是如此，但唯一眞正從下而上的只有韓流，」他告訴我。另一位目睹韓流現象的是英國記者布林，他相信韓流是在韓國政府的干涉之下仍然取得了成功。布林在他的《新韓國人：從稻田躍進矽谷的現代奇蹟創造者》一書中寫道，韓國政府試著搭上韓流列車，感覺起來「就像你的老爸去參加年輕人的派對，還跳上桌學米克·傑格[70]跳舞。」

無論韓國電影的成功得到政府資助與否，它席捲全世界是不爭的事實。第一波浪潮裡頭最知名的韓國導演大概是朴贊郁了，他第一部在海外熱賣的電影是二〇〇三年發行的瘋狂復仇片《原罪犯》（Old Boy），這片不適合害怕噁心鏡頭或喜歡章魚的人看。韓國當代電影製作的一個優勢，就是像朴贊郁等導演往往自己寫劇本，享有比好萊塢同行更大的主導權，因此能拍出高度原創的電影，帶有赤裸裸的、有人說具有韓國特色的情感主義，以及許多非常有創意的寫實暴力場面。

70 Mick Jagger，滾石合唱團（一九六二創團至今）主唱。

韓國電影在中國大受歡迎還有一個原因，它們融合了亞洲社會一眼可辨識的傳統，同時又融合了現代時尚的生活方式。「中國觀衆在電視或銀幕上看到了一個現代化社會，裡面充斥著資本主義商品，例如現代建築、汽車、飯店和高檔服裝。然而與此同時，他們也觀察到符合儒家傳統的行爲模式，包括強調家庭、男性主導、父權制度、強烈的階級制度、男性自我犧牲和女性服從的精神，」光云大學人類學家張秀賢（音譯，Jang Soo-hyun）如此寫道。

韓國電視連續劇和電影一樣受歡迎。韓劇的崛起和電影業一樣，也是因爲新的技術需要內容，在電視方面則是有線電視進入台灣和香港，而韓劇比日劇便宜。「反正人看起來差不多，」金俊笑著說。「只要配音就好了，觀衆看不出差別。」

幾部韓劇在國際上大受歡迎，例如《大長今》（國際版劇名爲《宮中的珠寶》），這齣戲以十五世紀朝鮮王朝醫女爲主角，版權賣出九十個國家，尤其受中國人喜愛，據報導連當時中國總理胡錦濤也愛看。日本人則喜歡二〇〇三年在韓國首播的淒美愛情劇《冬季戀歌》，無數日本女粉絲爲了男主角裴勇浚，赴韓參觀影集拍攝地點。這兩部劇在菲律賓、越南以及更遠的伊朗和南美等地也很受歡迎。

這時我猶豫是否該把話題轉到 K-pop，因爲我抓不太到它的吸引力。不是說我的音樂品味多高檔，但自動調諧（auto-tuned）的合成器流行樂，迷人可愛的青少年唱起歌來像誤響的汽車防盜器，這類音樂的受衆大概不是中年男人。我甚至不太懂 K-pop 到底是什麼。例如我在《紐約客》讀到有關某個 K-pop 樂團的一段話，「他們的音樂參雜了黃金時代的 G-funk、boom-bap 和 turntablism，也帶點 nu-metal，以及現在韓國男團少不了的 trap 金曲風格，當年出道的樂團幾乎都會融入 dubstep 元素[71]。」知道意思的人請告訴我。

金亨俊跟我說，韓流這個詞來自 K-pop。「當年韓國有個團體叫 H.O.T.，在中國變得非常火紅，他們在中國演出時，觀衆都揮舞著韓國國旗，某個中國DJ稱之爲『韓流』，從此流傳開來。」二〇〇〇年，H.O.T. 成爲第一個在北京演出的韓國樂團。二〇〇六年，寶兒（韓國流行天后，本名權寶雅）是首位在日本得到排行榜冠軍的韓國歌手，接著是二

71 這段文字提到許多不同樂風，g-funk 是幫派放克，boom-bap 為九〇年代東岸盛行的製作風格，turntablism 即俗稱的打碟，以上屬於嘻哈類型。nu-metal 是新金屬，即在重金屬音樂加入多種元素，trap 是九〇年代成形的美國南部嘻哈，dubstep 是九〇年代源起倫敦南部的電子音樂，融合了早期鼓打貝斯（drum and bass）和2拍車庫（2-step garage）。

〇〇七年走紅的歌手兼演員 Rain。從二〇〇九年到二〇一四年，韓國音樂出口每年成長近百分之六十。

再來就是那位跳騎馬舞的胖子，讓西方主流媒體一起瘋狂。儘管西方觀眾完全聽不懂歌詞，但〈江南 Style〉MV讓人看過之後想忘也忘不掉。但韓國人不把二〇一二年爆紅的 Psy 歸類在韓流，因爲他身材微胖，而 K-pop 樂團都苗條到不可思議。和 Psy 一起出現在MV裡的兩位喜劇演員，其實在韓國比他更出名。

過去幾年，韓流在中國逐漸沒落。中國當局擔心起文化輸入的潛在力量，也開始致力於鼓勵國內電視劇和電影製作，中國流行音樂也經歷了一段繁榮期。薩德反飛彈系統也破壞了韓國對中國的文化輸出。

「我們（在中國）澈底被禁。電影、電視、音樂，全部被禁，甚至不能使用本名開公司，所以我只好成立一間香港公司。」金亨俊說。「彷彿（中國）敵意從原本針對日本，現在變成針對韓國。我有六份合約被『延遲』，但其實是取消了。」

鄭永祿教授是首爾大學經濟學教授，多年來致力於研究中國關係，我問他這類制裁是怎麼作用的。

「非常模糊，沒有嚴格清楚的政策，也不是制裁，這是間接的愛國主義。中國大約有八千八百萬名共產黨員，人數非常多，而簡訊在中國非常普及。」換句話說，訊息幾乎是默默傳開的：「我們不喜歡韓國搞文化輸出」，突然間，中國人不再去韓國旅遊，轉而去泰國或印尼。一年之內，去韓國旅遊的中國觀光客從五百萬下降到兩百萬，K-pop 明星申請中國簽證遭拒，成千上萬輛現代和 Kia 汽車滯留港口。幾年前，日韓因為獨島／竹島發生衝突，日本市場也掀起一股反韓流。東亞手足之間的關係惡化時，首當其衝的似乎就是文化輸出。

金亨俊現在將注意力轉向馬來西亞。「現在的東南亞讓我想起九〇年代初的韓國。他們自己製作的電影不夠多，美國主流電影公司佔了主導地位。」他說中國電影無法利用這個機會，因為中國的文化輸出太具文化色彩，太具體了。「中國電影裡頭使用的笑話和參照，別的國家——甚至是講華語的國家，都不理解。目前中國的心態和趨勢跟以前很不一樣，而且因為還有審查制度，中國片對東南亞觀眾來說不夠刺激，劇情太容易預測。」

金亨俊說，典型中國賣座片的劇情類似一九九〇年代的韓國愛情喜劇片。「男主角永遠是豪門富家子，一切都很浮誇，一定要有大別墅。」他曾經跟中國製片方提過一個電影企劃案，故事是一個工人階級男孩愛上一個癌末女孩。「她說，『沒關係，我們會在天堂相遇』，但是天堂在中國有太多宗教意涵，也不能有鬼，還不能有警察，就是這麼糟糕了。」他往後坐，雙手一攤。最後他不得不把男主角變成有錢人。「中國人希望在銀幕上看到有錢人，不想看到自己。討論到最後永遠是『這裡是中國，我們不一樣。』」

幸好，世界上其他地區還沒達到韓流飽和點。二〇一八年六月，BTS防彈少年團成爲第一個榮登美國專輯榜 Billboard 200 冠軍的 K-pop 團體，還有一首韓語歌曲在單曲榜上。有人說這是中國制裁的直接結果，因爲韓國把精力集中在美國市場。無論是眞是假，韓國再次站上浪頭，而且韓流的下一波浪潮已經開始。韓國電競產業規模龐大，自二〇〇九年以來翻了一倍，佔全球電競市場將近百分之十五，玩電腦遊戲賺獎金是韓國新興的非官方全民運動。許多人預測再來就是韓國化妝品和整形外科行業，稱爲「K-beauty」，韓國的護膚和彩妝趨勢在全亞洲越來越流行。

有時，不同韓流類型也會重疊，例如在二〇一七年，K-pop 女團 Six Bomb 發行單曲〈Becoming Pretty〉，讚揚整形的好處。不僅如此，四位成員各自接受不同整形手術：隆胸、削顴骨、墊鼻子等，MV裡可見她們纏著繃帶在手術室裡唱跳，「跟我一起這樣做，大家都知道我是美女」。

換句話說，有關韓流軟實力衰退是不實報導，可別說我沒講哦。

7 保寧市大川海灘

我在泥漿節的公車站遇到那兩位年輕的摩門教徒，他們正遭到一群年輕美國人大聲騷擾，那些人身著彩色尼龍吊嘎、棒球帽和卡其短褲，典型的放春假喝酒狂歡的大學生，嚷嚷著要摩門教徒跟他們一起去喝酒。

我是膽小鬼，所以沒有上前干涉，但我等到醉漢像喧鬧的狒狒一樣移動到附近酒吧之後，悄悄走向兩位年輕傳教士，他們理著短髮，穿白色短袖襯衫，戴窄領帶，我問他們怎麼會來這裡？

「我被派駐到這裡兩年，」兩人之中的高個子興高采烈地說。他自我介紹爲達斯汀長老，模樣活脫像個年輕傻氣的勞勃．瑞福。「我們正在學習韓語，當傳教士，」黑頭髮的伯特長老說。大川是韓國西海岸的海濱城市，位在首爾以南兩小時車程左右之處。住在大川的韓國人顯然欣然接受長老們的福音。

最早來到韓國的基督教徒，是在十六世紀末壬辰之役期間隨日本侵略者而來。從此以後，韓國人普遍接受西方宗教，甚至發展出自己的教派。如今，將近三分之一韓國人是基督徒，日本約百分之一，中國大約百分之二到三。大多數韓國基督徒爲新教徒，一九四五年美軍抵達韓國之後，皈依基督教的人數更是激增。

如今，首爾的汝矣島純福音教會是全世界人數最多的基督教會，其他也還有幾個較爲狂野的「衍生產品」，最著名的就是統一教，由已故的逃稅犯／彌賽亞文鮮明於一九五四年創建。各種形式的基督教都是熱門生意。我在首爾市中心經過一間教堂時，很驚訝地看到牆上設有自動提款機，據說韓國教會都沒有經費問題，信衆通常捐出自己收入的一成，因此許多教會都很有錢。韓國專家丹尼爾．圖德（Daniel Tudor）寫道，「新教被視爲親資本主義的宗教……韓國大型企業執行長有百分之四十二是新教徒，因此有人批評大型新教教會是生意人建立人脈和做交易的地方。」

回到公車站，我問爲什麼摩門教徒總是兩人同行。「我們幫忙彼此遠離誘惑，」伯特說。黃海沿岸的保寧市大川海灘肯定有不少誘惑。保寧市是個海濱度假小鎭，長而寬敞的沙灘上有一排九〇年代快速建成的難看飯店和餐廳。這裡是一年一度泥漿節舉辦地點，每年吸引大約四十萬人前來玩耍，就我看過的資料而言，它就是個讓人穿得清涼、在巨型泥浴裡縱情狂歡的活動。

泥漿節已經連續辦了二十年，大川也利用這個主題好好發揮，有飯店叫做 Mudbeach Hotel 和 Hotel Mudrin（我認爲是取Hotel Mandarin[72]的諧音），海濱有以泥漿爲主題的雕像和紀念碑，還有一間泥巴博物館（其實都在賣化妝保養品）。泥漿節主要在一個用圍籬圍起來的大型泥漿場地進行，其中包括在障礙賽跑道進行的各式娛樂活動，人們可以互相射擊水砲，或是玩摔跤和滑水道等等，另有一個獨立的兒童區。主要的泥漿區在下午六點左右關閉，因爲再晚遊客就喝得太醉了。泥巴坑周圍還有各種與泥漿相關的活動，例如人體彩繪……呃，沒別的了，就只有人體彩繪。其他的攤位大多是販賣很淡的韓國啤酒。

我以爲泥漿是自然現象，因爲這裡的海岸是世界上五大潮間帶之一，但我和工作人員張宇會（Chang Woo-hoi，音譯）一聊，才發現真相乏味多了。

72 文華東方酒店。

「哦，不是，」張宇會欣然承認。「我們從一間化妝品工廠運來二十五萬噸泥粉再加水製成，那個泥粉是他們所有化妝品的基本原料。」所以，眼前這些人都在很昂貴的美容產品裡打滾？「完全沒錯！」泥漿節去年總收入高達七百億韓元（四千七百萬英鎊），大川一整年就靠這些爛泥巴來維持。

生物系畢業的宇會是志工，他的英語有獨特的河口口音，他說是打電腦遊戲學來的。他說人們整天像泥人走來走去，彷彿剛從流沙裡獲救，但其實有額外正面的意義，就是種族變得不重要。「當你渾身都是泥巴，不會有人在乎你的膚色、從事什麼職業或來自哪裡，那些都不是問題了，」出生在大川市的宇會說。「大家只想開心地玩耍，泥漿之下人人平等，這就是泥漿節的精神。」

我問來參加泥漿節的日本人多不多。「日本人的想法不太一樣，他們不喜歡被泥巴覆蓋，所以很少日本人來。」來參加的主要是美國人和歐洲人，特別是學生。「好多英國人，」他補充說，口氣有點疲憊。我問到安全性的問題，成千上萬喝醉的青少年加上大面積的光滑表面，聽起來急診室會很忙。「當然也發生過不少意外，大多跟美軍有關。有一次一個喝醉的美國士兵威脅我，他想找人打架。」

目前在韓國有兩萬八千五百名美軍人員，其中大部分住在首爾市中心的龍山基地（Yongsan base）。首爾以南四十英里處的韓福瑞斯營區（Camp Humphreys）將在二〇二〇年完工，之後就是美軍最大的海外基地，擁有四萬兩千名人員。泥漿節吸引了許多士兵（以及他們引發的打架事件），軍隊甚至派出憲兵到現場巡邏。我試著想像世界上哪個主權國家會容許這種事，但目前我還在想日本人不肯弄得渾身泥濘。我其實也不願意，但我決定忽略我的直覺。我換上不一樣的衣服（附近店裡買的 K-pop 團T和一條花短褲，反正今天結束就丟掉），把其他物品存放在寄物櫃，冒險進入泥漿區。

好，我得老實說，我的直覺什麼都不懂。這實在好玩到爆（套一句我認爲的現在年輕人的用語）。在泥濘的充氣床墊上玩長槍比武（jousting）實在太有意思了，我本來表現得很好，但之後上來一個壯碩的韓國女子，她往前一刺（完全是她運氣好），害我順勢滑進泥水池裡。

泥巴很快就乾了，我花了點時間沖掉身上的泥巴顆粒，回到架設了巨大舞台和照明設備的海灘上。一個渾身刺青留髮絡的年輕韓國男歌手剛表演完，台下身材健美的男孩和成群結隊的女孩依然興奮不已。稍晚，唱紅〈江南Style〉的 Psy 將會演出，但那時我已經走了。

神奇泥巴可沒有那麼快離開我，第二天早上我去參觀泥巴博物館，據說這泥巴能「緩解壓力」並「促進毛孔呼吸」，還可以讓別人愛上你，抹在額頭上還能考運亨通。泥巴的神奇特性廣為流傳，大川早已將泥巴出口到紐西蘭羅托魯瓦鎮（Rotorua），該鎮正計畫舉辦自己的泥漿節。

我認為泥漿區早早關閉是明智之舉，因為到了六點鐘，人們看起來狼狽不堪，泥漿、酒精以及酒精引起的挑釁行為，再加上嘔吐和酒後協調能力變差，肯定會出狀況。我離開泥漿區去一旁的露天餐廳，桌上有內建烤肉架，享用美味的扇貝、淡菜、蛤蜊等貝類食物。

麥可．布林在《新韓國人：從稻田躍進矽谷的現代奇蹟創造者》書裡描述典型的韓國假期，在人擠人的海灘上做日光浴，然後「……在一排看起來很相似的餐廳吃飯，餐廳專賣海鮮，但是看不到海景。顧客喝很多酒，在店裡製造很多噪音，然後東倒西歪地走去海海邊放煙火，唱卡拉ＯＫ，製造更多噪音，然後回到汽車旅館。」這差不多就是我那天晚上在大川經歷到的，但是布林解釋說，韓國一直到最近才有國內旅遊。人們辛勤工作，沒時間休假，政府也不夠資源來保存歷史城鎮或美化現有的名勝古蹟，「……你很難找到一個漂亮的城鎮。」

這讓我想到，你不能用評斷其他已開發國家的方式來評斷韓國。一九四五年，美國和蘇聯將朝鮮半島一分為二，當時南韓甚至比北韓還窮，因為殖民時期發展的工業大多集中在北韓（例如百分之八十發電廠在北韓）。南韓是世界上最貧窮的國家之一，幾乎沒有自然資源，連生產足夠的農產品來養活自己都做不到，國內一片荒蕪。原本在日本工作的韓國人回國，更加壓縮國內資源，隨後爆發內戰，造成三百萬人喪生或餓死。幾乎所有城鎮都遭到轟炸，麥克阿瑟預測至少要花一個世紀才能重建韓國。

接下來數十年，韓國經濟飛速發展，創造了「漢江奇蹟」（漢江是流經首爾市中心的河流），但是奇蹟也是需要一段時間才發生。戰後，韓國約三分之一人口無家可歸，最初幾年都靠美援才能撐下去。土地改革將農地重新分配給佃農，教育也有了極大改善，國家開始邁向復甦，但一九六一年的GDP仍然落在全球第一百零一位，排名跟海地一樣。在整個五〇和六〇年代，韓國人每年要經歷「大麥土墩」（Borit-gogae），指春季時節去年秋收已見底，今年種下的麥子還未成熟，糧食很少，人們不得不撿拾樹根、野菜甚至樹皮爲食。一九六三年朴正熙上台，這期間首爾國立大學開發了新品種「統一米」等等農業革新，此後再沒有飢荒。但六〇年代中期韓國失業率攀升，八千多名韓國男子移民至西德煤礦工作，也有一萬多名韓國婦女去做護士工作。一九六三年，德國煤礦開出五百個工作機會，有四萬六千個韓國人申請，在德國當礦工的薪水是韓國公職人員的七倍。因爲這次的人口外移，德國部分地區仍然有許多大型韓國社區。

最終出現的經濟成長奇蹟（一九六〇年代後期每年經濟成長將近百分之九），主要成因是朴正熙引入由政府密切主導的計畫性私人企業，越戰也促進了韓國經濟飛快發展，另外，一九六〇年代後期日韓關係逐漸解凍之後，韓國也獲得日本的現金投資。日本提供了可供參照的經濟模式，正如一位韓國評論家說的，韓國學會了「做日本人做的事，但更便宜也更快速」，特別是在鋼鐵、造船、電子和汽車業。如今，韓國穩居世界第十二大經濟體，也是全球第七大出口國。

一九五三年時，難以想像韓國輸出的電視節目和流行歌曲受到全世界熱愛，首爾有錢人拿蝸牛黏液塗在臉上來美膚，韓國人竟選擇去日本觀光度假，韓國舉辦奧運會，與鄰國合辦世界杯足球賽，還踢進準決賽。

只要我發現自己嫌棄韓國城鎮欠缺美感，我會試著記住這些。韓國人經歷了高壓殺人政權，像機器人一樣在最低薪資、最長工時的惡劣環境下工作，咬牙撐了漫長的四十年，終於走到在巨大泥漿盆裡狂歡而不覺得內疚的這一天。

8 首爾 III

我在大選前一晚回到首爾，在購物街和夜生活區明洞附近散步。某位總統候選人在這裡舉辦集會，一個身材矮胖的男子，髮型有點像摩比人[73]（Playmobil）。他顯然不是熱門人選，也明智地挑了比較狹窄的購物街設立舞台，支持者能使用的空間不多，因此避免了川普就職典禮那種尷尬場面。他的支持者揮舞韓國國旗，高喊口號，在場也有很多人揮舞著美國國旗，顯示他屬於保守派陣營。逛街的人繼續逛街，沒有再看他一眼。

稍晚在市政廳外，我遇到一群朴槿惠支持者，人數不多卻相當死忠，他們在這裡扎營，試著說服路人，前總統彈劾案是一場騙局。「這是新聞界、檢方和國會聯合推動的顛

73 德國玩具公司 Geobra Brandstatter 生產。

覆性陰謀。親愛的公民們，我們要奮力抗爭！」一條橫幅標語這麼寫著，旁邊有一張朴槿惠穿著可愛黃色韓服的照片，韓服是A字形高腰連身裙的韓國傳統服飾。他們聚集在附近一個塑膠棚底下喝咖啡，個個都上了年紀，一開始聲稱不會說英語，避免回答我的問題。我正打算離開，其中一個戴園藝帽穿釣魚背心的先生，蠻不情願地打手勢，好像願意幫忙。

我問是誰在背後要朴槿惠下台？「北韓，」他說。「北韓要她下台，因為她一直堅決反對北韓。」附近有支持川普的標語，還有時任國務卿的海報。有人在海報上標註「雷克斯・提勒森爵士」（Sir Rex Tillerson）。希望雷克斯被強制退休之時，能從爵士身分得到慰藉[74]。

有一群核心選民，大多是老一輩的人，他們堅持反對北韓又想討好美國，因而無視或拒不承認獨裁者的女兒及其厚顏無恥的親信所犯下的行為。他們支持的候選人明晚是否會意外勝出？（當然了，我們都知道沒有，文在寅以壓倒性優勢勝選，但先讓我留點懸

74 雷克斯在二〇一六年被川普任命為國務卿，兩年後被解職。sir 小寫是先生，但大寫變成爵位。

念）。

隔天晚上就是大選之夜。我大多數時間都待在世宗大路，這是橫越市中心的寬闊大街，現場人數意外地稀少，早先的抗議活動就是從這裡展開，主要電視台也都從這裡直播。探照燈光劃過天空，安裝在空拍吊臂的攝影機從頭頂上掃過，新聞主播在打了燈的發亮地板上行走。舞台旁邊，巨大的三星屏幕秀出現場直播，也是現場觀衆眼前的眞實景象，但是場面並不熱絡。一度，有人試圖要大家一起喊文在寅的名字，但反應冷冷清清。人群裡有個看起來傻乎乎的孩子被拉上舞台，請他表達對訴訟的看法，這時歡呼聲稍微大了點。

我和站在我面前的一對年輕夫婦聊了起來，但我犯了個錯，我問他們把票投給誰。太太把手指擱在嘴脣上說「是祕密」。眼前冷清的情況，跟幾個月前聚集在這裡的人群形成強烈對比，那些人成功推翻了一個民選但出了許多包的政府。

遊行示威活動從二〇一六年底開始，起初是來自社會各階層人士組成的燭光集會，最出名的包括推嬰兒車的媽媽們，每個星期六舉行，持續了好幾個星期，規模和組織效率不斷提高，後來增加了舞台、流動廁所、清潔隊伍、音樂表演、煙火和街頭小吃。策劃團隊是一個由一千五百個公民組織組成的聯盟，以「要求朴槿惠辭職緊急行動」的名稱來運作。到十一月二十六日，要求彈劾總統的示威運動已經吸引了數百萬人。

「示威一開始我就來了，」學生記者朴世浩（Stephanie Sehoi Park，音譯）跟我說。「一切都是從社群媒體開始，說有大型示威請大家參與，最初來的人不到一百個，但最後集結了全國人口的三分之一。」朴世浩今年二十多歲，在研成大學讀政治學，目前在一間電子報公司實習。大選前幾天，我們約在江南站附近一間通風寬敞的咖啡店碰面，店內有落地窗和精緻的瑪芬蛋糕。

朴世浩解釋說，最初的抗議活動匯集了約六七個不同議題，人民不滿意朴槿惠總統，厭惡財閥和貪汙，二〇一四年四月發生的世越號渡輪沉沒事件更讓所有人悲痛不已，三百多人在這次悲劇中喪生，其中大多數是高中生。但隨後爆出了一樁意外事件，示威運動逐漸產生勢能。

有一名叫鄭維羅的年輕女子，沒有通過入學資格考就進入東首爾著名的梨花女子大學就讀，顯然是一起走後門事件。靠著苦讀得高分才入學的學生發起抗議活動，中央東洋廣播公司（ＪＴＢＣ）一名記者報導了這件事，中央東洋廣播公司隸屬於親朴的報業集團，考慮到後續經過，這點不得不令人意外。總之，記者發現這名問題學生的母親是崔順實，也就是總統朴槿惠的閨密、宗師和時裝顧問。

「起初抗議學生不知道全貌，只是不滿她靠關係而入學，」朴世浩說。「然後大家才意識到她跟三星的關係，以及跟總統的關係。」

最終，其他媒體也開始報導這件事，產生了骨牌效應。媒體發現崔順實擔任中間人，向三星等組織（包括韓國情報機構國家情報院），收取數十億韓元（相當於數百萬英鎊），在停車場或青瓦台（南韓總統官邸）附近的僻巷交付現金給朴槿惠的助手，換取政府對這些財閥的法律支持。這些錢是透過各個基金會和「慈善機構」籌集而來，其中之一就是贊助昂貴的馬匹，供崔順實的女兒參加馬術比賽使用。

崔順實最終被判二十年徒刑，她二十一歲的女兒鄭維羅也在韓國政府要求下，在丹麥遭到當局逮捕，據報導她在當地用三星的錢購買馬術比賽用馬。丹麥因擔憂她一歲孩子的安全，一度拒絕引渡，等到她終於返回韓國，她說整件事「不公平」，說她完全不知情。但她也承認，她被大學錄取時，「甚至不知道自己的主修是什麼」，她只想專注在練習馬術。她的其他公開發言只讓韓國大眾對她更反感，例如「金錢就是一種實力，很窮的話，要怪就怪你的父母。」

朴槿惠總統於二〇一七年三月被捕，但否認一切指控。檢察官以防止她破壞物證爲由將她拘留，人民更希望看到她坐牢，她的支持度已下降到百分之九。朴槿惠入獄的時候，媒體興高采烈地報導說，獨裁者的女兒一生過著奢侈的生活，現在她被關在義王市的拘留所，自己洗衣服，每餐費用是一英鎊。

朴槿惠疏離冷漠，對於喜歡群居又情感豐富的韓國人來說，向來是個可疑人物。她的綽號是「筆記公主」，因爲沒有筆記本她就不知道怎麼發言，她出任總統的前十個月裡沒有辦過記者會。在這個團體思考的國家，她是個孤獨的人。

「我會形容朴女士是韓國的稀有物種，可以說是自閉，非常自我封閉，」我在東京遇到的在日朝鮮人學者鄭太金告訴我。「韓國人通常喜歡和群衆在一起，身邊必須要有朋友，但她似乎一個朋友也沒有。這種孤立的思維方式很特別，她的父親也是個孤獨的人。」

朴世浩也說過類似的話，她說朴槿惠總統是個怪人，注定完蛋，「就連她當選總統之前，大家也知道她有陰暗的一面，要不是她是獨裁者朴正熙的女兒，她也不會當上政治人物。」

朴槿惠彈劾案似乎沒有遵循正常的法律程序，她彷彿被公眾意志力從青瓦台送進監獄。「真的是這樣，她的辯護團隊說這不是法律判決，而是政治判決，」朴世浩說。「但他們（警方、司法機構和媒體）不敢違背人民，人們厭倦了這種事一而再再而三地發生……就像總結了過去十年發生的一切。有權力的人沒事，有錢的人會找到方法讓自己沒事，這已經發生了太多次了。」

朴槿惠彈劾案快速成案，部分原因是民眾不滿她在二〇一四年世越號渡輪災難的處理方式。她遲了好幾個小時才做出回應，有些人甚至直接將渡輪沉沒歸咎於她。英國記者安德魯．薩蒙向我解釋說，在韓國執政有個不利之處，朴槿惠的父親朴正熙掌權時，曾經從零開始創造了經濟奇蹟，所以出事的時候，老百姓更不原諒你。「那感覺就是，『如果政府能夠製造奇蹟，那麼沒能拯救那些孩子一定是故意的。』我記得有個記者說，如果總統的女兒在世越號上，那些孩子一定會得救……人在生氣和情緒激動時，什麼話都說得出來，而且沒人會要求你對自己講的話負責。」

我多次聽到日本友人如此描述韓國人，說他們情感強烈、衝動、不穩定，在群體裡比較自在，喜歡集體情感表達。在我聽來，已經接近種族主義的說法，但我訪問過的每一個韓國人都高高興興地承認。他們就是情感強烈的民族，也特別喜歡聚眾。

鄭太金描述韓國人有種「從衆心理」，他用了一個詞彙「肢體碰觸」（skinship），我以前沒有聽過這個詞。「這是日文化的英文單字，意思是近距離的身體接觸或肢體碰觸，代表親密友誼，人們喜歡在人群裡彼此靠近。這種情況之下，人的思想就很容易被操縱。」實際上有一個與此相關的韓語單詞「情」（정，jeong），意思是「群體意識」（亦是「忠誠」之意），但也有道德方面的含義：集體是好的，團結起來對整個國家有利。

「我絕對同意日本人的看法，」朴世浩說。「韓國人情感強烈，我們有很多的情，很多感受，都很濃烈。大家都同意韓國人情感強烈，但我覺得我們是東亞國家之中最友善的國家。」她提到韓語單詞「心情」（심정，sim jeong），意思是「心裡的證據」或直覺，也許「心情」導致了有問題的司法程序，但她相信可能有一天也會讓朴槿惠在刑期屆滿前被赦免。

我在首爾認識的人類學系學生姜漢拉（Jang Han-la，音譯），把韓國人情感強烈的程度排在遠東國家的中間。「韓國人當然比日本人情感強烈，但也許沒有中國人強烈。這樣好像把『情感』形容得很負面，但我認爲理性不一定永遠排在前面。人們就是出於情感的驅使，才會想更了解前總統朴槿惠的情況。」姜漢拉說，總之，彈劾仍然「是人民的民主意志，也是恰當的民主過程。」

我採訪過的日本人類學家太田心平則有不同的看法，他曾經在韓國任教。他認爲日本人和韓國人一樣情感強烈，「……你想想，是哪個國家發明了卡拉OK？」他說得有道理。日本人在公開示威活動也會表達出強烈情感，每次我去東京，總會有一群人在某個政府部門或國會外面抗議。而且，日本街頭最情感強烈也最「不穩定」的一群人，就是極右派示威者，例如我在橫濱街頭看到的車隊，他們會在朝鮮學校或韓國餐館外大嚷大叫。諷刺的是，反韓的他們反而是最像韓國人的日本人。

我跟福岡的右翼YouTuber石井洋子辯論過這件事，我說首爾進行大規模和平民主抗議活動，反對朴槿惠的貪腐政府，或許可以給日本僵化的政治圈作爲借鏡，她不理會我說的話，「韓國一直以來都這樣啊，每個總統都被暗殺或入獄。韓國人太極端了，情感決定一切。就是，『啊，又來了？』韓國文化都用這種方式來把壞人趕走。」不幸的是，她說得沒錯。對於韓國人來說，朴槿惠發生的事是典型事件。彈劾、醜聞、貪汙、監禁，這些都是韓國政治境況的常規特徵，就像英國政治常見國會議員貪汙。例如韓國有兩位前總統正在坐牢，這不是什麼稀罕的事，以下是戰後韓國總統的名單，以及他們卸任之後的處境：

- **李承晚**（在位期間一九四八年——六〇年），戰後第一任總統。由美國人任命。獨裁者，被控選舉舞弊，在抗議運動之後被迫辭職，流亡夏威夷，在當地逝世。
- **朴正熙**（一九六三年——七九年），冷酷無情的軍事獨裁者，遭到情報部長暗殺。
- **全斗煥**（一九八〇年——一九八八年），血腥鎮壓光州事件，以軍事叛亂和內亂罪被起訴，判處無期徒刑，獲特赦。
- **盧泰愚**（一九八八年——一九九三年），全斗煥同夥，軍事叛亂和內亂罪被起訴，判處有期徒刑二十二年，獲特赦。
- **金泳三**（一九九三年——一九九八年），第一位民選總統，也是備受敬重的三位總統中的第一位，卸任前碰上亞洲金融危機，當時韓國政府向國際貨幣基金組織要求紓困援助，最後黯然下台。本人未受到任何指控，但次子因弊案入獄。
- **金大中**（一九九八年——二〇〇三年），第一位在野黨出身的總統，在位期間向北韓支付了大量祕密款項，促成南北韓峰會，他因此獲得諾貝爾獎。沒有被指控任何罪名，但兩個兒子因受賄被判刑。

·**盧武鉉**（二〇〇三年——二〇〇八年），二〇〇四年遭到彈劾，韓國憲法法院駁回彈劾案之後續任總統。卸任後檢察機關對其涉嫌受賄展開調查，跳崖自殺身亡。

·**李明博**（二〇〇八年——二〇一三年），前首爾市長及現代集團執行長，二〇一八年十月被判處十五年有期徒刑，罪名是受賄、濫用職權、挪用公款、私設祕密基金（其中部分涉及三星）。

·**朴槿惠**（二〇一三年——二〇一七年），在二〇一八年被判處二十五年有期徒刑。

新任總統文在寅上任後，安排了與北韓的大和解，他能否打破傳統，順利在聲望達到高峰時退休呢？「他一定會被彈劾，頂多就是彈劾不成功，」當我問麥可·布林關於新總統的前景，他毫不猶豫地這麼說。「每個韓國總統到了任期第四年都會發生醜聞，要不然就是在政治上一籌莫展。」

回到首爾市中心的選舉之夜，我和一小群人在世宗大路的草坪上一起看秀。韓國電視新聞素以使用電腦動畫聞名，其中一台把總統候選人的頭像疊加在《權力遊戲》裡戰死的屍體上。最終，有消息傳出，朴槿惠的政黨分裂，文在寅一如預期，以得票率百分之四十一當選總統。第二天，某些財閥在全國性報紙買下全版廣告祝賀他獲勝。

我承認，布林當時的預測聽起來荒謬，但幾個月後我動筆之時，儘管文在寅與北韓的談判有了進展，他的支持率已從幾個月前最高點百分之七十八，降至新低百分之四十九，他的命運似乎取決於金正恩的想法和動機，更不用說還有川普了。且讓我們拭目以待。

9 首爾IV

我想我們都能同情趙顯娥的處境，大家都有經驗。二〇一四年十二月，可憐的她毫無戒心，坐在大韓航空商務艙座位，等著從甘迺迪國際機場橫越大西洋飛回首爾過聖誕節，完全沒預料到自己即將捲入一場可怕的事件。

其中一位空服員（不知是疏忽或故意，我們永遠不會知道眞相）爲趙顯娥送上夏威夷豆，但沒有裝在盤子裡，而是整袋給她，還一副自己沒有做錯什麼事的樣子。

趙顯娥跟任何頭腦正常的人一樣，覺得自己受到嚴重的冒犯，立刻向這名無知的空服員抗議，命令（應該說厲聲辱罵）他下跪道歉，並要求飛機折返登機口。該航班延誤起飛，數百名乘客的聖誕節旅程因而耽擱，但這是沒辦法的事，她總該表達自己的立場。她也當場開除了座艙長。

如此節制的反應值得稱許才對，所以對於時任韓航副社長的趙顯娥來說，她依違反航空安全被起訴之後獲判緩刑，一定感到非常震驚。我知道，公理何在！是吧？

從各方面來看，趙顯娥的弟弟和妹妹也是爲求企業卓越而鞠躬盡瘁的人。她的妹妹趙顯旼在二〇一八年登上頭條新聞，她代表大韓航空與廣告公司開會時，對方員工在會議上惹她不高興，她被控施暴，接受警察訊問長達十五個小時。她承認自己的確提高音量，但她扔的是空玻璃杯，而且是對牆壁不是對人。另一杯被她潑出去的果汁則是意外。

幾年前，她的弟弟趙源泰發生交通意外，對一名七十七歲的老婦施暴而受到社會輿論抨擊。據報導，他還曾命令大韓航空的空服員停止廣播，因爲打擾到他打電腦遊戲（我想這點我們也能給予同情）。

趙氏姐弟聽起來都是好人，不是嗎？他們的母親也不遑多讓。她曾因被控對集團員工拳打腳踢而接受警方審訊，肯定又是空穴來風的指控。這個美好家庭的大家長是大韓航空第二代董事長趙亮鎬，他的父親趙重勛創立了大韓航空母公司韓進集團。

「作爲父親以及大韓航空公司最高負責人，對於女兒們不成熟的舉動感到十分抱歉。」兩個女兒的暴怒事件曝光後，趙亮鎬在一份公開聲明裡這麼說。「一切都是我的錯，我向人民道歉。」但趙先生謙虛不提自己的成就，他曾因逃稅被定罪，近期則涉嫌挪用公款接受警方傳喚。毫無疑問，他的三個孩子迅速調升公司高層職位，完全是因爲個人能力和優點。趙顯娥被取了「堅果之怒女繼承人」的綽號（眞是不公平），目前已回歸集團負責管理飯店業務。

韓進集團是所謂的「財閥」（chaebol），韓國獨有的家族企業集團。韓進集團接班人的舉止並不罕見，這也是財閥被認爲是韓國主要問題的原因之一。

財閥的起源可以追溯到日佔時期，當時日本利用自身的「財閥」（zaibatsu）企業集團模式，進行由政府控制的大規模工業擴展，但美國佔領者以反民主的理由，在戰後兩年內解散了日本財閥團體。諷刺的是，許多韓國財閥是以一九四五年後取自日本企業的資產而建立的。從一九六〇年代到八〇年代，財閥的活動在總統的嚴格「指導」之下進行，朴正熙以有利的貿易條件、壟斷性產業和國有銀行的低利率貸款，來決定要扶持哪些行業。他也選擇了重點經濟領域，從所謂的「白色產品」產業開始，包括棉花、麵粉和糖（奇怪的是，假髮也是早期主要出口產品），接著發展水泥、化學製品、紡織品和肥料。朴正熙說：「鋼鐵！」財閥問：「要多少？」韓國馬上擁有世界上最大的鋼鐵生產廠。朴正熙採取高壓手段控制，他曾經強迫惹他不悅的商人背著「我是腐敗的豬」標語牌遊街。他決定韓國應該進入造船業，韓國造船業就登上全世界第一的寶座，緊接在後的是汽車業和電子業。日本戰後製造業的成長，是韓國的模範也是動機，一九六〇年代初期，政府以一系列海報宣傳，勉勵韓國「擊敗日本」，在十年中，韓國出口在所謂「工業戰士」的助力下增加了十三點四倍，日本出口僅增加兩倍。有些時候，南韓經濟與北韓共產主義計畫經濟非常相似，只不過工人從來也沾不到生產工具的邊（北韓當然也一樣）。

有些人以為一九九七年的亞洲金融風暴是財閥末日，當時韓國貨幣貶值了一半，國際貨幣基金組織（ＩＭＦ）強制實行新的公司治理規則，作為紓困貸款的條件。許多財閥確實倒閉，包括排名第五的大宇集團，但財閥撐了下來。到了二〇一一年，韓國經濟開始反彈，對外貿易總值首次突破一兆美元。時至今日，仍有四十五個財閥。前五大財閥三星、現代、ＬＧ、鮮京、和樂天佔韓國年度ＧＤＰ一半以上。

文在寅想要改革財閥的原因很多，不只是因為許多人預測財閥的做法會拖垮韓國經濟。財閥帶來了結構性和文化性的雙重問題，從結構上講，財閥的交叉持股制度，意味著統治家族在表面上可能只擁有一家公司百分之二股份，但仍然擁有集團多數股份的控制權，把集團當作私人公司來累積家族財富。以樂天為例，樂天是個從建築到糖果都感興趣的財閥，其九十五歲的創辦人最近因挪用公款被判處四年徒刑（他以健康為由避掉牢獄之災），該集團最惡名昭著的就是善用這種稱為「利益輸送」的結構。在三星的例子，第三代繼承人李在鎔從父親之處獲得四百萬英鎊貸款，取得一家市值約五十億英鎊公司的控股權。利益輸送也表示統治家族可以像皇帝一樣行事，但在發生問題時避掉責任。

許多財閥現在也因「驕縱的第三代」所苦，韓國經濟學家英錄丑（Young Ruk-chuk，音譯）如此跟我說。通常，財閥繼承人在國內盡量不炫富、濫用特權或亂發脾氣，他們會等到去了加州馬里布的海濱別墅或倫敦騎士橋連棟住宅，才放心做自己。但有時他們就像趙顯娥一樣，沒辦法克制自己。韓華集團董事長的三兒子金東善是行為最不當的一個，經常酒後鬧事。二〇一七年，他與公司律師一起去江南區酒吧，要求酒吧員工「叫我股東先生」，打了其中一個員工一巴掌，又伸手抓一名女員工頭髮。「從現在起給我放尊重一點，」據報他含糊不清地這麼說。同年稍早，他在另一間酒吧毆打兩名服務生被捕。

這也是普遍公認財閥最需要改革的第二點，就是財閥對待員工的方式。許多財閥以嚴格的從上而下的等級制度在運作，員工升遷往往是根據年資，而不是根據能力和聰明才

智，而且通常不會獎勵主動性，而是懲罰失敗。這就營造了一種規避風險的工作環境，員工和整個部門盡其所能不引人注意，把其他部門視為「敵人」。員工之間以傳統儒家的家庭等級制來稱呼彼此，讓人覺得有失尊嚴，例如經理得稱呼執行長為「哥哥」。老闆都會欺負下屬，毆打斥罵比自己低階的人，「上級欺負下級」（갑질，gapjil）的故事不計其數。

文在寅總統調高最低工資，並將每週允許的最高工時從六十八小時減少到五十二小時，但韓國仍然是全世界工時最長的國家之一，每年兩千一百一十三小時，英國為一千六百八十一小時，美國則是一千七百九十小時（然而韓國生產力人均產值不高，二〇一六年為每小時三十三美元，美國為六十三美元，皆為經濟合作暨發展組織數據）。韓國企業文化在性別平等方面也很可悲，女性在公司董事會中所佔比例不足百分之三（日本只強一些，百分之四，英國為百分之二十四，美國為百分之十七），韓國在經濟合作暨發展組織性別工資平等排名敬陪末座（日本是倒數第三）。

曾經在ＬＧ電子首爾總部工作的法國人艾里克．蘇德（Eric Surdej），近期出版了揭發內幕的《韓國人都瘋了》（Koreans Are Crazy，暫譯），寫的就是他在財閥工作十年的經驗。他揭露了一個狂熱如邪教的工作環境，高級主管咆哮，對下屬扔東西，蘇德曾經看過公司總經理對著員工的頭扔了一堆文件。他花了點時間才適應韓國的企業喝酒文化，「我在天寒地凍之下，在戶外喝了四個小時的酒，透過喝酒來證明自己效忠LG，令人聯想到異教徒儀式，」他寫道。還有一次，他有個同事昏倒被緊急送醫接受手術，那位男士麻醉退了醒來後，馬上問自己最快什麼時候能回去上班。「這就是韓國人的自畫像，很悲哀，他們……覺得為組織自我犧牲是天經地義的事。」

近期每一位韓國總統上台都誓言要整治財閥家族。二〇一四年，朴槿惠總統的確對交叉持股實行了一些限制，多年下來，現代、鮮京、樂天和三星集團董事長皆因各項罪名被判刑，但也都獲特赦。韓國媒體都靠集團的廣告預算和其他資金才能維持營運，因此在報導財閥時極為小心翼翼。一位韓國經濟學家告訴我，如果第十大財閥從某家韓國報紙撤掉廣告，該報就無法生存。所以，二〇一七年皮尤研究中心的調查顯示，只有百分之三十六韓國人相信報紙新聞的正確度（在日本比例為百分之六十五），也就不奇怪了。韓國媒體與財閥之間過從甚密的證據最近也浮出，有些記者發簡訊和電子郵件給三星某高級主管，要求為子女安插職位或增加贊助費用（「我們會給集團多寫些正面報導，」其中一則大剌刺地這麼寫道。）

爲什麼財閥如此被姑息？韓國經濟異常依賴出口（韓國出口佔整體經濟百分之七十八，經濟合作暨發展組織的平均爲百分之五十六），出口是經濟成長的命脈。「財閥的協同效應很強，」住在首爾的英國記者安德魯．薩蒙告訴我。「而且，他們已經成功地全球化，行銷和品牌經營都很成功，價格及產品都有優勢。什麼都好，就是管理這塊出問題，這是他們的致命弱點。」

財閥的優勢在於只要一個人做決定就可以執行，例如一九九〇年代時，三星集團會長在半導體賭了一把，爲公司帶來超過六十億美元利潤。三星在日佔時代最初是製糖廠，如今不僅爲自己的產品生產零件，也爲蘋果等主要競爭對手生產零件（iPhone X 使用三星面板和記憶體晶片）。三星現在是全球最大半導體製造商[75]，並且幾乎壟斷了有機發光二極體（OLED）面板市場。有個很有名的說法，韓國人可以住在三星蓋的公寓，在三星的醫院接受治療，去三星愛寶樂園玩，可以購買從三星貨櫃船運到三星零售店的商品，還可

75 根據研調機構 IC Insights，二〇二〇年全球半導體產業第一名是英特爾，第二是三星電子，第三名為台積電。

以跟三星貸款購買三星汽車（與法國雷諾集團共同生產），加的是三星精煉汽油，甚至可以購買三星智慧手機。

如今，三星擁有約六十個不同事業體，約佔韓國股票市值百分之二十八，但自二〇一四年以來經歷了幾次挫折。二〇一四年，三星集團會長及集團創辦人之子李健熙因急性心肌梗塞送醫，此後一直待在三星集團的醫院，謠傳他已死但消息被壓下來（如同北韓的劇本）[76]，因爲韓國遺產稅稅率高達百分之五十。三星多次因賄賂和操縱價格被判有罪，在美國和歐洲被罰款數億美元，被控抄襲（柯達的數位技術、夏普的平板以及蘋果的 iPhone 和 iPad），然後是二〇一六年 Galaxy Note 7 手機爆炸災情，許多航空公司禁止攜帶 Note 7 登機，三星召回了數百萬台手機並停止產線，損失約爲三十億英鎊。很難想像一間公司生產的產品，有好幾個月被全球民航客機認定影響飛安還能生存下來，但三星反而蓬勃發展。

即使在二〇一七年，李健熙長子李在鎔（也是集團接班人）因與朴槿惠總統彈劾案相

76 據《韓聯社》報導，李健熙於二〇二〇年十月二十五日在醫院病逝。

關的賄賂和貪汙被判處五年徒刑，也沒有影響公司的命運。事實上，三星股價上漲了百分之六十五，創歷史新高，並且在二〇一七年最後三個月達到創紀錄的一百四十一億美元營業利益，比去年增長了百分之六十三，全新 Galaxy S8 在韓國上市第一個週末售出了二十七萬台，而 Galaxy S7 則爲十六萬台。結果，三星在《福布斯》（Forbes）二〇一八年全球品牌價值一百強排行榜從第十位晉升到第七位。

三星一直主導國內市場，直到二〇一八年一月，蘋果公司才在韓國首爾江南區了第一間零售店，外觀爲黑色玻璃帷幕的大型立方體，距離三星總部不遠。

我去參觀三星總部。外頭有個用鷹架和帆布搭起的抗議區，看起來已經在此地很長時間，還有發電機、擴音系統和廚房區域。我走進帳篷（鞋子整齊地放在外面）和一些抗議者聊天。他們都是離職員工，聲稱三星要爲七十九名工人的死負責。一名抗議者告訴我，數不清的三星工人罹患白血病、多發性硬化症和腦瘤，但公司甚至不肯與親屬代表對話。「李在鎔爲三星工人做了什麼？什麼都沒有」一條橫幅上這麼寫。（他們的抗議活動進行了十一年，三星終於在二〇一八年底賠償每位受害者一點五億韓元（約十萬英鎊），抗爭畫下句點。）

之後，我參觀了三星總部地下室的 d'Light 展館。我家裡唯一的三星產品是一台開機很慢、操作很複雜的電視，我對它的功能了解非常有限，通常得叫孩子來幫忙才能打開電視。但是我抱著開放的心胸走進展館，也很期待第一次的虛擬實境體驗。展館中央有個用圍欄隔開的小區域，裡頭有兩個安裝在支架上的汽車座椅，坐在上面有點像坐在遊樂場投籃水箱的座位上[77]，還要戴著看起來像浮潛面罩的東西，裡面投射（？）在雲霄飛車上拍攝的影片。其實不太好玩，我只覺得有點頭暈噁心，沒有覺得刺激。另一個互動「體驗」我也覺得不怎麼樣，它叫我在觸控螢幕上回答問題以預測我的個性，機器拍下我不怎麼滿意地瞇著眼看螢幕的樣子，照片投在展館內另一面牆的巨大螢幕上，旁邊有一行字：「嗨，麥克，你是個體貼、冷靜又有見識的人。只要你跟著感覺走，就可以找出自己眞正的能力。」

第二天，我跟著我的感覺，去見了大力推動改革財閥的朴相因教授。我們約在他的辦公室碰面，他在首爾大學經濟系教書，這個美麗的校園位在一片鬱鬱蔥蔥的廣闊山坡，到

77 一種遊樂設施，架高的座位下方設置大型水箱，一人坐在座位上，另一人在遠處投球，若擊中目標，座位會打平使得坐著的人落入水箱裡。

處都有蔓生的花叢。

朴相因認爲，如果文在寅政府未能改革財閥，韓國最後可能落到跟委內瑞拉或阿根廷一樣的情況。「韓國會走上拉丁美洲的惡性循環，首先，韓國經濟規模不如日本，因此我們不能長期處於經濟停滯，」他告訴我。韓國過於依賴製造業和出口。「如果中國國有企業聯合起來進行低價競爭，韓國商品就會被逼出市場。過去的十年，造船業就發生這種情況，財閥的結構會放大這個影響。」第三代接班人很清楚財閥做法本質上的破壞力，但又害怕失去一切。他們有廉價勞動力、源源不絕的政府資金和集中計畫等優勢，固守著汽車、電子、造船、鋼鐵、建築和石化產業，阻礙了經濟轉向，但中國正快速跨入這些產業。韓國目前仍向中國出口高科技元件，但這項優勢沒法再撐多久。

財閥也是小偷。「小公司想出很好的點子，接著智慧財產權就被財閥拿走，這是一個很嚴重的問題，」四十出頭、穿著灰色 Polo 衫和斜紋布褲的朴相因說。「從法律上而言，跟財閥對抗非常困難，專利制度起不了作用，如果一間公司的創意或智慧財產權被盜，就算他們提起訴訟並且勝訴，也只能拿到很少錢。」

跟我在反朴槿惠示威聊過的年輕記者朴世浩也說了類似的話，「如果一間小公司想到很棒的創意，三星可以直接把公司買下來，或買下公司所在的大樓，大企業全部拿走。」因爲這種狀況，根據經濟合作暨發展組織二〇一六年的報告，韓國只有百分之零點零一的小型新創企業能成爲中型公司。

財閥在司法和政治體系也具有巨大影響力。根據二〇一八年 Real Meter[78]所做的調查，百分之八十九韓國人認爲國家檢察官或多或少都涉及貪腐行爲，朴相因說，之前就發生立法草案先洩漏給相關財閥，才送交到委員會。而且韓國跟日本一樣，立法委員和政府官員在退休後，經常進入財閥擔任董事會成員或顧問，作爲他們協助財閥的獎勵。

「如果你爲財閥——特別是三星，做了有用的事，你知道三星會提供退休保障，你的生活會輕鬆得多，」朴相因說。三星接班人李在鎔因賄賂朴槿惠總統被定罪，並沒有說服朴相因，他預估李在鎔很快會獲釋。「幾乎每一個財閥會長都因重大經濟犯罪被判刑入獄一兩次，但從來沒有服完刑期，基本上全都被特赦了。在韓國我們有個說法，有錢無罪，無錢有罪。」

78 韓國民調機構。

根據報導，李在鎔在牢房裡沒有三星電視可看，而不得不看LG電視。儘管他的案子當初被描述爲「企業與政府共謀的象徵」，韓國第三大首富李在鎔的確在二〇一八年第一次上訴就被釋放，甚至從來也不必放棄三星副會長的職位。之後，韓國銷量最好的報紙《朝鮮日報》刊登社論，警告不要攻擊財閥，並且爲李在鎔抗辯，基本上說的就是：總統向他要錢，如果他不給，三星會受苦。大家不希望發生那種情況吧？

李在鎔獲釋時間恰逢韓國舉辦的平昌冬季奧運會開幕，平昌冬奧是世足賽以來在韓國舉辦的規模最大體育賽事，因此他的新聞很快就被體育賽事的報導淹沒。

我最近一次在電視新聞上看到李在鎔是二〇一八年底，他正在平壤參加國宴，他的座位離北韓領導人和南韓總統只有幾公尺之遙。

10 首爾V

無論財閥是否唯一的罪魁禍首，有一件事是肯定的，就是韓國人非常不快樂。根據二〇一八年聯合國「全球幸福報告」（World Happiness Report）排名，韓國在一百零六個國家當中排名第五十七位，如果根據財富調整幸福感，排名還要再往下掉。[79]韓國自殺率爲亞洲最高，通常是全球自殺率排名前五的國家。

徐恩國是專門研究幸福的韓國心理學家，他的研究主題涵蓋了諸如「外表吸引力會帶來幸福嗎？」或是「尊稱能否提升正面情緒：語言形式和情感價向的相互關係」。（換句話說，就是：依輩分和社會地位而嚴格訂定的稱謂，是不是讓韓國人很痛苦？）我與徐博

79 原注：日本的排名好不到哪裡去，在第五十四位，中國排在悲慘的八十六位。美國和英國分別為第十八位和第十九位，台灣排名二十六，值得讚許。

士約在他擺滿書的狹長辦公室見面，位在延世大學心理系大樓。這棟爬滿常春藤的雄偉建築還附帶了有城垛的鐘樓，就像美國常春藤聯盟大學。

我有幸住在丹麥，一個通常名列全球最幸福國家前五名的地方。從表面上，丹麥人其實脾氣暴躁又多疑，但我能想像丹麥人對自己的生活感到「幸福」或「滿意」。我在想，會不會是因爲不同國家對幸福有不同的詮釋，才會造成韓國雖然比大多數國家富裕自由，卻還是排名不理想？

「說到底，無論是韓國人、丹麥人或任何國家的人，在生活中追求的東西都非常類似，」身材單薄的徐恩國博士說，他穿著牛仔褲和帆船鞋，看起來彷彿今天一整天要待在遊艇上。「想要有權力，想要被視爲重要人物。唯一的區別，也是棘手的部分，就是我們必須玩不同的文化遊戲來實現這些願望。」以我的經驗，權力和被視爲重要人物並不是丹麥人的優先事項。是不是因爲儒家傳統，韓國人才會更重視地位？

「我相信無論是非洲部落或任何地方的成員，沒有人想被視爲團體裡的失敗者，但沒錯，差異性的確存在。無論在哪個國家，與幸福非常相關的一項文化變因就是個人主義，而個人主義的本質就是一種心理訓練，讓你可以過著自己的生活，不在乎別人如何評價你的生活。這種心態對於維持高度幸福感非常有益，因爲你不需要別人的認可，你的生活不關他人的事。」根據徐恩國博士，大多數亞洲文化剛好相反，特別是韓國，也許這就是韓國人最大的壓力和不快樂的來源。

「在韓國，人人都來干涉你的生活，總是別人在作主。你應該這樣做，你那樣做不對，他人無時無刻在評估你的行爲，到最後你會變得非常敏感。有時我對自己的評價可能跟別人對我的評價有出入，我可能覺得一切都好，但別人認爲我的生活很糟糕。

「韓國人非常需要社會認可，證明自己成功不是爲了自己，而是爲了家人。許多東亞人更在乎別人如何衡量他們，我認爲部分原因可能是儒家思想。」

儒家思想要求個人必須符合他人的期望和價值觀，然後還要根據身分年齡，將自己精確地置入社會等級之中，這樣的壓力一定很累人。西方文化中氾濫的個人主義也導致各種心理壓力，但至少個人可以選擇用自己的標準來衡量自己「成功與否」。我們西方人可以說聲「去他的」，然後選擇不再汲汲營營於財富、外貌和成功，依然表現出令人信服的快樂模樣。然而在亞洲文化裡，正如徐恩國說的，「根據定義，勝利者的人數一定有限，所以很多人會覺得自己相對而言不如人。」正如麥可・布林所寫，韓國人「在醒著的每一刻……都對他人的觀點極爲敏感。」

這也許是韓國自殺率在「已開發」國家居高不下的原因。徐恩國以高爾夫球選手爲例，說明功成名就的壓力有時會造成致命後果。女子高爾夫球員世界排名前一百名裡大約有三分之一是韓國人「……因爲她們的家庭爲此奉獻一切，這些女孩在六歲左右，她們的爸爸就爲了女兒的高爾夫事業辭掉工作，這是多麼大的壓力啊！幸運的話她最後成爲球星，皆大歡喜，但這是童話故事，大多數人沒辦法走到那一步。萬一困境接踵而至，那麼這些人最終很可能走上絕路。」

徐恩國說，向外界展現自己很成功，也是因爲不想丟臉。東方學有個老套說法，亞洲人比西方人更重視面子，這點倒是沒說錯，我在這方面有一些體驗。韓國人被問路的時候，無法容許自己說出「不知道」。我來的時候問一個學生徐恩國博士的辦公室怎麼走，他很肯定地指著附近一幢大樓，但根本就不在那裡。我最珍惜的一次經驗發生在之前，幾天前，我在首爾路上向一名女子問路，我想知道最近的地鐵站怎麼走。她很有威信地邊指邊說：「那邊，看到了嗎？你往那邊走。」

我朝著她手勢的方向點點頭。

「好，你往那邊走，向左轉，然後……」她頓了一下，好像要給我最後的指示。
「……再問別人。」
說完之後她就朝反方向快步離開。大約半小時後，我在她的去路找到地鐵站。
幾年前，韓國僧侶慧敏法師開始在社群媒體提供智慧小語，幫助人們應付現代生活的壓力。他累積了許多追隨者，他的格言後來集結成書，每頁約五十個字又留白很多的那種（我常覺得我應該寫這種書），《停下來，才能看見》（The Things You Can See Only When You Slow Down）[80]於二〇一二年出版，盤踞韓國暢銷書排行榜冠軍將近一年。
慧敏法師很清楚他人期望給韓國人造成的壓力，他特別在選擇宗教和人生伴侶方面，請大家從個體的角度來思考，包括：
「選擇職業的時候不要顧慮別人的看法，其實別人不在乎你做什麼。」
還有「使人感到尷尬和不舒服的……是家人施壓要求你服從。」
沒想到，徐恩國博士對慧敏法師沒什麼好感，事實上，他也不認爲快樂是人生目標。

80 冷蔚譯，天下文化，二〇一二年出版。

「其實我剛寫了一本書批評幸福學還有正向心理學的潮流。我認爲都是狗屁。很遺憾，人並不是爲了快樂而活。我們智人跟鳥類或動物沒有不同，牠們的生存目的也不是快樂吧？從進化的角度來看，快樂只是一種工具，或是一種訊號，引導你去找尋對生存至關重要的資源。我們何時覺得快樂？吃飯或做愛的時候。快樂只是一種訊號，表示你這個人正常運作。」

在韓國，要討論快樂就不能不提「恨」（han，한）的概念。我看過對「恨」的各種描述：壓抑的怨恨，無助的憤怒，單方面的憎恨，或無休無止的委屈。最奇怪的是，韓國人並不想消除這個感覺。「恨」之於韓國人就像 hygge[81]之於丹麥人，「恨」無所不在，無法掌握，所有人都理解，也接受這是韓國人固有的一部分。和丹麥人對 hygge 的看法一樣，韓國人也覺得「恨」無法翻譯。

朴世浩把「恨」描述爲「……鬱悶，懷恨在心，沒有表達出來的憤怒，針對世界也針對自己，沒有特定的目標。沒有人知道它從何而來，爲什麼而來，也沒有人知道該如何消

81 溫暖、舒適的意思，被視為丹麥文化的象徵。

除這個感覺，但是……它一直在，不會得到解決，而且永遠都在。」

韓國電影製片人金亨俊完全不同意。「大家說『（恨）沒辦法解釋，因為這只有韓國才有』。胡說八道，恨就是怨恨，對人、事、物懷恨！」

和我在首爾吃過一次午飯的韓國詩人兼小說家成碩濟，也認為「恨」是人類共通的感受，「當你承受壓力或經歷困境，它就在你心裡累積，像內傷一樣。『恨』可以藉由舞蹈、文學或歌唱等不同藝術形式來表達，如同有人因為內心苦楚而哭泣呻吟，我不認為只有韓國人才有這個感覺，世人都能理解『恨』。」

徐恩國博士也持同樣的懷疑態度，「我不覺得韓國人的苦難有什麼特別的，韓國人的絕望或沮喪，任何文化都看得到，是吧？也許是因為我們的近代史，所以苦難被特別放大，政府以此來激勵人民。我不是說它不存在，就像泡菜，我們把泡菜說得很特別，但別的文化也有醃菜啊。」

我想知道，「恨」（如果它眞的存在）作為受害者心態的症狀，是因為日本殖民統治才留下來的嗎？如果是的話，能否把它形容為（小聲點，不要被韓國人聽到）日本人的意外贈禮，刺激了戰後的經濟繁榮？我在東京曾與在日朝鮮人學者鄭大金談過此事。「日本殖民統治是負面經驗，」他告訴我。「但是在戰後，恥辱變成激勵，韓國人覺得如果日本做得到，那韓國有什麼不行的？」

朴世浩不同意。「早在日本殖民之前，恨就存在了，說不定從韓國還是中國附屬國的時候就開始，到了現在，我們開始享受恨——我們很慘，我們驕傲。」我敢肯定，韓國長達數世紀的社會壓迫、貧窮、佔領，甚至更早就存在的性別歧視都有影響，所有人必須安分守己，沒有人敢造次。幾百年來，女性不准與男性共餐，夜裡有宵禁，每個韓國人都必須佩戴身分名牌，精英階層用象牙製，中產階級用鹿角製，白楊木製的給下層官僚使用，平民用普通木材。「從西方角度來看，在韓國文化裡，個人並不存在，」一位韓國專家寫道。

姜漢拉是首爾大學人類學系學生，目前專攻性別研究，我在國會大樓旁的公園與這位說話斯文但很有主見的二十六歲女孩見面。她不同意我的假設，即日本佔領讓恨更加發酵。「我認爲『恨』扎根很深，由來已久，我們說的『恨』是一種帶著憤怒的悲傷，這跟與日本競爭的動力、獲得成功的渴望都不一樣，裡頭沒有一點正面元素。」

在東京時，韓裔親日作家吳善花將「恨」與日本的「物哀」（もののあはれ，對他物

感情投射、世事無常的感嘆）作對比。「日本人讓一切隨著水漂走，」她說。我想，她的意思是日本人較能接受命運帶來的後果，也較能寬恕和忘掉過錯。但韓國人無休無止地沉溺在現實和想像中的不公不義，搞到最後，自己陷入我祖母常說的「一團老泡沫」。「韓國人喜歡自怨自嘆。日本人通常不把情感表現出來，但這不代表他們就沒有情感，」吳善花說。

「恨」（或者明確來說，韓式痛苦）很可能藉由韓國的高壓教育體系而延續下去。根據最新國際學校評估排名（國際學生能力評估計畫〔Programme for International Student Assessment〕簡稱PISA，二〇一五年），韓國學生在數學和閱讀方面排名第七，在理科方面排名第十一位，雖然不及中國、日本、香港和台灣，但仍然不錯。但是，就學生的福祉而言，韓國年輕人得分確實很差。只有一半的人回報對生活「滿意」或「非常滿意」（相較於平均百分之七十一），而百分之二十二的人對生活的滿意度為「低」（相較於平均百分之十二）。所有人都攬了巨大的壓力在身上，百分之八十二的人希望在班上名列前茅（相較於平均百分之五十九）。

顯然有哪裡不對勁。很可能是惡名昭彰的「學院」（학원，hagwon），也就是課後補

習班。許多韓國學童（可能是大多數）放學之後還要補習，通常補到深夜。「學院」是個一門大生意，據一項估計，「學院」在二〇〇九年的收益比三星還高。政府祭出限制學院營業時間的法案，晚上十點到凌晨五點之間不能上課（你能想像這還必須立法嗎？），但是韓國學校的教育方式也讓人搖頭，儒家強調死記硬背，全盤接受老師的教學。「學院」很貴，所以自然只有家裡有錢才負擔得起額外的學費，意味著有錢人家的子女往往考試成績比較好，得以進入更好的大學就讀，謀得最好的工作，從而加劇了韓國的貧富差距。

我注意到深夜在首爾地鐵上總是很多學生。一天晚上，我坐在一個十多歲男孩旁邊，他顯然正要去城裡數以千計的「學院」上課，或是剛下課要回家。他全神貫注於數學參考書，在座位上來回微微擺動，沒拿書的那隻手捶打自己的小腿。也許這是某種記憶技巧來幫助他記住書中內容，以便考試時回想起來。也可能他只是快要抓狂了。[82]

每年最重要的考試是十一月舉行的大學修學能力試驗，簡稱「修能」（수능）。必要的話，航班會改道，道路封閉，好讓學生能安靜應試。這個考試決定了他們能否進入四、

82 原注：電影製片金亨俊告訴我，二〇一四年美國片《進擊的鼓手》（Whiplash）在韓國票房遠超過全球其他國家，這部片描述一名虐待成性的嚴苛爵士鼓老師和飽受折磨的學生，我覺得在韓國特別賣座的理由還蠻明顯的。

五所最負盛名的大學（第一學府是首爾大學），能入學的話，保證未來一定可以在財閥謀得職位。進不去的人淪落到二流大學，未來過著二流人生。至少大家是這麼看的。

百年來，中國也採用差不多極端的大學入學考試，也就是「高考」[83]。衆所周知，那裡的學校會爲備戰高考的學生打點滴注射氨基酸以補充精力。我後來在北京旅行時，遇到一個大一學生跟我說，三年來他每天從凌晨六點讀書到深夜，爲每年六月七日和八日爲期兩天的高考做準備[84]。他跟我說他是優秀學生，應該考得很好，但是結果沒有達到他的期望，滿分七百五十分他只拿到五百八十四分，沒能依照他的志願進入頂尖大學（北京大學或清華大學）讀語文，因此他進了第二層次大學攻讀商業和經濟學學位。高分對他意味著什麼？「可以向最好的講師學習，之後有機會出國留學，這是我們的主要目標。」儘管如此，他仍然相信這種考試體系有用，在一個人口如此衆多的國家，這種過濾方式雖然殘酷，但有必要。「讓人變得堅強，」他告訴我。「如果高考都考不好，或許也沒資格過上好的人生。」但是另一位與我聊過的中國大學生跟我說，他的求學過程非常艱辛，導致他

---

83 全稱為「普通高等學校招生全國統一考試」。

84 二〇二〇年因應疫情而延期一個月舉行。

後來深受創傷後壓力症候群所苦，「我每晚做惡夢，老師在折磨我，那個壓力難以忍受，」他回憶道。

我在首爾遇到的人類學系學生姜漢拉覺得，接受優等教育要花那麼多錢，畢業後財閥主導的就業市場競爭又那麼激烈，韓國年輕人對於未來的夢想越來越保守。她給應屆畢業生列出僅僅四個選項：試著在某個財閥找到難能可貴的終身飯碗，繼續深造（家裡要有點錢才行），讀法學院（律師在韓國總是很有前途），或參加政府高普考。對於大多數人來說，創業或旅行都是幻想。我提到創意產業，前任總統曾強調要將其作爲韓國未來的優先事項，姜漢拉冷笑，「都是空話。」

她說，很多年輕韓國人選的是第五個選項。「結婚生子花費太高，風險很大，因此很多人決定不要冒險。他們已經看到小孩子在韓國有多辛苦，給孩子接受良好教育有多艱難。所以他們放棄了，放棄婚姻，放棄愛情，放棄生小孩。」

11 首爾 VI

大約一百名高中生，盤腿坐在首爾商業區的人行道上聊天，每個人手裡的小木棒上都有黃色蝴蝶剪紙。大家笑著對著手機鏡頭調整髮型，嘟嘴拍自拍照。現場的感覺像運動會或課外教學，一個女孩的手提包上面寫著「東京街頭女孩」，好幾個人有 Hello Kitty 周邊商品。

身穿象牙白長袍的牧師，頭髮從左邊梳到右邊蓋住地中海禿（這種髮型在亞洲叫「條碼頭」），背對著年輕人，站在擺在排水溝的小講台前面。講台上掛著長捲軸，上面寫著「日軍性奴隸受害女孩紀念教堂」，還有電話號碼、臉書及網路聯絡方式。他前方的馬路對面有一些灰色圍欄圍住一片建築工地。四輛載著防暴警察的大巴從對街觀察現場。

自一九九二年以來的每個星期三，抗議者都聚集在日本大使館（重建中所以是工地）

對面的街道上，聲援自稱在二戰期間被迫淪爲日本帝國軍性奴隸的婦女，她們被委婉地稱爲「慰安婦」（這項運動最常使用的術語），黃色紙蝴蝶象徵她們。

牧師正透過廣播系統在講話，孩子們並沒有注意，但是一些年齡較大的韓國男女專心地聽著。有個人戴著包覆式墨鏡和棒球帽，凝視著建築工地的方向，手中握著一面小的韓國國旗。他脖子上掛著的橫幅上有一張空拍照，照片裡是兩個小岩礁，現在我認得出來是有領土爭議的獨島／竹島群島。照片經過處理，其中一個岩礁上有個巨大旗桿，掛著韓國國旗。顯然這個集會不只與慰安婦有關。

牧師旁邊有個赤腳少女的青銅坐像，少女身旁還有一張空椅子。她的手放在膝上，我靠近看，發現她握緊了拳頭。她戴著黃色花圈，腳邊也擺滿了鮮花。這可能是自由世界最具爭議的公共雕像，無聲地象徵了兩國沸騰的敵意。繁榮、民主、互相有著貿易和平往來的韓國和日本，因爲她而無法結盟。這座雕像立於二〇一一年，是第一座慰安婦紀念雕像，如今在世界各地都可見。幾天前，我在南部城市釜山的日本總領事館外看到一個複製品。雪梨也有一個，另外一個在台南，最近在首爾公車上也可見複製品。美國有幾座慰安婦雕像，紐澤西州在二〇一八年五月也立了一座紀念碑。

日軍在一九三〇年代初期建立了慰安婦制度，部分目的是爲了控制性病，在受監視的軍中妓院或「慰安所」中，比較容易預防性病傳染，也能減少日本士兵強姦被征服國家的平民婦女。在戰爭期間，遭到日軍奴役的慰安婦總數估計在兩萬到二十萬之間，不過有一些來自韓國和中國資料稱數字高達四十萬。幾年前，英國廣播公司紀錄片確認人數在八萬到十萬名婦女。

百分之八十的慰安婦據信已經死亡，有些是在監禁期間傷重或被士兵傳染疾病而死，有的在戰後被迫自殺，或被擄走她們的人殺死。倖存者大多無法生育，背負著汙穢感，被自己的社群視爲通敵者。如今，還在世的韓國慰安婦不到四十人，最年輕的一位已經八十多歲。

日本在入侵的國家擄走婦女，在菲律賓，最爲人所知的慰安婦是托瑪莎・迪歐索・薩琳諾（Tomasa Dioso Salinog），被擄走時才十三歲，她的父親被日本兵殺死，之後她就被帶到一個慰安所。荷蘭婦女揚・拉芙・奧赫恩（Jan Ruff-O'Herne，二〇一九年九月過世。）在印尼（當時爲荷蘭東印度群島）被日本人抓走。二〇〇八年，揚・拉芙・奧赫恩與其他幾名亞洲慰安婦一同在美國國會聽證會上作證。

作家千田夏光是最早研究日軍妓院系統的日本人。一九六二年，他為日本全國性報紙《每日新聞》編輯戰時拍攝的照片（先前禁止發布），在兩萬五千張照片當中，看到一九三八年徐州會戰照片裡有一兩名婦女在過河。他納悶為何女人會出現在軍中，後來才發現她們是慰安婦。一九七三年，千田夏光把他的發現寫成書在日本出版。在韓國，則要等到一九八〇年代後期國家民主化、新聞自由大幅改善之後，媒體和政治人物才開始討論慰安婦議題。之前之所以不提，部分原因是一九六五年《韓日基本條約》恢復了兩國關係，日本向韓國支付六億英鎊賠償金（相當於當時韓國國家預算的三倍），這筆錢大多都由朴正熙政府轉用於投資基礎建設。因此，多年以來，兩國政府為了共同利益而忽略慰安婦問題。但是在一九九〇年代，韓國婦女組織開始發起運動，當時第一個出面控告日本政府的是韓國慰安婦金學順，她作證在一九四一年十七歲時被日本兵綁架，每天遭強姦三十至四十次，為時一年。一九九二年，中央大學歷史學家吉見義明在國立公文書館[85]找出進一步佐證文件。吉見義明的發現促使日本政府展開調查，內閣官房長官加藤紘一因此發表聲

85 日本國家檔案館，總館位於東京。

明，承認日本政府設立慰安所，並表達「衷心遺憾和反省的心情」。時任日本首相宮澤喜一在同年訪問首爾時，再次發表正式聲明，其中包括：

「我們不得忘記……貴國因爲我國的行爲而經歷了難以承受的痛苦和悲傷，作爲首相，我想藉此再次表明衷心的反省及道歉之意。」

一九九三年，又發現了一百二十三篇有關慰安婦的文件，日本政府再次進行更詳細的調查，並與韓國政府密切合作，提出另一份正式道歉聲明，由當時內閣官房長官河野洋平發表。眾所周知的《河野談話》被視爲兩國關係在慰安婦問題上的最高點，裡頭提到：

「日本軍隊直接或間接參與了慰安所的設置、管理以及『慰安婦』的運送……在許多情況下，的確有誘騙、強徵等違反本人意願的事實，有時是行政／軍事人員直接參與強徵。」

聲明裡也包括承諾「正視」歷史事實，在歷史教材裡提到佔領，倖存的慰安婦分別收到日本首相橋本龍太郎的簽名信，信中寫著：

「我以日本國的總理大臣的身分，再度對所有曾爲所謂從軍慰安婦，經歷極多痛苦、身心負有難以治癒傷痛的各位，表明發自內心的道歉和反省心情。」

一九九五年，日本政府成立亞洲婦女基金會，向慰安婦支付賠償金，但其中有個玄機或說法律技術層面，到現在有些運動人士還是對此不滿。日本提供的賠償金是從民間募款，而不是來自政府。如果這筆錢出自官方，可能會推翻日本與其入侵國之間的各項條約，這樣一來，一九四五年之前因日本軍事行動而受到任何形式損害的任何人都可以再次索賠。為了迅速解決這個問題，日本政府承認一切道義責任，但堅持認為先前的條約已處理了物質賠償的部分。實際上，基金會的行政費用的確來自政府，但大部分資金來自日本民間募款[86]，可說是極為不尋常的公民贖罪行為。幾個月內，基金會支付了四億日圓（兩百八十四萬英鎊），但許多慰安婦拒絕接受該基金會的賠償金，認為日本政府需要根據國際法的條款進一步賠償她們。

多年來，越來越多慰安婦在日本法院向日本政府提出訴訟，通常由日本法律團隊免費扶助。法院承認每一件訴訟中慰安婦主張的真實性，但也判決（很遺憾地）國家賠償問題已經在一九五二年、六五年、七二年之日本與中國、韓國簽訂的條約解決，因此駁回對日

86 其中大約五百萬美金為民間捐款，四千萬來自日本政府。

求償，要不然就是判決超過追溯時效。慰安婦運動人士反駁說，這些條約僅明定中國和韓國不得再控告日本，與個人權利無關。聯合國的說法是，超過追溯時效不適用於「嚴重侵犯人權的行爲」。

雖然如此，這些年下來，日本首相又發表了更多表達道歉和反省的聲明，明仁天皇也在有限的言論範圍內，盡了最大努力爲日本的行動表示懺悔，天普大學日本分校亞洲研究主任傑夫．金斯頓（Jeff Kingston）形容天皇爲「日本的首席和解特使」。

但是，官方道歉和悔意常常碰到扯後腿，並非所有日本政治人物都願意維持悔悟的口吻，特別是最近幾年，執政的自民黨裡有幾位高層人物，無法忍受韓國無止境的謝罪要求，對於慰安婦的歷史證據提出了質疑。二〇一二年，時任首相的野田佳彥在國會中發表聲明，說「沒有證據」證明慰安婦被強行帶走。大阪市市長橋下徹也表示：「如果韓國有這個證據，我很樂於看看。」前東京都知事石原慎太郎說：「賣淫是在困難時期賺錢的好方法，那是慰安婦的選擇。」前首相安倍晉三似乎同意這個觀點，他在二〇〇七年國會演說中提到，「……憲兵並沒有像綁架犯那樣闖入民宅把她們帶走。」其他人則認爲，當時日軍在海外與中國、太平洋地區的美軍、緬甸的英軍正打得如火如荼，不可能還有空閒來安排二十萬名性工作者。韓國女人被帶走時，韓國男人又在哪裡呢？這些人說，是婦女選擇賣淫，而且在許多情況下，管理妓院的是韓國男人。最後這點可能爲眞。到了一九四〇年代，日本佔領韓國已經三十年，韓國人幾乎參與了國家運作的所有層面，包括軍隊。

「誰該負責？妓院老闆，對嗎？」駐首爾的英國記者安德魯·薩蒙告訴我。「而且據我們所知，妓院老闆是日本和韓國民間業者。」我說這種觀點在韓國一定很不受歡迎，薩蒙說沒錯。「如果你質疑這些事，就會被指控爲親日。何必自找麻煩？大家直覺地不想多說或多做什麼。我說了沒事，因爲我是外國人，我可以全身而退，但如果你是韓國人就沒辦法了。」他聲稱他碰過韓國學者不接受慰安婦論述的某些部分，但說他們因爲害怕而不敢講。

不過，偶爾也有韓國學者敢發聲。世宗大學文學科教授朴裕河在她二〇一三年的著作《帝國的慰安婦：殖民統治與記憶政治》[87]提出證據，說有些韓國慰安婦確實自願在慰安所工作，而且有些慰安所是由韓國男人經營。她描述的是更加細微的面向，並沒有否認發

87 劉夏如譯，玉山社，二〇一七年出版。

生過的歷史，但卻被九名前慰安婦以誹謗罪告上法庭，一審判決無罪，之後高等法院改判有罪，朴裕河須賠償一千萬韓元（約合台幣二十七萬）。

薩蒙覺得，日本人對待韓國人的方式，在普遍上「比我們（英國人）對待愛爾蘭人或印度人要好得多」，但近年來韓國人從日佔時期裡「精挑細選了最糟糕的環節，還發明一些新的。」日本人做的不過是其他帝國強權都想做的事情，而且，性工作者受虐是所有戰爭都可見的悲劇，例如德國士兵進軍莫斯科強姦了俄羅斯婦女。不同之處在於，德國軍隊視強姦爲非法，日本將其制度化。

在網際網路比較黑暗的區域，會看到有人說慰安婦問題都是中國的陰謀，目的是削弱韓日之間的關係，進而破壞美國在東亞的勢力。或說這是左派美國人的計畫，目的是讓韓國傾向共產主義中國，不然就說是北韓滲透者在南韓進行煽動，或說整件事都是律師和非政府組織的陰謀，目的是從中牟利。當然了，這些理論和否定都令慰安婦運動人士非常憤怒。

二〇〇六年，六十四位慰安婦共同向韓國憲法法院提出申訴，稱政府未對日本採取進一步行動是失職的表現。她們勝訴了，二〇一五年，日韓再次談判，試圖一勞永逸地解決問題。最後，安倍晉三同意由日本政府撥款十億日元（約五百六十萬英鎊）給倖存的慰安婦，條件是韓國日後不得再舊事重提，並撤走首爾日本大使館外的慰安婦雕像。日本政府在首爾發表了另一項道歉聲明：

「當時由軍方涉及的慰安婦問題，對多數女性的名譽與尊嚴造成深刻傷痛，對此日本政府深痛明白自身的責任。」

如我所見，雕像還在首爾日本大使館外。不僅如此，二〇一六年在釜山又立了一個。日本認爲韓國違反協議，撤回了駐首爾的大使作爲抗議。韓國政府的回應是，雕像由個人豎立，公民事務不受政府控制（換句話說就像日本極端民族主義者的言論和行動）。日本外相河野太郎（諷刺的是他正是河野洋平之子）發表聲明：

「日韓協議確認慰安婦問題已最終且不可逆地解決……日本根據協議忠實地兌現了承諾，我們強烈要求韓國確實履行協議。」

二〇一七年，文在寅在競選活動時，誓言要重新審查二〇一五年的協議。「犯案的日本政府不能說此事已經結束，」他說。「戰爭時期犯下的危害人類罪問題，不能用簡單一句話來解決。我不尋求日本給予我們特殊待遇，我只要求（日本）在衷心懺悔與和解的基礎上，與我們並肩走向未來，這是近鄰如日韓該做的事。」他當選之後，審查的結論是協議有缺陷，因爲沒有與受害者本人進行適當的協商，而且日本的道歉並非「發自內心」。韓國政府解散了日本出資的「和解與治癒基金會」，韓國外交部表示不會重啓談判，至少目前還沒有。

二〇一八年底，韓國最高法院下令日本公司住友金屬和日本製鐵，必須向一九四〇年代早期的韓國工人支付賠償金，注目焦點轉移到日佔時期日本人對韓國人的強迫勞動。安倍首相立即拒絕，指「在國際法之下行不通」，但韓國法院還有更多此類案件在審理中。

韓國政客在選舉前或民調下降時，往往會爲了選票而掀起慰安婦和強迫勞工問題，這些是無論左派或右派韓國人、無論親美或同情北韓都有共識的議題。事實證明了對文在寅有用。他現在民調下滑，經濟也持續停滯，未來很可能會再出這招。

我在首爾與著名小說家和詩人成碩濟見面，他的著作包括《在夾竹桃樹蔭下》（In the Shade of the Oleaner，暫譯），該書已被翻譯成英文。我問他日本多次發布給慰安婦的道歉聲明，裡頭究竟有什麼問題？韓國人似乎把這些聲明歸類爲「如果你覺得被冒犯了，對不起」或是「如果你受傷的話，我道歉」。

「我們覺得他們的道歉不可信，而且每次的用語都不對，」他說。「他們會說『我們認為這是我們的錯』或是『我們應該說對不起』之類的話，這種措辭不會讓我們韓國人滿意。如果不能好好道歉就閉嘴，要道歉的話就應該真心誠意。」

如果腳本由你來寫，日本人該怎麼說？

「可能像是『我們很抱歉讓韓國人承受這麼多苦難，殺害韓國人，以武力佔領韓國，又沒有好好道歉』，然後保證永遠不會再犯。」

對於非韓國人來說，這一切有時令人洩氣。日本明顯已經多次正式道歉，也支付了賠償金。一個擁有一億兩千七百萬人口的國家，一定會有自欺欺人的邊緣聲音，說不定人數達成千上萬，就像德國仍然有納粹分子，俄羅斯還有人緬懷史達林，說不定柬埔寨還有波布（Pol Pot）[88]的粉絲，誰知道呢。日本人還要做多少才夠？慰安婦運動人士會滿意嗎，或是又想辦法延續爭端？

根據日本民間非營利智庫「言論ＮＰＯ」在二〇一八年對日韓兩國抽樣一千人進行的

88 前赤柬時期獨裁統治者，以種族滅絕手段造成約兩百萬人死亡。

民調，只有百分之一點一韓國人認爲慰安婦問題已解決，近半數韓國人認爲需要「更多討論」。相比之下，二〇一六年皮尤研究中心進行的一項民調顯示，半數以上日本人認爲日本道歉夠了，有百分之十七的人認爲沒有必要道歉，這一數字在過去十年中沒有太大變化，表示奉行強硬路線的人很固執，但屬於少數。不過，覺得道歉不夠的日本人比例在過去十年幾乎減少了一半，從百分之四十四降至百分之二十二。

看來日本的溫和派對這個問題失去了耐心。局外人沒有資格告訴韓國人要放下，但大多數台灣人、菲律賓人、越南人、緬甸人和新加坡人都放下了，就此而言，上個世紀遭到德國、俄羅斯或美國入侵的人大多也放下了。但是一跟韓國人討論到這點，每當我提議他們可以用寬宏大量的態度來看這件事，我都會感覺到他們內心深處有些激動，好像一盞燈熄滅了，他們的肢體語言改變，我感覺到氣氛的變化。在我拜訪「分享之家」之前，我不明白是怎麼回事。

我站在一個「慰安所」裡，一個陰暗沒有窗戶的小木屋。牆上掛著兩排小木片，就像傳統日式居酒屋那樣。在居酒屋，木片上寫的是菜單選項。在慰安所，上面列的是慰安婦提供的服務。

這個依實景複製的房間是日軍性奴隸歷史館的一個展間，歷史館位於首爾以南一小時路程的京畿道光州市，附屬於「分享之家」，也就是倖存慰安婦安養機構。

「還有，你注意到那個臉盆嗎？」負責管理歷史館的全浩哲（Jeong Ho-cheol，音譯）問我。「它有實際用途，完全不是爲了這些女性方便而設置。女性被強姦後，要用臉盆清洗強姦犯的生殖器，還得把避孕套洗乾淨，這是當時實際使用的避孕套……」他指著旁邊的玻璃展示櫃，裡面陳列著一塊乾巴巴的橡膠。

有些慰安所容納十名女性，有些有一百多名。女性每天通常得提供性服務給四十多名男性，他說。早上士兵，下午士官，傍晚七點至八點之間是軍官，晚上十點是指揮官。「你能想像一天要與四十多名男子從事性行爲嗎？」全浩哲問我。「根據一名婦女的證詞，她服務了十名男子之後下體非常疼痛，因此拒絕再繼續，但是慰安所負責人把她的腳綁起來逼她繼續。」他說，這樣的故事還有很多很多，結局往往是女性因痛苦不堪而自殺。

例如他告訴我，大約三十五名女性從韓國被帶去巴布亞紐幾內亞服務佔領當地的日軍，半數婦女在旅途中喪生，倖存下來的人有一半在慰安所死於疾病、墮胎失敗、外傷或自殺，戰後只有七個人回到家。

全浩哲告訴我，住在分享之家的慰安婦（在這裡用「阿嬤」〔할머니，har-meo-ni〕來稱呼）年紀都八十幾或九十幾歲，大多非常虛弱，許多人還受監禁時留下的傷痕所苦。

分享之家位在寧靜山坡地的樹林間，附近有番茄田和稻田。園區中心是一個小型露天劇場式開放空間，周圍陳列了現任和前任居民的青銅胸像，其中包括金順德，她的畫作〈來不及開花的蓓蕾〉是慰安婦運動的象徵。還有金學順，第一位出面作證的婦女。朴頭理出生於一九二四年，是日本下關地方法院的原告之一，二〇〇〇年在日本法院提告要求正式道歉和賠償未果。在圓形劇場下方的歷史館內，訪客首先看到一張標示所有慰安所的地圖，從日本、韓國、延伸到中國，再到泰國、緬甸、馬來西亞、印尼和菲律賓，甚至遠到最南邊的巴布亞紐幾內亞。據歷史館估計，慰安婦總人數在五萬到三十萬人之間。館方人員說，來到分享之家的訪客有四成是日本人。

目前的居民之一是李浩善，她於一九二七年出生在釜山，家境貧窮，所以沒有上學。一九四二年時她在飯店工作，被兩名穿著平民服裝的日本男子帶到中國東北部延吉市。「那是連做惡夢也想像不出來的情節，」她在電視紀錄片中回憶道。「坐火車的路上都不知道要去哪裡，我們沒有像大多數女孩那樣直接被送進慰安所，我們被抓了之後，先送往另一個地方做工。」勞動很辛苦，女孩們都受不了，有些人才十一歲。日本士兵說會把她們送回家，結果她們卻進了一間慰安所，接下來三年，她們就在不同慰安所工作，一直到戰爭結束。

李浩善描述慰安所「像屠宰場一樣」。她認識許多年輕女子都跳崖自殺了，有一個人割了自己的喉嚨。在那三年中，她因為梅毒接受了幾次注射治療及汞蒸氣治療，造成她無法生育。戰後，她留在中國吉林省，與一名被徵召入日軍的韓國男子同居。內戰開打之後，男子被徵召加入中國軍隊，李浩善隨同婆婆搬家。她再也沒有見過丈夫，但後來再婚。李浩善於二〇〇一年回到韓國，居住在分享之家。

我想見見李浩善嗎？全浩哲問我。他指著山上稍遠處的安養院。途中，我們經過一個大型老婦人雕像，她的腰部以上裸露，腰部之下在地面裡，彷彿陷入流沙。

這裡看起來像普通的養老院，扶手椅靠著公共客廳的牆邊擺著。兩名老婦人在客廳兩側獨坐，沒有說話。館方帶我去見其中一位，她是李浩善。她彎腰駝背坐著，助行器架在面前。她閉著眼睛，下巴垂在胸口，看起來非常虛弱。館方跟我說，她過去幾天只能吃流質食物，沒辦法消化更多東西，而且她身上很痛。她穿著紫色褲子和淡紫色上衣，沒有穿鞋，滿頭銀髮。身體還行的時候，李浩善去了世界各地，現身說法「阿嬤」遭逢的苦難，她在德國與大屠殺倖存者見面。她去東京作證，她向加州聯邦法院提交宣誓陳述書，阻止拆除洛杉磯格倫代爾的慰安婦雕像。

一位女性護理員蹲在她旁邊解釋我是誰。我猶豫著不想打擾她，但護理員點頭示意我說話。我感謝她抽空見我，並對她目前的狀況表示同情，然後我問她是否有話要跟日本人說。

我的問題經過翻譯，李浩善的眼睛彷彿亮了起來。她說話時臉上又有了生氣，護理員翻譯了她的回應：

「首先，我要求道歉，我不想沒等到（日本）政府道歉就死。我對日本人民沒什麼話要說，他們不是壞人，對我做出那些事的是政府。我只想要政府道歉。」她曾說過要日本天皇跪在她面前道歉，她才會滿意。她現在還這麼想嗎？李浩善又沉默下來，閉上眼睛的同時，似乎微微地點了點頭。

12 非軍事區（DMZ）

第二天，我開著 Kia（有時我開有時它開）從首爾往東出城。在高速公路上，替車隊開路的摩托車警察出現在我旁邊，有一度我以爲是不是我的自駕車檢舉我犯了什麼小罪。但他們只是揮揮手，要我讓路給剛當選的總統文在寅。我後來看晚間電視新聞才知道，原來在雨中從我身邊開過去的防彈凱迪拉克休旅車隊裡頭，有一輛是他的座車，他正前往平昌爲幾個月後開辦的冬季奧運會展開倒數計時。

我在原州的飯店過夜，這是個擁有高速公路和高樓大廈的繁華城市。雨下了一整天，我從飯店房間窗戶看到高爾夫球場上孤零零的一個人，站在兩英寸深的水坑裡推桿，活生生體現韓國人的決心。

第二天早上，我開上東海岸路，結果這是一條絕美的海岸公路，蜿蜒穿行於左邊層層懸崖和右邊的巨浪之間，山上有軍事監視點，海邊偶爾可見誘人的新月形沙灘。日本人用摩天輪和水族館來點綴度假勝地，韓國人則喜歡可怕的高空滑索。西海岸的泥漿節就有一個，我現在開車經過另一個，看起來有一公里長、三十公尺那麼高。看來韓國人喜歡驚險刺激的玩意兒。

這讓我想到今天的目的地，非軍事區（ＤＭＺ）。這是南北韓之間的無人區，寬約四公里，長度綿延兩百四十八公里，從西邊黃海海岸一直到東邊江原道日本海沿岸。我聽說從東海岸可以自行駕駛到邊界，這聽起來比從首爾出發的巴士一日遊更有意思。

接近ＤＭＺ中，我先抵達「統一公園」，一個位在海邊的戶外展覽空間，這裡擺了十一名脫北者在二〇〇九年逃離北韓所使用的木船，以及一艘在一九九六年九月於當地海岸攔截到的北韓潛艦，以支架固定在岸上。在這艘漆成紅綠色、生了鏽的冷戰戰利品旁邊，有個告示牌說明「該事件令人震驚並引起公憤」。當時北韓滲透者從岸上發出信號，呼叫潛艇接近，它擱淺之後被當地查獲。內部空間驚人地侷促，各式金屬物件就在視線高度，頗為危險。我注意到某些設備附有英語標示。

再往前走，還有一間陳設了更多北韓戰利品的軍事博物館，例如從潛艇滲透者身上查獲的間諜設備，包括日本相機、雙筒望遠鏡和口糧，以及一個主題直截了當的展覽，介紹越南和德國等統一成功的國家，我離開的時候有種不安的感覺。北韓這個國家有許多英式喜劇片情節般的事蹟，例如髮型要由國家批准[89]，朝鮮中央通訊社二〇一二年報導找到獨角獸洞穴，金正日打高爾夫球一天之內一桿進洞十一次……但該國兩千五百萬人口在過去幾十年裡，一直生活在駭人聽聞的狀況，例如一九九〇年代初期，據信有兩百萬人因爲政府拒不妥協而死於飢荒。儘管北韓如今經濟成長率約百分之四，許多人仍然生活貧困，大多數人民沒有自由。而且，如果北韓政權的「主體思想」受到威脅，他們會立刻對鄰國大開殺戒。北韓軍隊人數爲全球第四，也是核武國家。

抵達ＤＭＺ之前的最後一個城鎮是高城，軍事哨站開始有武裝人員駐守，海灘上架設了刮刀刺網。我在高速公路旁瞄到一個路標，不敢置信地又看了一眼，上面確實寫著：「往莫斯科，待建……」（To Moscow. To Be Continued...）一九九〇年代晚期陽光政策時代，南北韓之間傾向於建立「交易」關係，當時的確希望沿海的七號公路能連通北韓並貫

89 男女各有十五種可選。

穿俄羅斯，創造出一條從莫斯科到釜山的泛亞洲公路。這事還是有實現的可能性，因爲當前文在寅政府正以前所未有的速度與北韓建立良好關係。目前，旅客還是得從附近的束草搭乘渡輪到海參威。

到邊界的最後幾英里依然有人煙，田裡有農民在耕種，海邊有住宅大廈，也有軍事基地。空中多得是蜻蜓，飛濺在我的擋風玻璃上。在進入邊界前的最後一個隧道口，巨大的混凝土砌塊立在高速公路兩側，或許是緊急時用來推倒，以阻擋進攻的士兵。

我終於來到軍事檢查站。兩名很有禮貌的年輕士兵望向我搖下的車窗口，發現我不是韓國人，給了我一張護貝資訊卡，上面寫著：「您有申請表格嗎？」我不知道我需要申請表格，我沒打算去北韓，我開玩笑說。他們板著臉，說我必須調頭，原來我錯過了海岸公路六英里前的安全教育中心。去了之後，我發現那是一個讓遊客掏錢的設施，我付錢出示我的護照，塡寫表格，瀏覽紀念品（賣很多人參），看了一部有關韓戰的宣傳片，然後開車返回檢查站。這次，守衛給了我一張「入場證」和進一步指示。我必須「關閉我的黑匣子」（我知道我車上一定有，但我不知道要怎麼關閉它），路上看到軍車絕對不能超車，看到軍事裝置不能拍照，開到DMZ之前不能停車。

我現在進入一個沒什麼車流量，建築物也極少的詭異地區。不過，仍然有一個落單的農民，在大片刮刀刺網包圍的田地裡工作。我去了一間龐大又豪華的DMZ博物館，展示櫃裡陳列著爲投奔自由而喪命的北韓人遺下的物品。展示的舊雜誌封面令人想起偏執反共時期，我在一九七〇年代長大，印象很深。《世界週》（World Week）封面標題寫著「在紅色巨人的魔爪下」，底下畫了一副鎧甲手套，從共產中國伸手抓住朝鮮半島。其他還有多年來南北韓各自空投的宣傳單，上面有許多穿著清涼的年輕女性，要傳達的訊息是：「這裡的生活比較好」（對男性而言）。也有一封給美國士兵的言之鑿鑿的信，北韓在戰爭期間某個聖誕節空投的。信以友好的口氣開頭：

「祝您聖誕快樂，新年快樂，我們還有話想跟您說。

「您在韓國，與親愛的人相隔千里，三年前的您甚至沒聽說過這個國家……您被告知是來這裡阻止『共產主義侵略』，但是您親眼看到的是什麼？韓國人在自己的國家戰鬥，中國人在附近忙著保衛自己的邊界。這兩個民族從未想過入侵美國，是美軍帶著炸彈、凝固汽油彈、細菌和其他大規模殺傷性武器來到這裡。」

說得眞有道理。

我繼續逛到一個很有趣的展間，介紹過去六十五年裡在無人的DMZ蓬勃發展的野生生物（每朵雲……）[90]，還有一個區域介紹爲南韓作戰的其他海外軍隊（包括近六千名英軍）。禮品店裡販賣我剛開車經過的當地農民生產的農產品，這裡是蕎麥種植區，因此販賣穀物、麵粉和麵條，擺在復刻制服和獎章旁邊不太協調。

博物館之後再開最後幾英里，就進入DMZ了，山上有個觀景台，可俯瞰無人區的海岸。川普垂涎三尺得沒錯，這確實是不可多得的高價值房地產，非常適合蓋公寓和賭場。邊界以北看似無人居住。我高高地站在山上，與幾個韓國人一同用付費雙筒望遠鏡俯瞰遠方海岸，遙遠而顫抖的政宣聲音從北韓方向的擴音器飄過來，一種詭異而憤怒的咆哮。我問身旁遊客他們在說什麼，但她只是咯咯地笑著跑走。

不知道富裕民主的南韓人是怎麼看北韓。優越感，默默嚮往，還是同情？北韓那邊唯一可見的文明跡象是遠處山頂的瞭望台，但南韓此刻正在建造一座時髦新穎的天文台。我想了想，這對統一的前景可能不是什麼好兆頭。

90 英諺：「每朵雲都有一條銀邊」，比喻再怎麼不幸，總歸會有好事出現。內戰衝突造成非軍事區，無意間促成野生動物復育。

旅途至此，我要坦誠一件事：這是我最接近北韓的一刻。雖然說去了北韓就是成就解鎖，但我去的話，會像所有外國遊客一樣受到嚴格監控，我無法隨意跟有意思的人交談，也不能學到新的東西。爲了誇說去過北韓，還得交出幾千英鎊給這個可怕的政權，因此拜訪北韓是個道德問題。南韓以整容手術出名，北韓則以壓迫人民爲世界所知。無論是在海外暗殺政敵、將數十萬本國人民送進勞改營和再教育營、公開行刑、輸出奴工（例如去卡達蓋世界杯體育場）、有系統地壓制人民生活和思想，平壤政權的暴政是全面性的。但我不去北韓，道德原則只是部分原因，如果要我老實說，或許還是藉口。如果我當時去了，那可是早於二〇一八年，在美國、南韓、北韓關係和緩之前，在文在寅總統向金正恩示好之前。現在，誰都去過北韓，麥克・培林[91]就去過。我不去北韓，主要是因爲不想讓我的腦袋變成一碗蔬菜湯，像可憐的奧圖・瓦姆比爾（Otto Warmbier）。這位美國大學生參加旅行團去平壤，被控從旅館偷走政宣海報，在二〇一六年一月被逮捕。他被送回美國時已陷入昏迷，回國後不久去世。美國因此禁止國民去北韓，我單方面把禁令延伸到英國國

91 Michael Palin 是英國喜劇六人組蒙蒂蟒蛇（Monty Python）成員之一，近期多主持深度旅遊節目。

民。

走回車子的路上，我經過一塊上面寫著「統一宣言」的紀念碑，由某志工協會在二〇一〇年八月韓國光復節六十五週年紀念時設置的。宣言內容從分裂的朝鮮說起，並問道：「為國捐軀的先烈在（一九一九年）三月一日宣布獨立，難道現在的局面是他們樂見的？……事實是到了今天，我們依然舉槍對著自己的人民。」

從殘忍無情的DMZ到一個滿是陽具的公園，不算順暢的轉場，然而我是到了這個南返車程兩小時左右的陽具公園，才終於愛上韓國人。

陽具公園所在的漁港屬於新南小鎮，大約在南韓東海岸線以北三分之二處。公園眞正的名稱是海神堂公園，但這個位在山頭、佔地遼闊、充滿林木、到處塞了巨大男性陽具的公園，除了叫它陽具公園之外，還能叫什麼？所有的陽具都昂然挺立，有些高達數公尺，大多數有著驚人的細節，但睪丸倒不是必備。有些雕像不以構造逼眞取勝，反而雕上了臉孔，有些有兩個以上的頭，其中一個雕像看似噴射出威爾斯親王的羽毛[92]。有些木造，有

---

92 威爾斯親王（Prince of Wales）的紋章設計是一頂王冠圈住三根向外的羽毛。

些石造，還有一個是青銅雕像。最大的那個肯定是玻璃纖維。

這個公園讓我最喜歡的是它的氣氛。走到哪裡都能聽到爆笑聲，大多是女性遊客在笑，男性裝作靦腆，但也一起笑。有個和一群女生出遊的男生假意掏出自己的小弟弟，彷彿是說「你們看這些雕像做什麼，我這邊就有眞正的」，我捂著眼睛假裝驚嚇，靜了半晌之後又是一陣爆笑。

這一切實在有點矛盾，因爲據我所知，韓國社會非常拘謹，絕少看到這麼露骨的公開展示。色情是禁止的，我去哪都沒看到情趣商店（我並沒有在找，補充一下）。電影裡關於性的內容都被查禁，就連香煙也要打馬賽克。婚外情在南韓到了二〇一五年才除罪，婚前性行爲還屬於小衆。墮胎最高可入獄一年，從一九五三年就如此。話雖如此，卻有這個陽具公園。

南韓和中國一樣，對性有專制的潔癖。二〇一六年，中國政府甚至禁止在網上「挑逗地吃香蕉」。日本人對性和色情則抱持相當健全和開放的態度，從經典的「春畫」（浮世繪春宮畫）（最有名是一八一四年葛飾北齋「章魚與海女圖」，描述女子遭到章魚蹂躪），到電車站垂手可得的色情漫畫雜誌，主流電視節目也能繪聲繪色地討論性，但奇怪的是色情片不可露毛，要打馬賽克（這我聽說的）。

性規範在韓國也在改變，特別是年輕人和城市人。情趣旅館隨處可見，跟日本一樣，主因是韓國年輕人大多數還住在家裡。丹尼爾・圖德在精彩的《韓國：撼動世界的嗆泡菜》[93]也寫到「包廂」文化（booking），去夜店的男女可透過給服務生小費，開包廂來認識朋友，有點像極速約會（speed dating），「……開包廂之後常常接著就是一夜情……『包廂』文化帶有傳統韓國元素，亦即透過服務生來介紹認識，但現代版本代表韓國年輕人在性方面更加開放。」

陽具公園裡許多雕像都有圖騰柱的風格，陽具疊在陽具上，也有陽具風鈴，甚至公園椅也是陽具造型。但由於這裡離DMZ那麼近，第一名當然要頒給軍事主題的陽具，一個三公尺長的棒子架在兩個輪子中間，像個巨大的加農炮，後面站了三個「士兵」陽具，彷彿準備點燃導火線。

越往懸崖上走甚至越奇怪，我看到九個白色石造陽具圍成半圈，中間有兩個怪怪的看

93 胡菀如譯，聯經，二〇一三年出版。

起來像陰性、倚靠在地的陽具。每個站著的小弟弟都有兩公尺高，上面的雕刻如中國生肖。園區最高處還有一間博物館，相當認眞地從民族誌角度介紹世界各地的陽具藝術。

其中一個展間說明了公園的由來。從前村裡有個處女，經常坐在海邊石頭上等漁夫情郎返航，但某天不幸被暴風雨捲到海裡而身亡。自從這件（老實說很容易避免的）悲劇發生之後，漁民再怎麼努力也打不到魚，一直到某位無私的地方男性對著大海打手槍，魚群終於回來了，爲了討魚神還誰的歡心，村民便蓋了這座公園。我想，這可以算正宗的韓國無稽之談了。

13 首爾 VII

婊子餓了，她有話要說
給她點甜頭，讓她滿足
巡迴還沒結束，還有地方要走
我得離開，登台時候到了
我來了
如颶風讓你猛烈晃動
我來了
如颶風讓你猛烈晃動
〈如颶風讓你猛烈晃動〉，天蠍樂團

別以爲我去了陽具公園之後，腦子裡就沒別的東西。當我抵達首爾戰爭紀念博物館前面的廣場，這首辛辣的重搖滾歌曲正從擴音器大聲放送。

首爾憲兵摩托車儀隊來到廣場，哈雷機車列隊穿越博物館戶外展示區的軍用車輛、坦克車、船隻和飛機，引擎咆哮，藍燈閃爍，然後展演交叉穿越廣場的複雜隊形。

看過這樣振奮演出，再進室內逛博物館，或許會有落差，但這間博物館規模龐大，充滿了有趣的展品，而且非常完備，從壬辰之戰和李舜臣將軍，到獨立軍在日本佔領期間的戰事，當然也涵蓋了一九五〇年到五三年韓戰。館內有個電影院，本週將放映《桂河大橋》。但我懷疑韓國紀念國際戰事的方式是否跟別國不太一樣，因爲館內還設有一個結婚禮堂。

我在館內待了幾個小時，透過韓國人的眼光回顧過去一世紀的事件。很明顯日本人是壞人，再次被指控犯有種族滅絕罪。而且，韓國是在一九四五年憑一己之力將日本趕出朝鮮，美國人聽到應該會吃驚吧。「韓國人民爲恢復國家主權和獨立，長期奮戰，最後成功地把日本帝國主義者趕出朝鮮。」

朝鮮半島當下的局勢則怪罪給中國，因爲中國挺金日成，干預了朝鮮半島統一。令人不安的是，博物館最後給的訊息是目前的衝突「應被視為一場未完成的戰爭」。

美國除了沒被視為終結亞洲戰爭的功臣，倒是得到了很高的評價。但我邊喝飯後咖啡邊看著哈雷機車騎士的同時，又開始玩怪罪遊戲。當然要先從日本責怪起。要是沒有日本干涉，二十世紀韓國情況會大大不同。也許朝鮮半島會獨立，形成現代化主權國家，但它也可能被俄羅斯併吞，或甚至被中國併吞。一九一〇年，日本併吞朝鮮，成千上萬朝鮮人逃往中國，其中包含幼年金日成的父母。一九三二年時，金日成參與爭取朝鮮獨立的戰役，日本人俘虜並殺害了金日成的妻子金慧善（Kim Hye-sun，音譯）。資深韓國評論家布魯斯・康明斯（Bruce Cumings）指出，日本人徵召朝鮮人與金日成和反抗軍對戰，是當今朝鮮半島對立如此深的主要原因。日本人讓朝鮮人自己打自己，維持佔領勢力，所造成的仇恨到今天在各方面都看得到。

一九三〇年代及四〇年代，打擊金日成反抗軍的部隊所需彈藥來自某間工廠，這間工廠的負責人也經手朝鮮強迫勞動計畫，他的名字叫岸信介。戰爭結束後，岸信介一度被列為甲級戰犯，但他後來創立了自民黨，並兩度擔任日本首相。他也是現任首相安倍晉三[94]

94 安倍晉三於二〇二〇年因病辭職，目前日本首相為菅義偉。

的外祖父，這並非巧合，安倍傳承外祖父的香火，修改日本憲法以期擁有合法軍隊。康明斯在近期《倫敦書評》一篇文章中指出，二〇一七年四月安倍在佛羅里達州海湖莊園與川普總統用餐當晚，金正恩向北海道方向測試導彈，這是「直截了當的訊息，」康明斯說。「金日成和岸信介藉由孫子再次相遇，」這種命中注定的對稱，就算寫在小說裡也會被認為荒謬。

美國也得為一九五三年朝鮮半島分裂承擔部分責任，而且三十年來還持續支持統治南韓的歷屆軍事獨裁者。二戰後，美國人不走透明正義與和解程序，反而利用日本訓練出來的統治階級，來協助治理韓國，包括朴正熙在內。正如麥可．布林跟我說的，「美國人……他們才不在乎日本佔領的事，那都已經是歷史。至於那些與日本合作過的人才，美國人覺得『反正之前你們聽命於日本，現在就聽命於我們吧，』美國人發現這些人很好用。」許多人也指出，戰後美國在東京審判所做的決定，就是未能解決日本戰爭罪和贖罪問題的一個因素，尤其是對裕仁天皇的保護。

原子彈落在長崎的第二天，美國陸軍上校迪安．魯斯克（Dean Rusk）在相當於北緯三十八度線之處劃下著名的一條線，從此將朝鮮半島分為南北兩部分。美國人擔心成千上萬的朝鮮抵抗游擊隊（包括金日成）會與俄國並肩作戰，因此派出兩萬五千名士兵至朝鮮，並提議由前任盟國美俄來監督五年過渡期，最後再由聯合國推動民主選舉。俄國反對，於是，一九四八年由魯斯克隨隨便便畫出來的北緯三十八度線，就此成爲永久分隔線，當初誰又能料得到呢。

目前公認的史觀是，北邊受到美軍撤退的鼓舞，於一九五〇年六月二十五日凌晨四點，在俄國坦克的支援下向南邊進攻。儘管是主動進攻，情勢一開始仍在美軍掌控之內，美軍並向北推進準備統一朝鮮半島，一直到麥克阿瑟將軍的部隊抵達中國邊境的鴨綠江，中國共產黨認爲非得加入北韓一齊作戰，先放下了逃往台灣的蔣介石和中國國民黨。金日成派飛機送信向毛主席求助，在中國和俄國之間挑撥離間，這後來成爲他一貫的伎倆。不到兩週內，中國軍隊進入北韓，在接下來的兩年半中，中國士兵在戰場上傷亡人數最多：九十萬名中國士兵死亡，相較於北韓的五十二萬。

毀滅性的僵局肆虐了兩年半，超過三百萬人喪生，套一句魯斯克的名言，美軍轟炸了「北韓能移動的任何東西，一切成了廢墟。」戰爭以一九五三年停戰作結，但敵對行動仍以各種形式持續。北韓四次企圖暗殺南韓總統，並於一九七四年在首爾國家大劇院的大廳中暗殺了朴正熙總統的妻子，也就是朴槿惠的母親陸英修。偏執反共主義時代在南韓一直持續到一九八〇年代後期，只要一丁點被懷疑同情共產主義或北韓，都會遭到監禁和酷刑。

一九七六年，第三次世界大戰差點因爲在ＤＭＺ的園藝活動而爆發。一群美軍士兵被派去修剪一棵八十英尺高的楊樹，因爲它擋到聯合國觀察員的視線。北韓聲稱這棵樹是金日成親自栽種，因此是神聖的樹，他們對這次樹木侵略表示不滿，用斧頭殺了兩名士兵，結果導致了大規模軍事行動，涉及二十三輛軍車、二十七架直升機、核彈轟炸機、多架F-4及F-111戰機、一艘航空母艦和一支由樹木專家組成的精銳團隊（包括當時正在服役的未來總統文在寅）。他們再次修剪樹木，這次只留下一截樹幹，要北韓知道他們不是開玩笑的。

但北韓最著名的襲擊當屬一九六八年一月的「青瓦台突襲」。這是一項膽大妄爲的企劃，北韓派出三十一名士兵準備砍掉朴正熙的頭，刺客逼近到離總統府不到八百公尺處，大多數人被殺或被俘，但據信有一名士兵逃回北韓。

兩國關係的最低點可能是一九八七年，當時大韓航空八五八班機在空中爆炸，犯案的北韓特工金賢姬隨即被南韓逮捕，她首度確認了北韓長年來從日本海岸或漁船綁架日本公民。在此之前，這件事一直被認爲是都會傳說。

我很好奇南韓年輕人對北韓以及七十前事件的看法。他們跟北韓人有什麼樣的關係？據一位跟我在首爾咖啡館聊起來的學生的說法，答案是「沒什麼關係」。「現在年輕人對戰爭幾乎一無所知，」他告訴我，我揚起了眉毛。「是眞的，那些事距離年輕人的日常生活太遙遠，幾乎沒有人知道我們（跟北韓人）屬於同一民族。」

一位書寫韓國的作家博耶・拉斐特・德・門特（BoyéLafayette De Mente）在他的《韓國思想》（The Korean Mind，暫譯）一書中聲稱，南北韓之間的分裂，早在日本人抵達之前就存在：「事實就是從歷史觀點來看，北韓和南韓因爲不同意識形態和社會鴻溝，早就處於分裂狀態，甚至兩邊表現得像是不同的國家。」幾個世紀以來，一直都是南方精英在統治北方，而且雙方之間一直有戰事。

跟我聊過的所有韓國人，不僅是年輕人，似乎都接受了這個具威脅性又擁核武的鄰居，有點像住在斷層帶上的人接受地震的威脅。「大家有應對機制，已經免疫了，」一名本地人跟我說。

這種麻木感如何影響人們對統一的態度？在二〇一八年兩國關係緩和時，金正恩跨過DMZ界限，與文在寅握手，統一（無論是什麼形式）是潛台詞，亦即有朝一日南北韓會在一個政府之下統一。但實際上會是什麼樣子？

如果南北韓再次統一，麥可．布林的坦率評估如下，「第一天，放煙火，有線電視新聞網（CNN）現場直播。第二天，可憐的北韓人進入社會階級最底層。」他的書引述一位相識的韓國外相助理大臣，私下跟他表明對南北韓統一的態度：「他俯身過來，越過我們的咖啡杯，緩慢而清晰地說，『我們……不想……和……北韓……統一。』但在受訪時，這位官員表示：『韓國人是分裂的民族，我們的目標是再次成為一個國家。』」

人們當然關心統一，但是沒有實現統一的動力。我的感覺是，大多數韓國人把北韓當作一個無限期晚點再說的問題，而不是有朝一日要團聚的另一半家人。他們並沒有將統一視為機會，即使對於這個擁有八千萬人口的國家而言，統一能帶來明顯優勢——經濟規模增加，多了廉價勞動力，韓國也會成為中、俄、日之間關鍵的陸路連接。很多人說想要統一，但他們沒有明確的藍圖，」青年記者朴世浩說。「此外，他們不希望統一發生在自己有生之年。我的意思是說，統一聽起來和諧美好，但是一定會帶來許多動盪，我們這一代人都不想為此付出代價。」不然北韓送給中國好了？我問。「不行！我要那邊的土地。北韓有很多自然資源，我們也需要空間。」

統一的機制和時間表都不清楚。「如果快速發生，對韓國來說一定是災難，」首爾大學經濟系教授朴相因說。「我們必須先縮小差距再實現統一，目前南北韓差距遠比東西德之間還大。北韓比東德更加孤立，因此不只有經濟鴻溝，還有人與人之間的交流也是問題。」

或許統一不太可能發生的主要原因，是許多強權將會損失慘重。軍工業集團將遭受巨大損失，文在寅總統在二〇一八年四月與金正恩會面時，美國洛克希德・馬丁公司（Lockheed Martin）股價急劇下跌。日本也不希望南北韓統一，因為這會使韓國更加成為經濟和軍事上的威脅。中國大概也希望朝鮮半島維持分裂，這樣才能威脅首爾，要平壤承擔責任，並且把美日擋在外面。而且，美國及西方國家把南韓視為亞洲地區盟友。

有關韓國人自己對於統一的矛盾情節，我看到一個最有說服力的統計數據。兩國領導人面對面對談時，對談在網際網路上關鍵字熱搜排行第十，在不同男女演員的名字、男團、隔天天氣和大學錄取率之後，這些就是韓國人在網上搜索的內容。他們對於北韓議題沒什麼興趣。

14 仁川

仁川位於首爾市中心以西約一個小時，我在韓國的時間就到這裡結束。我選擇繼續我的「慢速旅行」，乘坐每晚從仁川出發的渡輪，十八個小時之後，我將抵達中國海岸城市青島。

但我在仁川還有一個白天可以閒晃，我聽說這裡跟橫濱一樣，有大量中國人。一個多世紀以來，這裡一直是來自山東省的中國移民主要入境口岸。雖然仁川也是一九五〇年聯合國部隊的登陸地，小小的華人街還是倖存了下來，地點靠近港口，有許多博物館和餐廳。這是個沉悶、昏暗的週一傍晚，空氣裡瀰漫著煙霧，聞起來有微微的水溝味，雖然四層樓高的中國餐館亮著燈有如遊樂場，仁川的華人街是個相當荒涼的地方。

我在其中一間中國餐館點了一碗炸醬麵。這是仁川華人街的經典麵食，甚至有自己的博物館，我在裡頭得知炸醬麵是一八八〇年代中國勞工引進的。在當時，炸醬麵是便宜、快速又能填飽肚子的勞工飲食，在海港邊的路邊攤販售。隨著時間過去，加入了韓國風味發酵大豆醬，到了一九五〇年代，不知爲何也加入了焦糖，通常還配上大量的韓國配菜——醃菜、發酵蘸醬和泡菜。

一八八〇年代，韓國開放對外貿易，日本與中國大清的特許經營處在港口比鄰而居，兩者之間有石階分隔開來，石階到現在還在，現在上面新增了青島市捐贈的孔子雕像。仁川也保留了國內最大的殖民前日式建築聚落，大多是銀行的建築物，我走在其中，有一座具有新古典式圓頂的堅固花崗岩建築，歷史可追溯至一八八三年，這是日本銀行仁川分行，韓國第一家現代金融機構。另一間舊日本銀行則改成了現代建築博物館。「日本街」還有一些傳統日式建築，包括一些木造商店，讓人聯想到京都的町屋。舊的英國領事館也在這裡，現在改裝爲百樂達斯酒店（Paradise Hotel）。

第二天，我服用了搭船必吃的強效暈船藥之後抵達港口。擁擠的候船室裡，排在我前面的人很多，但氣氛愉快而友善。同行的乘客大多是中年推銷員和貨車司機，似乎是很好相處的一群人。宣布登船時間到，乘客走上甲板，個個都帶著搭渡輪特有的緊張刺激感。

上船之後，事務長帶我去我預訂的無窗艙房。狹窄的房間兩邊各有一張床，門的旁邊有個很小的廁所和淋浴間，房間的盡頭是桌子和長凳。艙房裡放滿了紙箱，一個破舊幾乎爆滿的黑色手提箱，用繩子捆著，八成是我同艙室友的。

這艘渡輪跟我所知道的渡輪都一樣，是在一九七四年左右用乙烯基、聚酯纖維和特拉綸東拼西湊而成的。所有東西的表面都覆蓋一層汙垢，到處散發著發酵的氣味。你絕對不會想赤腳走在地毯上，甚至最好是穿上危險物品防護裝，還有那種登月用的鞋子。

我放下行李去外面探索。船上通話系統在播木匠兄妹的音樂，我開始懷疑我是否不小心買到七〇年代主題的船票。船上有一間便利商店，賣很多種泡麵和罐裝加倍佳（Chupa Chups）草莓汽水。我在某一層甲板偶然發現了一間寬敞的開放式宿舍，地板上擺著成排的床墊。如果我的室友會打呼，或許可以考慮搬到這裡。我檢查了自助餐廳，裡頭提供米飯和各式裝有半液狀紅色物質的餐鍋。我後來試了一點那些紅色的東西，辣到我的嘴裡脫了一層皮。

渡輪準時從下著細雨的仁川出發，從三星建造的通往機場的巨大吊橋之下慢速通過。我走到渡輪最上層，站在一個像小巴排氣管一樣冒出濃濃黑煙的煙囪旁，頭向後仰，望著橋底下，實在令人讚嘆，我不禁懷疑此時的我是否應該坐在計程車裡過橋去機場才對。

不過海面相當平靜，令人慶幸。躺在床上，我被輕輕地來回搖動，不過夜裡被室友誇張的磨牙聲和間歇性的尖銳聲音吵醒好幾次。我從最上層甲板漫遊回房，室友已經在裡頭。他姓董（Dong，音譯），來自北京。他以複雜的手勢向我解釋，他的工作是鋪浴室瓷磚，或養駱駝，或經營默劇工作坊，以上都有可能。我對於紙箱裡的東西還是一無所知，但我猜他是在韓國做生意。那薩德呢？我問，比了個被擊落的火箭。我用手指比劃出火箭軌跡，他的視線隨著望向天花板，然後焦急地瞥了一眼門口。這時他大概覺得我要不是在航太工業工作，不然就是恐怖分子。我試了其他手勢，但從他的角度來看，我發現我比劃的「寫作」可能也被誤會了。我改成比「打字」，現在他覺得我是鋼琴家。

我們爲了誰先去洗手間準備就寢而尷尬地跳了一支舞，最終還是熄燈上床。但我睡不著，怎麼可能睡？我穿著內衣褲和一個陌生男子關在一個盒子裡在海上漂著，他認爲我是個會彈鋼琴的恐怖分子。凌晨三點左右，我突然意識到：「我正在搭乘慢船前往中國。」我不知道這是否什麼靈藥，但這句話似乎很有意思，在我的腦子裡轉了幾個小時。然後到了大概凌晨五點，我們碰上波濤洶湧的水域，船艙開始旋轉，我感覺自己彷彿坐在木桶裡穿越尼加拉大瀑布。我試著不要回想早些時候吃的一碗辣番茄醬「牛筋」，但是不知哪來的自虐傾向逼我一定要想起來。我趕緊去洗手間，今晚剩下的事件就拉上布幕。但沒錯，有好幾度我真的很想死。

隔天到了青島，我等著下船的時候，船上事務長把我帶到一個特別的優先下船區域。包括董（我們已彆扭地道別）在內的其餘的乘客都已在船艙走廊裡排好隊。

等待期間，我目睹了第一次公然插隊症狀（Blatant Queue Jumping Syndrome, BQJS）[95]的案例。兩名穿著邋遢的中國男子，一個戴著鏡面墨鏡，另一個用旁邊頭髮蓋過地中海禿，七晚八晚才提著捆繩子的紙箱到達，但他們並沒有從隊伍後面開始排，而是直接站在排在第一位的女子前面，那名女子已經站了大約十分鐘了。她只是皺眉頭，沒採取任何行動。兩名男子無辜地望著天花板。

接下來的幾個星期，我在中國經常看到這樣無恥的插隊。外國人（據我所知特別是英國人）總是抱怨，因此這邊我只提供我對於不同插隊策略的實證研究。兩種人特別愛公然

95 作者幽默自創的症狀。

插隊，而且各有各的特定方法。中年男人散發一種悠然自得的特權架勢，彷彿側身插入隊伍前方是他們與生俱來的權利。年輕女性則假裝拿著智慧手機在講一通非常重要的電話，用一種「我現在一心多用別打擾我」的方式，抬頭看看下船告示，用手臂夾著手機，把受害者擋在外。這兩種技術厚顏無恥的程度令人驚嘆，我永遠也做不到。但是我一次也沒看到有人提出抗議，更不用說採取行動了。所有人似乎都接受了自己在辦手續的時候，總會有個人走到櫃檯，把一張紙或一些錢塞進玻璃窗口，分散櫃員的注意力，然後櫃員總會歪過頭去處理插隊者的事，好像這是天經地義的。

在中國旅行期間，我花了許多時間默默地思考插隊的人。我發展出非比尋常的周邊視覺，遠超出人類一般的能力，讓我可以快速向左或向右跨出一步，以阻止別人插到我前面，有時甚至兩邊都能擋下。在上海的博物館排隊買票的那一次，我和一位身材矮小但意志堅定的老婦人進行的一回合特別令人滿足，她打算強行擠進我和櫃檯之間。我左一個箭步、右一個箭步，就是不讓她切入，像碧昂絲的保鏢擋狗仔隊。最後她終於懂了，我倆相視而笑。但是戰鬥了幾個星期，疲憊終於讓我在某個下午崩潰了，那時我在上海機場準備登機，一名中年男子越過伸縮圍欄柱，像猛禽以銳角撲向毫無知覺的田鼠，在空出了一個登機櫃檯時，立刻向前突襲。我排在第五個，但決定出聲抗議，我對著眼睜睜看著這件事發生的隊伍第一人大喊大叫。

「搞什麼？你爲什麼讓他插隊？他才剛從那邊走進來！我們已經排了這麼久了！」我瘋狂地打手勢。

排第一位的人看了看我，聳聳肩，將視線轉回櫃檯。我無能爲力；除了幻想暴力行爲，我什麼也做不了。終於輪到我了，値班櫃員說我的行李超重，我必須去另一個櫃檯付錢。她向左指，就是插隊的人走過來的地方。

「等等，但這樣我得重新排隊，」我無助地抗議，指著身後越來越長的隊伍。

「沒關係，你可以直接到櫃檯來，」那位女士溫和地說。

我意識到這就是「插隊者」一直在做的事。他其實沒有插隊。在那之後，我再也沒有因爲在中國排隊的事而情緒激動了。

我在青島等著下渡輪時，VIP區裡有個人坐在我附近，穿著打扮像個假日探險家，卡其褲膝蓋處有拉鍊，還穿了件釣魚夾克。他帶著一個大帆布背包，掛著水瓶和雙筒望遠鏡。

「你看看這些人，」那男人厭惡地對我說。「中國人。」

「哦，你不是中國人。是韓國人？」

他看起來好像我侮辱了他。「才不，我是日本人！」

他自我介紹爲憲助先生（Norisuke，音譯），是一位旅行作家。我知道這艘渡輪是在日本建造的嗎？他問。他的肢體語言暗示了韓國人才造不出這種等級的渡輪。「你知道，」他俯身過來，一副跟我心照不宣的樣子。「韓國渡輪一天到晚沉船。」憲助先生對中國人也有意見。他說，中國人不按牌理出牌，不值得信任。身爲日本人他必須小心，尤其是在農村旅行時。日本人在中國某些地區還是不受歡迎，雖然他沒碰過肢體暴力，但他有時還是假裝自己是台灣人以防萬一。

我把憲助先生的意見留給他自己去回味，搭了計程車去車站。青島看起來是一個綠樹成蔭的迷人城市，擁有一些破舊得很有味道的殖民時代建築。早在中國所謂的「百年國恥」時期，西方殖民強權在中國佔盡便宜，青島就已是德國租界。除了一些精美的中歐建築，本地的速食店還看得到德國傳統，如德式香腸漢堡和青島啤酒，後者仍是中國最負盛名的啤酒品牌。

青島站是一個令人印象深刻的車站，巨大、井井有條又乾淨。我在接下來的旅途中，看到的車站一個比一個大，上海車站大廳可能是我待過最大的建築物。在現代中國旅行有點綏夫特（Jonathan Swift）的味道，我感覺自己像格理弗，來到一個事物規模或做法都很陌生的國度，尤其在車站特別有感[96]。

中國所有火車站和地鐵站都要排隊經過X光機安檢，青島車站也一樣。曾經發生爆炸案的倫敦和馬德里地鐵沒有這項措施，中國爲什麼需要？有些人向我解釋，這是因爲幾年前在雲南昆明站發生維吾爾人（來自新疆的穆斯林少數民族）持刀殺人事件，其他人含糊其辭說是避免發生在歐洲的恐怖主義行爲，也有人說是人群管制，某些時段想搭車的人太多，因此需要控制和過濾進站人數以防止踩踏。還是說，這是依照凱因斯經濟學就業策略來創造就業機會，例如在日本建築工地旁邊揮舞著螢光棒的安全人員。我不禁要懷疑，偏執無盡頭的中國當局也脫不了關係，另外就是極權主義政權常用的策略，丟出一個想像中的威脅：「看這世界有多危險啊，只有國家能保護你。」

96 有興趣的讀者可參考經典譯注版《格理弗遊記》，單德興譯，聯經，二〇一三年出版。

我在車站內看著一個巨大液晶銀幕上播放華麗宣傳片，片名叫《了不起的中國》，重點在介紹新的交通基礎建設項目，屬於「一帶一路」計畫的一部分，也就是由習近平總理主導，穿越六十八個國家的二十一世紀絲路。影片也展示了航空母艦、衛星、雷達站和高速鐵路，我待會去北京即將搭乘高鐵。影片穿插了一些影像，帶有地區統一的強烈意味，例如穿著傳統服飾的兒童，飄揚的中國國旗等。接著播放的廣告片，看起來一樣預算很高，推銷某個保溫瓶品牌，我認為這象徵了這個社會至少沒有把優先順序搞錯。背包裡放個熱水瓶絕對是件好事。

我要搭乘的去北京的列車準時抵達，寬敞又現代化，根據車廂入口處的顯示幕，時速有時可高達三百零六公里。我們穿越空汙下籠罩在褐色霧霾的風景。中國農村地區混合了重工業區、冒煙的煙囪、高樓層公寓、較小的低樓層排屋和工業規模農田。顯然，十三億七千萬人口所需要的食物，有部分就來自這些地方。路程中有至少四十分鐘的時間，我看到連綿不絕的隧道式塑膠棚。考量我們的行進速度，我剛剛可能經過了一個與比利時一樣大的地理區域。

中國

1 哈爾濱 I

石井四郎在十九世紀末出生於千葉縣芝山町，毗鄰今日的成田機場。在照片裡，年近三十的他戴著眼鏡，下巴突出，穿著一件過大的大衣，看起來像個青少年。一九二〇年，他從京都帝國大學醫學系畢業，這個敬業、認眞、雄心勃勃的年輕人，後來娶了大學校長的女兒。

石井對細菌特別感興趣，一九二八年時前往歐洲研究瘟疫史。四年後，他申請了一項革命性的淨水設備專利，該設備後來被稱爲石井式淨水器，他還協助東京陸軍醫學院建立了細菌研究實驗室。

當時日本首動盪不安，經濟極爲蕭條，軍國主義精英無所不用其極削弱內閣，鎭壓民主，增強天皇的權力，有時甚至採取叛變和暗殺的手段。一九三一年，日本關東軍蓄意破壞自己的鐵路線，以此爲藉口成功入侵中國東北部的滿洲，令軍國主義者大受鼓舞，該事件稱爲奉天事變或滿洲事變。一九三二年二月，日本露出無賴的一面，入侵中國東北大城哈爾濱，並扶持了清朝末代皇帝溥儀爲「僞滿洲國」傀儡統治者，佔領了中國北方和內蒙古地區。西方世界齊聲譴責日本，在中國有重大經濟利益的美國對日實施貿易制裁。日本退出國際聯盟作爲回應，陷入一股「戰爭狂熱」，接二連三的軍事勝利更讓日本覺得所向無敵。民衆的支持將帝國軍推向了北京的城牆，在此之後，日本於一九三六年與德國和義大利簽下協定，更進一步向中國擴張。

在這期間，石井的細菌實驗室於一九三三年轉移到哈爾濱，改名爲關東軍防疫給水部。這只是該單位的對外稱號，其實它就是惡名昭彰的七三一部隊，年輕的微生物學家石井四郎在此地監督世上最大型研究中心，以五十種不同細菌，在活受試者身上研究鼠疫、霍亂、炭疽、和肺結核，透過有系統的人體實驗和活體解剖來開發、製造致命細菌武器。

七三一部隊從哈爾濱市中心的小地下室開始，對兩組「土匪」進行了實驗，第一組進行五分鐘的光氣（phosgene）毒氣實驗，第二組注射十五毫升的氰酸鉀，然後接受兩萬伏特電擊，結果被燒死。一九三九年一些囚犯逃脫之後，實驗室搬去哈爾濱平房區的一個保全更完備的基地。新建築群是專爲部隊建造的，有高壓圍欄和三公尺長的保護溝。石井在這裡繼續監督侵略性生物製劑的開發，透過對人類和動植物的測試來試驗生物武器的效果，並從事防疫和淨水研究以保障軍隊供水。這裡安置了多達三千五百名工作人員和囚犯，後來還蓋了自己的飛機跑道。

石井的囚犯包括中國人、俄羅斯人和朝鮮人，他們的伙食很好，被鼓勵要多多運動，才有體力來應付實驗，包括被暴露在攝氏零下二十七度低溫，以確定凍傷對於在蒙古作戰的日軍會有什麼影響。被害者躺平被綁在擔架上，有些人雙手裸露，穿著濕襪子，有些戴濕手套穿尺寸過小的靴子，或是被灌醉，或者空腹。其他人則暴露於空氣傳染的病菌和有毒氣體中，或者用砲彈裝置感染，或者被注射致命細菌。通常，囚犯在沒有麻醉的情況下接受活體解剖[97]，醫用紗布塞入他們的嘴中以掩蓋尖叫聲。據信每年共有六百多人死在那裡。

受害者是罪犯、反抗軍嫌疑犯、間諜，還有很多是日本軍警看不順眼的當地中國人，

97 因為實驗者認為以麻醉過後的人體作為觀察研究的結果不準確。

這些人被稱爲「無可救藥的累犯」。一旦這些不幸的人被指派「特殊轉移」到七三一部隊，他們就如同德國集中營的囚犯，遭到非人方式對待，還被稱爲「マルタ」（maruta），意思是「圓木」。

日本由於受到美國禁運的影響，金屬和礦物供應奇缺，與炸彈和子彈相比，細菌戰被認爲是較能存續的殺人方式，七三一部隊在戰爭中便扮演了更爲緊急的角色。根據計算，該設施繁殖了足以殺死全球人口的大量致命細菌。

一九三九年七月，日本第一次在戰場上使用細菌戰。七三一部隊派出一支自殺小隊向哈爾卡河倒入二十二點五公斤的液體霍亂、傷寒和其他細菌，當時日本在該地及蒙古邊境地區與俄國作戰。隨著戰爭持續，石井在中國設立更多細菌戰研究中心，包括南京、長春、廣州和北京以及新加坡等快速擴張的日本帝國佔領區。

一九四〇年，日本飛機在衢州向土地投撒了有鼠疫細菌的小麥和其他農作物。隔年，七三一部隊遠征浙江、江西和南京，並於一九四一年在湖南常德發動細菌戰。中國歷史學家宣稱，日本在中國二十個省分共使用了一千九百一十九次化學武器。

到達北京幾天之後，我搭火車去了車程以北八小時的哈爾濱，從那邊再搭幾小時的車，就能到達西伯利亞和北韓邊界。我來是要參觀十年前在七三一部隊舊址建造的侵華日軍第七三一部隊罪證陳列館。我搭計程車過去，距市中心約一個小時，陳列館位在一個半工業區，對面就是一間大型福特工廠。

主建築是一棟龐大的黑色花崗岩建物，沒有說明的話還以為是北歐藝術博物館，但有一塊牌匾寫著「與歐洲集中營和廣島原爆點一同反對法西斯主義的紀念館，提醒全世界團結一致，維護和平，反對戰爭。」

仍有一些日本人拒絕承認七三一部隊的眞正用途，但博物館的陳設頗具說服力，並非因爲提供了豐富的物證，反而是因爲不多才更有想像空間。現場有一些顯微鏡，熏蒸器，手術刀，防毒面具，難以置信的「內臟架」和「牙鉤」，大多是這些年來由當地人提供的，其他實體證據就沒有了。這間博物館大可輕鬆作爲情緒化抗日宣傳的利器，但是它卻以目擊者的證詞，採取一種相對直接的方式來展示可怕的事實，其中大部分來自日本退伍軍人、日本學者或新聞工作者。

我走在七三一部隊舊址的土地上，到處可見挖掘開來的地基搭配開放式棚架，就像歐洲的羅馬廢墟。標誌說明了每棟大樓在建築群裡的原始用途，該建築是依照德國人的規劃圖所建造的。在所謂的廣場大樓中，大規模的鼠疫、炭疽、霍亂、肺結核和傷寒實驗在健康又活生生的俘虜身上進行。在「冷凍實驗室」（一棟密閉、全年進行實驗的兩層樓建築）舊址附近，我看到一個小標誌寫著「地松鼠培育室」。日本人也養小鼠、兔子、驢子、猴子和馬來進行實驗。一名熱愛騎馬的七三一部隊初階成員，回憶起他剛抵達時與馬的第一次接觸：

「我沒有看到長官，因此就騎上身邊用繩子拴住的馬。我說：『走！』忽然，有人氣急敗壞對我大吼：『你在做什麼！』兩名穿著防護衣的研究人員被嚇壞了，朝著我跑過來。」

那名年輕人被脫光衣服，從頭到腳消毒。他後來才知道這匹馬被刻意感染了腺體細菌，一種馬和牛的傳染性疾病，研究人員認為也可能傳染給人。七三一部隊還探索了武器的可能攜帶方法，包括砲彈或從飛機上噴灑，最離奇的一項計畫，是將細菌戰氣球彈橫跨太平洋送到美國大陸。

石井有三個兄弟，一個哥哥死於一九〇四年至〇五年的日俄戰爭，後來他安排另外兩個兄弟到哈爾濱一起工作，一個負責火化屍體，另一個是獸醫技術員，負責照顧實驗動物。七三一部隊裡有許多人跟他有血緣關係，或是同鄉，要不然就是同學或以前的學生，都是爲了保密。

一九四五年八月九日，七三一部隊得知紅軍正朝他們挺進。石井下令團隊把研究證據送到熔爐室銷毀，他的兄弟負責用毒氣或開槍殺死剩下的囚犯，然後將屍體火化。日本於八月十日轟炸了部隊建築物，但被感染的老鼠和跳蚤脫逃，造成瘟疫在平房區爆發。在之後的九年裡，共有一百四十三人死於哈爾濱的瘟疫。

日本投降時，七三一部隊大部分人員已從釜山逃回日本。他們奉了嚴格命令，不可彼此聯繫、辨認對方或以任何方式繼續進行七三一部隊的工作。其中一些人被俄國人逮捕，包括第一部門負責人川島清，他在一九四五年的審判作證說，光是在一九四〇到四五年間，七三一部隊就有三千多人死亡。其他幾名返回日本的七三一部隊退伍軍人無視命令，成立了退伍軍人協會。沒有人因戰時的行動受到懲罰。正如哈爾濱的陳列館所說的，許多人「透過開設私立醫院和製藥公司而獲得了巨額利潤……在日本醫學界佔據了重要位置……」一名指揮官北野政次在日本私人診所工作，活到一九八六年，負責凍傷研究的吉村壽人後來在醫科大學教書，炭疽病部門的前負責人上植村肇後來任職日本教育部，一名退伍軍人成爲北海道副知事，另外還有一人成爲日本自衛隊衛生學校校長。

在一九八〇年代和九〇年代，許多七三一部隊的退伍軍人公開提供他們犯行的詳細證詞，有些人辯稱他們的行爲是出於戰爭所需。也有其他人，如十五歲就進入七三一部隊工作的篠塚良雄，爲了贖罪而挺身在日本法庭爲中國倖存者及家庭作證，指控日本軍方的罪行。日本新聞工作者和學者也對七三一部隊的歷史進行了透澈的研究，有可能比中國和韓國同行更深入研究了這個問題。如同韓國慰安婦議題，日本律師也協助受害者親屬，向日本當局提起民事訴訟。然而，仍有一些負責編寫歷史教科書的日本學者，否認曾經在哈爾濱進行人體實驗。在二〇〇二年英國廣播公司特派員紀錄片《七三一部隊》裡，記者安妮塔·麥克諾特（Anita McNaught）拿出一個裝滿證據、重到幾乎無法搬上樓梯的手提箱，拿到教科書作者藤岡信勝的辦公室裡，他是東京大學教育科系的教授。一開始他說證據不存在，等到手提箱裡的東西拿出來給他看之後，他聲稱都是僞造的。

哈爾濱的罪證陳列館嚴詞批評了否認七三一部隊歷史的日本人，「右翼勢力扭曲了日本的侵略史，以體面的說法，來美化日本對他國的侵略和佔領，意欲復甦危險的軍國主義傳統。」館內還展示了一張照片，是安倍晉三於二〇一三年在宮城縣東松島的日本國防軍基地拍下，照片中安倍坐在一架T-4教練機的駕駛艙內，微笑著豎起大拇指，機身上的數字是七三一。照片說明：

「安倍晉三不可能完全不知道七三一部隊的歷史。他的行動反映了日本主流社會拒絕承認戰爭責任、反省或道歉。」

石井在一九四五年八月十二日逃回日本，詐死之後，他的家鄉於一九四五年十一月十日為他舉行了葬禮。美國調查人員最終在金澤追查到他，當時他躲藏在一座神社，還把神社當作七三一部隊的臨時基地。美國在馬里蘭州迪特里克營也有自己的生物戰實驗中心，人體實驗當然是禁止的，因此他們渴望取得石井的研究結果。「人類實驗存在顧慮，我方實驗室無法獲得相關資訊，」美國調查人員的報告裡面這麼寫。

石井接受漫長的審問，一開始他先淡化細菌戰所扮演的角色，「如果戰爭勝利在望，就沒有必要使用BW（生物武器），而快要戰敗的話，更沒有機會有效地使用BW。研究BW需要大量的人力、財力和物力，」他說。他承認曾對「小動物」進行測試，但否認計畫或執行過生物戰。然而，當他後來發現自己的證詞在東京審判不會被採用，甚至不會提及，石井開始開誠布公，最終把所有研究成果提供給美國，以交換美方撤銷對他和他的團隊所有指控。（美方立刻接收他的實驗發現，根據最新出爐的資料，美軍與北韓作戰時，採用日本技術散播了感染鼠疫的跳蚤。）石井始終否認七三一部隊的工作是經過政府正式批准，並聲稱天皇到去世爲止對他們的研究一無所知，他告訴一名審問人員，「天皇疼愛所有人類，絕對不會同意這樣的事情。」事實上，裕仁在一九三七年七月曾下令部署化學武器，那一紙命令上有天皇的蓋印。石井於一九五九年十月九日因喉癌在東京家中去世，得年六十七歲。

當今中國是如何看待這些事呢？我在陳列館讀到一份資料，是當初館方申請作爲世界遺產時，聯合國教科文組織所做的一項調查結果。令人驚訝，哈爾濱當地人大多不知道七三一部隊或這個陳列館，他們也不認爲應該把所有日本人和右翼分子混爲一談（這是百分之七十六當地人的看法），百分之五十五的人認爲世界不應譴責當代的日本人。

我離開的時候，在詢問處與服務人員簡短交談。她說博物館每年接待三十萬名遊客，我問其中是否很多日本人，她說數量不多，每週大概一兩個，主要是學生。

最近，有關七三一部隊的事實眞相總算進入了日本主流接受範圍。二〇一七年八月，日本廣播協會（ＮＨＫ）放映了一部有關七三一部隊的紀錄片，收錄了退休士兵的證詞。

二〇一八年四月，滋賀大學一位日本學者公布了該部隊三千六百零七名成員的名單，年分可追溯到一九四五年一月。

搭計程車回哈爾濱市中心飯店的路上，我想到日本的右翼分子。他們聲稱出面作證曾在七三一部隊工作的證人是因爲被中國洗腦。也許他們眞的相信這是一場騙局，或者他們深信日本的亞洲戰爭是正義之戰，而且在戰爭時期的任何行動，無論今天來看在道德上多麼令人深惡痛絕，都是合理的。我猜其中有些人大力抵制，是不想給「抨擊日本的人」一個平台，特別是那些以攻擊日本來提高自己聲望的中國和韓國政客。然而，如果那些人以爲這類問題會靜靜地消失，那他們就大錯特錯了。中國人和韓國人都決心記住日本的罪行，而且依我所見，他們在這方面的努力絲毫沒有減少的跡象。

2 哈爾濱 II

一九〇九年十月二十六日早晨，就在日本吞併朝鮮之前，日本前首相、明治天皇好友伊藤博文搭火車抵達當時的俄羅斯飛地哈爾濱。在火車上，伊藤博文與俄國財政大臣科科夫佐夫進行談判。日本自從在一九〇五年擊敗俄羅斯之後，對朝鮮的影響力日增，現已將朝鮮納爲自己的保護國。

朝鮮反抗鬥士安重根帶著藏在飯盒裡的槍，在車站等著伊藤博文，一看到他步下車廂台階走上月台，安重根從藏身處出現並開了幾槍，將他殺死。俄國人逮捕了安重根，很快將他交給日方，他受審後被處決。就像幾年之後費迪南大公遇刺一樣，伊藤博文被殺在整個東亞產生了重大影響，不過韓國和日本對事件看法有所不同：韓國尊安重根爲英雄，日本視他爲恐怖分子。

一週前在首爾，我參觀了紀念安重根的美麗的當代博物館。可以理解，今日韓國在某些程度上誇大了反抗運動的事蹟和成就，非常認眞地崇敬那些抗日鬥士。例如，在二〇一八年光復節總統演講中，文在寅聲稱：「韓國人民爭取獨立的抗爭，比世上任何一個國家還嚴酷，光復節不是外人給予的。」不曉得奮力抵抗德國的法國人，或是解放韓國的美國人，會不會同意他的說法？

安重根義士紀念館包含了四個玻璃立方體建築物，位在一個無比尊榮的地點，首爾市中心南山公園的山丘上。館內說明了日本呑併韓國的背景，也就是所謂的三十年「國家危機」，始於一八七六年《江華條約》，接著是日本對韓實行的砲艦外交，到一九一〇年完全呑併韓國。

安重根出生於一八七九年，年輕時皈依天主教，之後前往上海，嘗試接觸流亡的大韓民國臨時政府。據館內說明，安重根在父親於一九〇六年去世之後返回韓國，並立誓在韓國獨立之前滴酒不沾。安重根所屬的愛國組織覺得戒酒不夠，還切斷了無名指第一節，立誓讓韓國再次成爲獨立國家。館內一個展區重現這個自發的自殘行爲，一截帶血的指尖放在手帕上，聚光燈打在其上。一九〇八年，他離開西伯利亞，試著集結一支軍隊來攻打日軍。

安重根在哈爾濱的時候，策劃了暗殺伊藤博文的計畫。首爾的安重根義士紀念館有一副實物尺寸場景，重現他開出致命一槍的那一刻。其他還有他被捕後的照片，腰間繫著鐵鍊，模樣英俊的年輕人，寬闊的臉孔，額頭頗高，鬍鬚稀疏。他自稱是朝鮮義兵中將，因此是戰俘。「我不是爲復仇而殺人，」安重根在給日本的聲明中寫道，「我爲東亞和平而殺。」安重根的英語律師J．C．E．道格拉斯（海軍上將阿奇博德．道格拉斯爵士的兒子）從上海前來爲他辯護。儘管本案受到國際社會廣泛關注（《泰晤士報》報導：「日本的現代文明與該國的任何囚犯一同受審」），安重根依然被判死刑，在一九一〇年三月二十六日處決。

安重根義士紀念館在首爾開館後四年，當時的韓國總統朴槿惠說服中國在哈爾濱車站內也爲安重根設一個紀念博物館。朴槿惠知道，製造與日本的對立對韓國選民很有作用，中國當局或許也意識到，可以利用安重根在日韓之間產生的摩擦來創造政治資本。在博物館的開幕式上，中國外交部發言人秦剛說：「如果安重根是恐怖分子（如日本人所言），那麼供奉在靖國神社的十四名二戰甲級戰犯呢？」

我趁著還在哈爾濱市，想看看這個設在哈爾濱車站的新的安重根紀念博物館，於是在第二天早上從飯店出發。

哈爾濱市人口約一千萬，這裡所有的公寓大樓、公共廣場、百貨商店和政府大樓都是超大型建築物。城市發展太快，彷彿來不及規劃優美郊區或通勤地帶，只看得到外牆都已斑駁的米色高樓都市叢林，再往外是耕地，再來就是工業區，每個區塊似乎隨興發展。中央大街是個例外，這是一條漂亮的綠樹成蔭的主要購物街，走在路邊飄揚的中國國旗之下，仍可感受到這座城市的俄國猶太歷史。

十九世紀末，俄國說服中國允許他們在哈爾濱設立西伯利亞鐵路行政中心，連通俄國與全年開放的旅順溫水港[98]（靠近今日的大連，隔海與朝鮮半島西海岸相望）。莫斯科沙皇領導階層鼓勵成千上萬的猶太人遷移至此，保證他們在這裡不會受到迫害，當時的哈爾濱只不過是個河邊村莊。一九一七年革命之後，哈爾濱猶太社區推動了該市的經濟和商業，也促成繁榮的文化生活，但是隨著一九三一年日軍到來，生活條件每況愈下，猶太社

98 西方稱亞瑟港（Port Arthur）。

區大多數成員最後搬往澳洲和巴勒斯坦。

哈爾濱因爲這段猶太歷史而成爲古典音樂中心，也留下了各式巴洛克、文藝復興和新藝術風格建築物。其中一些已經修復，附有說明建物歷史的標牌，文字風格有點像芭樂特在說話（例如有一塊寫著這棟建築物的前屋主是「一個叫 P.A. Birkwiky 的猶太人」〔a Jew named P.A. Birkwiky〕，另一塊寫著這裡從前是「猶太人國家銀行」〔the National Bank of Jews〕）[99]。俄國人也留下了圓頂東正教教堂，有如結婚蛋糕般的二十世紀初建築風格的銀行和百貨公司，其中之一設有遊客諮詢處。我走了進去，想多了解關於這座城市的歷史和最新景點等資訊，但眞的有遊客走進來問問題，似乎讓工作人員警覺了起來，爲了避免他們更焦慮，我就離開了。

回到鵝卵石鋪成的中央大街，所有熟悉的歐洲名牌都看得到彷彿也是應該的，還有許多商店在販賣俄羅斯藍莓、伏特加、皮草和俄羅斯娃娃。每次看到哥薩克舞都聽得到的那支樂曲，從四面八方的建築物傳來，幾步路之外的廣場上，情侶們在跳交際舞，再往下走

99 芭樂特（Borat）是僞紀錄喜劇片《芭樂特：哈薩克青年必修（理）美國文化》的主角，以各式政治不正確的言行，衝撞文化禁忌製造笑話，其實也是挑戰人們重新思考體制。一般會避免直接用 Jew 稱呼猶太人，避免歧視，中性用法是 Jewish people。

有個俄羅斯管弦樂隊正在爲一小群觀眾演奏。沒想到日本也在大街上佔了一席之地，這裡有壽司和章魚燒餐廳，一間名爲「原宿」的服裝店，以及諸如吉野家之類的日本快餐連鎖店，但我在哈爾濱只找到一棟歷史建築提及日本時代，也許外觀說明了一切。那是一棟半廢棄的低矮塔樓，說明文字標牌龜裂得很嚴重，還覆蓋了幾滴油漆，文字僅說明該塔樓是「日本人在一九三〇年代建造和使用」。

我終於到達了哈爾濱車站南側，但眼前隔著車速很快、車道很多的一條大路。我花了幾分鐘試著過馬路，但被撞死的風險非常高。有個人牽著兩隻松鼠走過，叫我一時分心。我不得不叫輛計程車[100]就爲了過馬路，但沒有一輛肯停下來。終於，有個騎輕便摩托車的老人停在我身旁，招呼我坐上後座。這個男人笑容燦爛，露出哥德式的牙齒，戴著粉紅色半罩式安全帽，穿了一件破舊皮夾克。他沒有備用安全帽，而且他的摩托車像他的牙一樣

100 原注：在哈爾濱搭計程車是有趣的經驗，大部分車子聞起來好像上一個乘客在車上拉屎在褲子裡然後死在車上，最糟的一次是有一位司機在一小時車程裡全程播放肯尼．吉（譯注：Kenny G，八〇年代輕音樂及流行音樂薩克斯風手。）還有，在哈爾濱搭計程車，司機在途中停下來載別的客人顯然再正常也不過，第一次碰到的時候，我還以為要被綁架了，司機先生停在路邊，讓一個帶著手提箱的人坐上前座，他甚至沒有跟我打照面。我們照常前往我的目的地，最後全部行程是我付費。第二次，我坐在前座，一對父子坐進後座，我們簡單地比手畫腳聊了一下，其實還蠻溫馨的。

爛，但這是我到達車站的唯一機會，所以我跳了上去。

他催油起步，我夾緊屁股，我們在汽車和貨車之間穿梭，終於到了車站這邊。我搖搖晃晃地下車，給了他幾張鈔票，以得救的心情竭誠感激那名男子。

結果我的努力白費了。我在車站周圍徘徊了一段時間，一名鐵路工作人員告訴我，安重根展覽已經拆除，顯然是美國在韓國安裝薩德反導彈系統不久之後的事。紀念安重根這件事，不過就是政治遊戲裡的一步棋罷了。

3 北京

我的認知一直是二次世界大戰始於一九三九年九月一日，當時英法對德國宣戰，但是有一個強而有力的論據認爲，這場戰爭在兩年多前一九三七年七月七日偶然觸發，就在這座馬可波羅橋上。

確切的事件順序一直還有爭議，目前所知的是，那天晚上，中日兩國軍隊之間發生了一場小衝突，當時雙方都駐紮宛平橋旁，在北京西南十英里處。一個說法是，日軍指控中國軍隊綁架了一名日本士兵，要求進入營地將他帶回，但遭到中國拒絕。另一個說法，是中國國民黨軍隊向一群日本士兵開槍，因爲對方拒絕回應「是敵或友」。無論眞相爲何，馬可波羅橋的事件將中日之間長期緊張的關係推向了長達八年的全面戰爭，造成一千四百萬人死亡，八千萬人無家可歸。

當時的北京仍在中國國民黨統治之下，但其實自一九〇一年以來，日軍就一直駐紮在宛平郊外，原因如下：當年義和團發起反殖民抗爭，被西方列強和日本組成的八國聯軍擊敗，依照戰後協議，外國軍隊可在中國駐軍。士氣低落的國民革命軍第二十九軍駐紮地與日軍相距不過咫尺，日軍正為了在中國北方的軍事勝利而歡欣鼓舞當中，而且還不滿足。東京某個軍國主義派系一直要求擴張在中國的軍力，但包括天皇在內的其他人，都擔心這會削弱對抗俄羅斯的陣線。當晚在馬可波羅橋上開的第一槍，把決定權從他們手中拿走。

我從哈爾濱返回北京後，乘火車去了宛平，步行經過那座優雅的白色花崗岩橋，上面裝飾著數百個石獅雕刻。其實它不叫馬可波羅橋，外國人都用那位義大利旅人的名字來稱呼它，因為是他先引起西方注意這座橋，形容它「如此美麗，幾乎沒有別的橋比得上」。這座橋在中國被稱為盧溝橋，是中國現存最古老的橋梁之一，建於一一九二年，到一九八〇年代仍有機動車通過，非常了不起。

我穿過宛平古城雄偉的兩座城門和堅固的城牆，牆上仍有一九三七年戰鬥留下的彈孔。我在一條旅遊大街上找到了中國人民抗日戰爭紀念館。如同我昨天在北京市中心造訪的中國國家博物館，這間紀念館也聲稱，蔣中正國民黨軍隊把東北地區「送給」日本之後，毛澤東的共產黨軍隊獨自對抗日本，最後擊敗了日本。

歷史對於中國共產黨來說具有可塑性，能夠因應需求來更改。據報導，在二〇一七年初，中共甚至延長了戰爭的時間範圍。從前中國學童學的是戰爭始於一九三七年，但現在中國的歷史教科書改成「十四年抗日戰爭」，回溯到一九三一年日本入侵滿洲之時。

有一件事維持不變，就是日本關東軍的罪行。這是博物館展示其罪行的方式：

「他們野蠻地屠殺、迫害和摧殘中國人民……殘忍地殺死戰俘，奴役勞工，逼迫『慰安婦』提供性服務，發動細菌和化學戰，在佔領區進行了殖民統治，實施奴化教育，以鴉片毒害中國人，在礦產、運輸、文化、金融和貿易等領域控制中國的經濟命脈，掠奪中國的經濟和文化資源，犯下諸多罪行，給中國人民帶來巨大的痛苦，寫下現代文明史上最黑暗的一頁。」

證據就在紀念館的最後一個展間。裡頭展示了許多中國人被屠殺的可怕照片，其中一張是五個中國平民被斬首之後頭顱掛在一根桿子上，其他還有日軍活埋村民，一九四二年五月河北省北疃慘案被毒死的幼兒[101]，南京的河岸上屍橫遍野，還有一張是活人被當作刺

101 日軍將毒氣彈丟進村民躲藏的地道，造成八百餘人遇難。

刀練習目標的照片。旁邊陳列了一個眞正的日本刑具，據說是一九三〇年代在中國使用：一個外形爲圓柱形的金屬籠，內部排滿了釘子，受害者進去之後，再滾動籠子。

儘管自一九四五年以來，中國由內而外都有澈底的改變，這場戰爭仍存在中國人民的集體記憶裡，不只因爲有這樣的博物館，電視上也每天提醒人民日本犯下的罪行。

我在中國東部旅行時，無論住在哪一間飯店，幾乎每天轉電視頻道都會看到與戰爭有關的戲劇節目。這些電視影集大多遵循基本的劇情模式，日本軍官都是不說話的虐待狂，手捻鬍鬚的尋常壞蛋，毫不留情地屠殺無辜的人，而中國士兵都樂觀、單純又英勇，隨時可以爲了同志而犧牲生命，而且長得都很好看。其中一定會有個年輕可愛到不行的女性，她的情郎通常被日本人俘虜而且遭受酷刑，有時甚至在惡人的奸笑聲中被折磨致死。不過演到最後，膽小可恥的日本人一定會敗在中國軍隊精明的計畫之下，軍隊一定是共產黨，絕對不會是國民黨。

類似的抗日戰爭戲劇在韓國也很受歡迎。我在首爾待了一個多禮拜之後，看了一部新片《軍艦島》（柳承完執導），該片時空背景爲二次大戰尾聲，一群失業的韓國人爲了生存，被日本人騙去端島當奴工，在惡名昭彰的煤礦區過著生不如死的生活。電影沒有英文字幕，但劇情很容易懂，主線是一個喪妻的樂團指揮和他的八歲女兒，所有的日本人角色一樣都是虐待狂，營地指揮官裡頭有一個是翹鬍子，另一個留著希特勒式的小鬍子。以下有雷：電影最後一幕，樂隊指揮死在女兒懷裡，但我印象最深的是最後一幕。女兒在父親嚥下最後一口氣時流淚，但接著突然止住淚，在影片最後幾秒鐘裡堅定地直視鏡頭。那個表情投在首爾 IMAX 電影院的巨幕上，令我周圍的人激動不已，牽動了決心、憎惡、復仇、我猜還有「恨」的感覺。場燈亮了，坐我旁邊的年輕女孩啜泣出聲，我轉頭看到後面坐了一對韓國老夫妻，太太步下台階時拐了一下，我扶她一把。「你看得懂嗎？」她問我。我說看得懂。我問她覺得電影怎麼樣？「日本人，」她表情嚴肅地說，「我們永遠不能忘記他們對我們做了什麼。」《軍艦島》後來打破了韓國票房紀錄。

「中國人沒把那些電視節目當一回事，」中國政府前外交政策顧問孫成（Sun Cheng，音譯）博士這麼說，當天稍晚我們在我入住的北京市中心飯店碰面。他去東京參訪時，日本政客經常向他抱怨中國應限制這類戲劇節目，但他沒有處理。「你知道嗎，觀眾看到日本士兵這麼軟弱，接著就會問：『那為什麼抗戰打了八年？』」

我後來在上海跟一名中國學生聊過，他告訴我，「年輕一代厭倦了那種浮誇的民族主義電視劇，那些都太通俗劇了。」他承認同齡的人還是有強烈民族主義情緒，「但不會仇外」，而且，每當他在網路上看到反日言論，往往也會同時看到叫那些人閉嘴的留言，「會有人留言說『講這些幹嘛？我們只是想看美食影片！』」另一名跟我透過電子郵件聯絡的中國學生也證實，跟他同齡的人不信中共民族主義那套：『如果有人在學校大聲唱國歌，其他同學會覺得他很奇怪。』」

但顯然中國共產黨內部（更不用說還有韓國娛樂產業）認為，醞釀反日情緒很值得，有時還需要引爆這種情緒，一個例子就是二〇一二年日本政府將具有主權爭議的釣魚台／尖閣諸島國有化。就如同其他的島嶼主權爭端，台灣與沖繩之間東海上這八塊岩礁幾乎沒什麼作用，但一直在日本、中國及台灣之間造成緊張局勢。日本從一八九五年開始管理尖閣諸島，它是第一次中日戰爭之後附屬於台灣的戰利品。後來日本在一九四五年投降，這些島嶼落入了美國政府的控制，但在一九七一年與附近的沖繩島合併，移交給日本，台灣提出抗議，但沒什麼結果，直到一九九六年日本示威者登島並設置燈塔（日本政府禁止登島，因為知道會讓中國人不滿），情勢才眞正有了變化。中國和台灣發動更多抗議活動，後來又有來自香港的幾個傢伙貿然登島。二〇一〇年還有一次衝突事件，當時中國漁船在釣魚台附近與日本巡邏船相撞。但在二〇一二年，又有一批來自香港的莽漢登島之後，引發了更多莽漢爭相登島。

爭端爆發了，日本駐中國大使座駕在北京遭到襲擊，一名男子扯下引擎蓋旁的日本國旗，大使丹羽宇一郎當時就在車上，受到驚嚇但沒有受傷。「他們只是學生，」我在東京和現年七十九歲的丹羽宇一郎見了面，他這麼告訴我。「我在六〇年代也是示威學生，那些都經歷過了，他是個狂熱的年輕人，我不會因此而害怕。」當時的東京都知事石原愼太郎，也是右翼民族主義者，發動募資從日本私人地主手中買下其中三個島嶼，而諷刺的是，溫和派的丹羽宇一郎反對私有化，還警告此舉的危險。後來大使座車遇襲，震驚全日本，丹羽宇一郎被召回東京，日本政府逕自以約兩千萬美元買下三個島嶼，試著緩和這件事，結果中國人連續三天內在國內多個城市發動暴力示威，迫使日本在中國的工廠暫時關閉。有人認爲，示威活動是中國政府安排或推動的，因爲中國政府要阻止民衆示威還不容易，他們可是箝制公衆抗議的專家呢。但是，情況似乎升級到了連陝西省西安市政府都控制不了，當時有一名中國人只不過因爲開著日本車，而從車上被拉下來毆打。

如今，這些島嶼的主權似乎握在日本手中，但它們位在台日之間重要的海上通道，因此對中國有極大的軍事價值。如果中國取得主權，就能擴展其「專屬經濟區」，著手開發一般認爲蘊藏在此處海床下的石油、天然氣和其他礦產儲量。沒有人可以分一杯羹。根據一份估計，這裡的儲量足以爲中國提供八十年以上所需燃料，有人認爲這個問題一觸即發，有必要時中國就會再起爭端。

「我個人對這兩個國家的未來很擔心，也感到很悲觀，」我問孫成博士對中日關係的概略預測，他這麼回答。他指出，一九九〇年代初蘇聯解體，是中日關係惡化的開始。蘇聯曾經是日本、美國甚至中國的共同敵人，但如今，中國視日本和美國爲競爭對手，尤其在海事方面。「日本視中國爲威脅，但中國並不認爲日本是威脅。中國確實希望與日本建立良好的關係，但日本似乎不想與中國建立良好關係。」孫成博士將戰後中日敵對關係的主因歸咎於美國，並跟戰後歐洲做比較。「美國支持歐洲團結起來對抗蘇聯，因此德國給了強而有力的道歉。可是，美國並未以相同方式支持亞洲共同體，因爲中國的政治意識形態不同。」

結果是兩國軍事情勢升溫。中國的軍隊人數爲世界之冠，而日本軍費預算來到史上最高。二〇一八年，兩國的軍費開支各爲一千三百三十億英鎊及三百八十億英鎊。《金融時報》前駐北京記者理查德・麥格雷戈最近在《衛報》上撰文警告，兩國可能「在未來幾十年內」交戰。如同經常被引用的修昔底德陷阱（Thucydides Trap）[102]所陳述的，新興強國和現有強國注定會爆發戰爭，一如斯巴達和雅典。這個術語最常被用來預測中美關係，但未來如果日本取代美國，成為衝突的另一方，並非不可想像。孫成博士認為，兩國已經失去了一切信任，部分原因是「日本政府對公民的戰爭教育不夠。」我提到日本廣播協會（NHK）最近播放了一部關於七三一部隊的調查紀錄片，他說中國人民「對此感到非常高興」，但他認為日本日益增長的軍國主義威脅了區域穩定。日本一直自視為對抗西方帝國主義的亞洲救世主，但孫成認為這很諷刺，因為日本實質上已成為美國殖民地。「日本必須學著尊重當代中國以及中國的成就，擺脫自己的優越感，否則將來一定出問題，」他告訴我。他相信中國打算強化與韓國的關係以抵禦日本。如果南北韓統一，趕走美國人，統一後的韓國會成為中國的盟友，這對於日本和美國來說會是壞消息。「這是世界上最複雜的問題之一，」他嘆了口氣。

102 美國政治學者格雷厄姆・艾利森（Graham Allison）創造的術語，描述新興強國威脅到現有強國的國際霸主地位時，會引發明顯的戰爭傾向。

不是所有人都同意中日戰爭的預言。任曉是上海復旦大學國際問題研究院教授，曾在中國駐日本大使館任職一等祕書。他告訴我，這種可能性「荒謬可笑」，各個國家都在軍事化。中日兩國之間的局勢已經穩定了，此外，日本一直以來都只是個中等強國，「中國的GDP現在是日本的兩倍多。」因此，中國不把日本看在眼裡，但這對日本而言很難適應，主要是在心態上。

「作為一個國家和民族，他們是模棱兩可、模糊的，」任曉補充說。他認為日本沒有「真心譴責」自己的過去，例如，日本歷史教科書描述帝國軍隊「進入」中國，而不是「入侵」中國。他堅信有所謂的民族性，以日本而言，他們的民族性成形自一個孤立的島嶼國家。「日本人總是有所保留。我認識一些跟中國人、韓國人以及日本人都有互動的美國人，他們總是覺得和中國人交朋友比較容易。如果你去比較日本人跟德國人（就戰爭罪行道歉而言），雙方的心理肯定非常不同。」

這就越來越接近問題核心了。孫成博士也說過類似的話：「日本人的心理跟別人不一樣。」他和任曉的意思是，日本人內心深處有些東西不太對勁，有種冷漠，或是缺乏同理心，帶著優越情結，使得他們有能力對其他人類犯下最殘酷的暴行。這當然沒什麼道理可言，但是我在旅途中多次聽到韓國人和中國人這麼講。

我在上海與中國電視新聞記者戴聞明見面，她的說法如下：「日本人的民族性有問題，很容易走到極端。日本人製造東西就要做到盡善盡美，走到了極致。當他們殘酷起來，也會走向極端。我覺得有一條界線，再過去就是法西斯主義。歷史學家說不能一概而論，但我認爲日本人眞有些特別之處。」

其他人的觀點更強硬：「野蠻，兇殘，鬼子，日本鬼子，這是一般看法，」戴聞名介紹我認識來自台灣的歷史學家張志雲，當我問他中國人對日本的看法，以上是他的回答。張志雲在上海交大教書，學生對日本人的看法經常令他訝異。「（我的學生認爲）日本人有問題，他們很邪惡，彷彿這是鐵一般的事實。他們熱愛日本文化，彼此欣賞的地方很多，但也衡量歷史。中國人非常清楚日本人可以很野蠻，特別是面對弱者的時候，這點大家心知肚明。」我跟一名中國學生聊到這點，他提出一種理論，他說日本受到「武士道」文化的影響，因此才與衆不同。

兩國之間的信任確實很低：在二〇一六年的民調，超過八成日本人不信任中國。二〇一七年，根據日本智庫言論NPO及中國國際出版集團對兩千五百人進行的聯合調查，九成日本人對中國印象「不佳」或「相對不佳」，相較之下中國人對日本有這樣感覺的是百分之六十七。好消息是，百分之四十四的中國人想去日本玩，而認為中日關係「不好」或「相對不好」的日本人比例從去年百分之七十二，降至百分之四十五，是調查七年以來第一次跌破了百分之五十。對日本有負面看法的中國人也從百分之七十八下降到百分之六十四，兩國人民也都對兩國未來關係更樂觀。

因此，從某些角度來看，中日關係似乎很不穩定，而從其他角度來看又相當健全。近年來中國赴日本的旅遊業有長足增長，就是令人鼓舞的發展。二〇一七年，去日本旅遊的中國人數達到破紀錄的兩千八百七十萬人，比去年增長近兩成，主要原因是從中國前往日本的郵輪航班增加。中國人在觀光客佔比最高，超過七百萬人，第二名是韓國人，人數稍微少一點，但消費金額佔觀光客總消費額四成，是消費金額第二多的台灣人的三倍。由於飛去名古屋的中國觀光客太多，後來還在機場建造了第二條跑道。

「中國人是日本文化的粉絲，日本是觀光地首選，因為日本擁有中國目前沒有的東西：寧靜、注重細節、完美主義，這就是我們缺少的，」記者戴聞明告訴我。「日本在保護文化遺產方面做得很好，令人欽佩，但在中國，我們正在喪失一部分歷史。」前駐外祕書任曉雖然批評日本，依然是日本的忠實粉絲，「日本值得中國學習的地方很多，一直是我們的重要鄰國。日本乾淨有秩序，國民有禮貌，從日本回來的人都讚不絕口。」孫成博士也非常推崇當代日本。「日本是高度開發國家，無論經濟、教育、科學或文明等方面。日本產品就是最高品質。我們中國人眞的很喜歡去那裡旅行，雖然我們的GDP成長非常快，但是去日本看看就知道，中國要跟日本比，還有漫長的路要走。我們需要日本技術，而日本需要中國市場。這是一個很好的平衡。」

「我們這一代著迷於日本文化、漫畫和動漫。我眞的很想去日本，」我和北京學生姚桂林（Yao Guiling，音譯）在胡同小巷碰面喝咖啡，他這麼告訴我。幾年前，英文名字是法蘭克的姚桂林寫電郵給我，他對於我寫的關於北歐的一本書有些問題，後來我們一直保持聯絡。我請他用一個詞來總結日本。「和諧，」他說。「中國人民只想跟日本維持和諧關係。美國對我們而言比較像威脅，但就算如此，我們和美國還是維持一種亦敵亦友的關係。」中國人永遠不該忘記日本人對他們做過的事，他稱爲「恥辱」，因此他覺得日本人還沒有好好地道歉。「也許人民是眞誠的，一些學者也是，但是政府不是。政府還沒說『我們的確做了那些事，而且打從心底感到抱歉』。政府不能把歷史放在一邊，事實就是事實。」

有時，這種對日本文化的「迷戀」以意想不到的方式呈現。例如，中國人愛看日本色情片。日本前AV女優蒼井空在微博擁有一千八百萬粉絲，比大多數美國流行歌手和電影明星還受歡迎。她在二〇一八年初宣布訂婚時，發文得到數百萬個讚。然後也有「精日」，意思是「精神日本人」，可說是一種角色扮演，由中國人（我見過的都是男性）扮演日本人，精日分子特別偏好一九四五年之前的日本帝國軍。二〇一七年，兩名精日分子登上中國媒體頭條，他們扮成日本帝國軍在南京郊外的大屠殺現場擺姿勢拍照，後來被捕，也有人扮裝在南京大屠殺紀念館前拍照，以至於有人呼籲立法禁止穿著舊日本帝國軍制服。中國外交部部長王毅稱精日分子爲「中國人的敗類」。

回到盧溝橋附近的抗日戰爭紀念館，最後一個展間帶我了解當前的中日關係，並警告我們，世界必須對日本人的「錯誤行爲保持高度警惕」，例如歷史修正主義、否認慰安婦存在、參拜靖國神社，但也堅稱中日關係現在展現了「和平與友誼」的特色。現場有一張時任日本首相村山富市在一九九五年五月參觀紀念館的照片。

他在訪問留言冊裡寫道：「面對歷史，祈求中日之間的永久和平。」

4 曲阜

我來到距離山東省曲阜市半小時車程外的山坡上，專程來看一個石灰岩洞穴。其實稱不上是洞穴，我得蹲下來才能看到裡頭。裡面沒有史前壁畫或雄偉的鐘乳石，但這是一個非常重要的洞穴，因爲兩千五百年前，傳說中出生時頭頂凹陷的孔夫子寶寶就躺在這裡，老虎給他哺乳，老鷹用翅膀爲他搧風解熱。

孔夫子被譽爲聖哉孔子，他的父親孔紇（字叔梁，因此又名叔梁紇）爲魯國地方官，照理說是富裕人家，地位崇高，爲什麼他的妻子會在這種險惡環境生產呢？有一說是她趕不及回家生孩子，另一個傳說則是孔子出生時相貌醜陋，被父母拋棄在山邊，老虎將他帶到這個山洞爲他哺乳，老鷹則用翅膀給這個不吸引人的孩子降溫。

照顧他很值得。孔子被認爲是史上最偉大的道德教育家，傳世著作《論語》強調教育的重要以及人倫關係的道理。公元前五百年的中國是農業社會，因此孔子常常拿牛軛和犁頭做比喻。當時中國處於戰國時代，尚未統一，因此他對於國家之間和睦相處也有很多話要說，並描述了五種關鍵人際關係，強調下對上的服從。這五種關係分別為：

君臣

父子

夫婦

兄弟

朋友（唯一的平等關係，預設為男性之間）

幾個世紀下來，孔子教義對於不同的人代表不同含義，幾乎已不可能定義儒學或新儒學在當今眞正代表什麼，要釐清對人們實際生活有什麼直接影響又更困難了，不過，我還是想嘗試一下。

為了到夫子洞，我乘坐高鐵，穿越中國東部的棕色調風景，到曲阜站之後，再搭計程車去市區東南方二十英里處的尼山。司機一路橫衝直撞，車子發出各種聽起來不妙的聲響，儀表板所有警示燈閃個不停，像一台吃角子老虎機。有一度，不知什麼警報聲響了起來，司機沒理。各種顏色的交通號誌在車外一閃而過，紅、綠、橙，都不重要，就只是燈罷了。最後，我們在很像郊外垃圾場的地方停車，這是孔子故鄉所在地入口處的停車場。

除了在售票亭裡頭打瞌睡的售票員以外，沒有其他人。我參觀松林裡寺廟群的全程也沒看到第二個人。人都去哪裡了？幾個星期前，我剛好和家人去了伯利恆，跟一群吵吵鬧鬧的人一起排隊排了一個小時，大家搶著看一眼耶穌出生的地下洞穴。好吧，耶穌一分，孔子零分。

稍晚我回到曲阜，在市中心一座大型孔廟裡閒逛，最後來到了偉人的墓前，同樣只有我一個人在場。由此可證，孔子對現代中國遊客的吸引力似乎有限，但曲阜仍然盡其所能以孔子來招攬遊客，自封「東方聖城」（雖然孔子既不是聖人，他的哲學思想也不是一種宗教）。

孔子對當代中國乃至其他地區眞正的影響是什麼？我想多多認識這位聖賢，希望有助我了解東亞社會是如何運作，或許也能探知各民族之間的互動。我的理論是，儒家對日本、中國和韓國有著共同影響，對於這三國在二十世紀的衝突及後續發展更有獨特的毒性影響。幾個世紀以來，中國一直是文明世界的中心，從儒家名義來說就是哥哥。農業、書寫文字、官僚主義、瓷器、哲學和宗教等所有好事都從中國流淌而下，這些技術和知識自然會先經過朝鮮半島，最終才滲入日本，這一過程在中國、韓國和日本之間建立了一種文明、聲望和權力的等級制度。在這個支流系統裡，韓國與日本不時向中國進貢或表示敬意，以換取有利地位，其中韓國是二哥，日本是小弟，按照儒家思想，在手足之中的地位最低。所以試想一下關係的破裂：五十年來，「小弟」對兄長侵門踏戶，姦淫擄掠又殺害了成千上萬的韓國人和中國人，在一九四五年離開時，留下的是半個多世紀的苦楚（誠然，有些痛苦是自己強加在自己身上的）。日本在同一年當然也因美軍轟炸而遭到無法估計的破壞，但在二十年內就步上坦途，並且至少在經濟方面顛覆了等級秩序，成為半個世紀以來亞洲最富有的國家。因此，弟弟不只一次、而是兩次完敗了哥哥，簡直是令人髮指的儒家罪行。

以古代地緣政治的家族等級制度來看東亞不是什麼原創的觀察，而且有意見的人很多。首先，不同國家的觀點當然有所不同。布魯斯．康明斯寫過許多關於韓國的書籍和文章，他建議不要陷入把韓國視為儒家二哥的陷阱，「韓國從來沒有被『漢化』，」他寫道，並補充說，中國文化不可能原汁原味透過朝鮮半島傳給日本人。韓國人修改了中國教義，就像羅馬人修改了希臘文明。「眞正的版本是……韓國人毫不留情地將外國影響力『韓化』，而不是被漢化。」韓國或許是中國的朝貢國，甚至是附庸國，但通常是按韓國的條件進行，因爲適合當時的需要（例如要求中國提供軍力對抗日本）。

在香港和我聊過的一位歷史學家（她說的話可能會惹到當局，因此不願具名）表示同意，並向我保證，儒家秩序是中國人創造的海市蜃樓。特別是在十五和十六世紀以後，隨著海上貿易和通訊的發展，各國之間的關係變得更加複雜。「中國只是在騙自己，別的國家若覺得對自己有利，就會附和一下，」她說。中國視某些國家爲附庸國，但那些國家不一定如此看待自己。例如在韓國國內，有人支持中國，支持韓國獨立，甚至還有人支持日本。即便日本和韓國採納中國的文字或飲食方式等等，也會盡快且用力地把它變成自己的，「因爲如果光是從中國抄襲過來，他們會覺得自卑。」

日本也不是那種可以隨便撿中國文化麵包屑的民族。他們有足夠的能力自行現代化，這在一定程度上要歸功於十六世紀歐洲的影響。例如壬辰倭亂[103]時，日本便向鄰國展現國

103 朝鮮國方面的說法。

力和技術。

我在東京碰過面的在日朝鮮人日韓關係專家鄭太金，同意我的儒家等級理論有點道理，但他認爲這主要是韓國人的幻想。「韓國人認爲，日本文化是接受和學習韓國文化才出現，還認爲韓國對古代日本國的形成有重大貢獻，可是日本卻在二十世紀以入侵韓國作爲回報，這是韓國教科書講的故事。」鄭太金告訴我，這種說法「沒什麼道理」，但「韓國因爲與中國關係密切，所以瞧不起日本。」他承認明治維新後的西化過程提振了日本國力，「確實給韓國一種特別的恥辱感，因爲韓國人認爲自己被比較低等的國家統治。」

那麼儒家在各個社會之中的一般影響力是什麼？這也很難評估。舉例來說，韓國人普遍認爲自己是儒家社會，宗教上屬於佛教，日常事務的迷信是薩滿信仰。就現代日本而言，要從文化炒鍋裡的所有佐料剔除儒家思想又更難了，這裡頭有佛教、道教、德川幕府「鎖國」時期的文化發展、戰後美國的影響，當然還有神道。但日本政府的家長制、高度官僚、精英主義式的風格，看得到很多儒家做法。不過，記者馬丁．賈克指出日本最主要的差異：中國儒家「將仁愛納入核心價值觀，日本卻更重視忠誠度」。久而久之，這項強調變得越來越明顯，造成了絕對的天皇崇拜，二十世紀初期軍國主義很大一部分就是奠基於此。賈克聲稱，中國儒學的領導者有責任採取明智和公正的行動，但在日本儒學裡，重點在於下對上的服從。（順帶一提，賈克在《當中國統治世界》[104]一書也暗指，中國目前對寮國和柬埔寨等資源豐富國家的經濟殖民化，就是新的儒家秩序的證據。）

我在建於十四世紀的北京孔廟裡（我看到一張照片，是一九三八年日軍在此祭拜），請教了兩個三十多歲的男遊客，問他們覺得孔子對於當代中國有什麼話要說，他們看著我的表情彷彿我問的是纏小腳還重不重要。然而，近期英國廣播公司電台第四台的紀錄片裡，了解中國至深的牛津大學中國中心教授芮納・米德（Rana Mitter）把孔子描述爲「創造中國文化基因的人」，米德相信孔子的影響力持續到今天。

參觀完這座巨大的寺廟，我在一間咖啡店跟一個中國學生聊起來，他同意儒家思想對他的教育和當代中國社會有深遠的影響。可以從老年人在中國很受尊敬得知，例如在公共交通工具上要讓座給老人，他說。這位年輕人認爲孔子的著作有很多重要教誨值得學習，「我們非常珍惜」，但他也承認，無良的統治者也濫用它們來控制、剝削和壓迫人民。

104 李隆生譯，聯經，2010 年出版。

至少從表面上看，毛澤東和朴正熙都盡全力從各自的社會中剷除儒家思想，毛是因為他認為儒家思想代表壓迫性的反平等主義，朴則是因為儒家思想和他的資本主義野心相衝突。但你也可以說共產主義和儒家思想有一些協同作用：兩者都解釋了個人如何在集體社會中運作，而且都視神祕主義或神佛為無稽之談。在教育方面，孔子當然是平等主義者。《毛主席語錄》也該要正式感謝《論語》。共產黨很清楚，只要共產政權持續推動經濟發展，維持社會穩定，就能維繫中國的社會秩序，這符合了儒家統治者應負的責任，或許這也是中國人民可以忍受自由受限的原因。就連跟我聊天的那位年輕中國人，似乎從來也不怎麼在意民主改革：這就是經典的儒家交易，也難怪，中國在世界各地設立的文化機構稱為孔子學院（英國政府設立的叫做英國文化協會）。朴正熙在韓國締造經濟奇蹟，他扶持的財閥一直按照儒家原則行事，員工深諳自己在公司等級制度裡的位置，盲目服從上級。韓國人的教育狂熱也直接來自儒家教戰手冊。

之後我去台灣，問當地人台灣是否算是儒家社會。美籍講師及台灣專家麥哲恩（Michael Turton）表示，「儒家這個詞是記者丟出來的，但從來沒有人仔細分析它的含義，它可以代表很多東西，這是一個西方術語，是西方人講解事情給西方人聽的時候用的：如果我跟你說某某是儒家，代表它是威權主義和等級制。但是你看台灣的立法機關，女性佔四成。台灣有女性企業主和女性學者，婦女在這裡擁有很大的權力。」台灣似乎確實擺脫了儒家思想的循環。

如果有人把某些行為的起因歸於曲阜郊外這個洞穴，就會被指控是以偏概全、東方主義或「文化本質主義」。例如，美國記者麥爾坎·葛拉威爾（Malcolm Gladwell）在韓國飽受批評，因為他在《異數：超凡與平凡的界線在哪裡？》[105]寫道大韓航空機師屢次發生致命失誤，原因是所謂的韓國「文化傳承」，基本上，他的意思是副機師按照儒家傳統尊敬上司，言下之意是就算眼前出現一座山或引擎著火，副機師也不敢跟上司提。他的理論確實有些荒謬，但是等你去了韓國，或是讀了韓國的任何資訊，或遇到眞正的韓國人，不禁會透過儒家眼光來看待一切。韓國經常被認為是世界上最尊崇儒家的社會。甚至有韓國人說孔子是韓國人，因為有些不可靠的資料指孔子的祖父在韓國出生。韓國最早的儒家學校建於公元三百七十二年，數百年來一直採用中國的官僚入學考試制度，韓國鈔票上也還

105 廖月娟譯，時報文化，二〇一五年出版。

有儒家思想家的肖像。

許多人的確把韓國諸多弊病怪在孔子身上，而且不只韓國人這麼想。幾年前的書《國家要生存，孔子必須死》（Confucius Must Die for the Country to Live，音譯）在韓國非常暢銷，該書把韓國社會幾乎每一個糟糕面向都推給了那位大鬍子。《華盛頓郵報》最近刊登了一篇文章，兩位學者把該國可怕的性暴力與性別不平等的文化歸咎於儒家思想。每當提到韓國的高壓教育方式，也通常會提起聖哉孔子。布魯斯·康明斯認為儒家思想也主宰了北韓，「……如果有人說北韓共產主義完全與過去決裂，就是忽略了儒家傳統在北韓延續至今的事實：家族政治，領導人傳位給兒子，乃至對北韓創建人金日成的狂熱崇拜。」

這年頭，韓國男性在公開場合展現儒家特權，偶爾會變成爆紅影片而帶來很高的娛樂效果。原本有望角逐總統寶座的南韓政客金武星，被拍到在二〇一六年大搖大擺步出金浦國際機場出境大廳，順手把黃色行李箱一把推開，一旁等待的隨扈躬著身接下，他從頭到尾沒看隨扈一眼也沒停下來，直視前方繼續走，猜測可能是走向有司機等著的豪華轎車，反正他已經把行李箱當助推火箭一樣給發射出去了。影片震驚又逗笑了全球，引起人們熱議韓國當權者對待下屬的方式。他本人則相當憤慨，不知自己做錯了什麼。

韓國人的行爲舉止以及彼此之間的互動，似乎經常取決於儒家等級制度，即使在所謂的輕鬆環境如酒吧和餐廳裡也是。例如，當你說「乾杯」並舉起酒杯，要注意不能舉得比長輩或上司還高。韓國人也無法接受獨自用餐的人幫自己倒酒。

一天晚上，我在首爾廣藏市場的露天小吃攤吃綠豆餅。我旁邊坐了兩個二十多歲的年輕人，正在享用生魚片。我們聊了幾句客套話，然後我繼續吃，但每回我在自己的杯子裡倒馬格利酒（米發酵製成的濁米酒），他們都顯得很不自在。年紀較輕的那個距離我最遠，他依照儒家規矩，本能地伸手拿酒瓶幫我倒酒，然後再坐回位子。

我忍不住問了是爲什麼，年輕那位笑著說這是直覺，這事他做了一輩子，早就習慣了。我很好奇，韓國人如何在日常生活處理這種儒家社會階級的眉角，在一群人裡頭要怎麼確定誰是長輩，然後在對話中表現出來？

「說話有分敬語（禮貌）和半語（不禮貌），」年紀較長的那位解釋。「跟社會地位或金錢比較無關，不過當然了，如果某人明顯很有錢，你可能會對他禮貌一點。第一重要的是年齡，然後是性別。遺憾的是老年人太常用半語跟年輕人說話。」如果不確定，韓國人會直接問對方年紀，然後以此來調整看要用七種不同語域的哪一種來稱呼對方。「第一次與某人見面時，如果你覺得未來會有更多互動，直接問年紀，這樣才知道需不需要用敬語說話。」兩個年輕人當中較年輕那位對較年長的果然比較尊重，同意他的意見，捧場他的笑話，幫他倒酒等等。

我試了一下即興角色扮演。

「所以你會說，『嗨，弗蘭克，我叫約翰。之後我們要一起負責這個專案……』」

我的同伴點點頭。

「然後就問，『那麼，請問你幾歲？』」

「對，就是這樣，一開始講話就問。學生之間無論年紀都只用半語，現在反年齡歧視文化很流行。」

我們演練了好幾趟，我提出各種情景，如果你家比老師家有錢，如果對方是女老師，而你是男生（「當然要尊重她，因爲老師的地位比學生高」），但在大多數情況下，女性地位低於男性。

我以爲半語是命令式，例如「告訴我去車站的路」而非「您是否介意告訴我……」，結果是動詞變化之別。「如果在動詞後面加上『요』（yo）之類的，例如『가요』（kayo），這樣就是敬語，如果你只使用『가』，這樣是半語，」兩人之中年紀較大的告訴我。

然而就算在最推崇儒家思想的韓國，社會上也有某些方面絕對不符合儒家。財閥的結構符合儒家規定，但集團負責人卻坐輪椅打點滴上法庭，裝病推卸法律責任。儒家思想的一個基本要素是，領導者有責任以誠實的態度行事，子曰「爲政以德」[106]，但很少財閥家族照做。痴迷於整型回春的韓國，眞的尊敬老年人嗎？

回到曲阜夫子洞。又經過一趟驚險萬分的車程，我回到了入住的飯店。這一帶很奇妙，許多仿古傳統民宿圍繞著水泥院落而建，一旁就是舊城牆。由於城裡沒半個觀光客，我一人獨享整棟房屋，室內設計符合儒家學者的特殊要求，書房配有華麗的雕花書桌，桌上陳設了文房四寶，後面還有一個大書櫃，上面擺著孔子的著作（我猜）。

在曲阜的最後一個下午，我去參觀孔廟。這座古建築群歷史達千年以上，石柱上刻有龍紋浮雕，樹林裡古老雪松木由木樁支撐，美麗古亭的屋頂爲三層黃瓦飛檐，其中一個亭

106 出自《論語．為政篇》，子曰：「為政以德，譬如北辰，居其所而眾星共之。」

子是杏壇，傳說中孔子講學之處。某幢建物牆上鑲了用半寶石描繪出孔子的生平，至聖先師著寬鬆藍袍戴小冠，粗獷五官和濃密黑鬍子，讓我想叫他一聲中國的貝瑞·懷特（Barry White）[107]。現存最古老的孔子生平圖是一四四四年「出版」的三十六幅木刻本《聖跡圖》，我從中讀到他出生之時麒麟出現，口吐玉書[108]。孔子一生中顯然多次麒麟來訪，他曾經因某隻麒麟遇害感到非常憤慨，認爲這是時代將變之徵兆。另外根據英文翻譯，他也「吃素並祭拜北斗七星」。有時龍也會出現，但我看不太懂原因。有一回孔子對天祭拜，「赤虹自上而下化爲黃玉」[109]，聽起來挺不錯的。

我步出廟宇，經過城牆，來到了公元前四七九年孔子去世時下葬的墓地，竟然只是個青草覆蓋的簡單土墩，位在幽暗的松林裡。我站在前面，試圖總結一下我對至聖先師的感想，以及他對東亞諸國的影響。

所謂的儒家特色，也就是重視教育、尊重長輩、強調家庭價值、不能丟臉、性別歧

107 美國靈魂樂歌手，一九四四年生，二〇〇三年逝世，名曲包括〈Can't Get Enough of Your Love, Babe〉。
108 東晉王嘉《拾遺記》曰：孔子生，有麟吐玉書於闕里人家。
109 出自《孝經右契》清劉學寵輯。

視、老男人擁有特權…… 在世界各地都看得到，不是嗎？很遺憾，父權制度和階級制度是普世現象。沒有了虎和鷹養大、相貌奇特的男子之傳頌兩千五百年的學說作爲罪魁禍首，許多國家還不是互相仇恨。

一九九〇年代後期，丹麥社會學家蓋爾・赫爾格森（Geir Helgesen）對亞洲人和北歐人進行調查，詢問他們是否同意「理想的社會就像一個家庭」，百分之八十中國人和韓國人同意，也有七成北歐人同意。孔子對他們的意義，其實跟在有線電視台傳福音的牧師差不多。換句話說，也許亞洲人接受孔子，只是因爲他的教誨具有普世價值，所有人都有共鳴。

5 南京

我搭高鐵抵達南京，這個城市一看就讓人想定居，它一點不像陰沉神經質的北京或僵化的曲阜。

中國在歷史上曾經幾度定都南京，這裡仍然有宏偉的建築、寬闊的林蔭大道和熱鬧的公共空間，夜裡的燈光秀更有一種未來感，彷彿我終於進入了二十一世紀。南京甚至還有共享單車，只是當地人常常騎完就將單車隨意棄置，堆得跟營火堆似的。

最重要的是，南京的食物真的很好吃，而且有很多日本餐館。實際上，我在這裡看到的日本餐館比在任何中國城市看到得還多，有很多居酒屋、壽司店、拉麵店、丼飯店和串燒店，甚至還有日本便利商店。Hello Kitty 主題咖啡廳生意很好，我還在一個地下商城看到日本甜點店、無印良品、優衣庫等零售品牌，和一間直接取名「日本設計師品牌」的商店，甚至還有一台專賣活蟹的自動販賣機，再也沒有比這更具日本味的了。

我不想光從這些，就對南京人民與日本佔領者的關係下什麼老套結論，但我決定視爲鼓舞人心的跡象。至少南京沒有把日本視爲宿敵。爲什麼要如此呢，因爲直到今天，一提到南京，很多人想到的還是史上最殘暴的大規模戰爭罪行：一九三七年十二月至一九三八年一月的南京大屠殺。

一九三七年秋，日本佔領上海並向北推進到南京，戰機從長崎出發，進行了數月的空襲，十二月時，裕仁天皇叔父朝香宮鳩彥王指揮十萬帝國軍部隊進入了當時的中國首都，趕走十五萬大軍的國民黨軍。日軍奉令不留活口，撤退的國民黨軍倉皇逃離。正如《紐約時報》一九三八年十二月十一日報導的，混亂局面一部分是中國將領的錯：「很多（中國）將領更擔心日軍入侵會威脅自己的個人財物安全和土地，並沒有想要守住南京。」到了一九三七年十二月十三日，日軍開始持續數週的大屠殺，還有許多中國士兵困在城裡。以今天的標準來看，屠殺的人數和方式依然震驚全世界。據一項估計，光是在南京北方的幕府山附近就有五萬七千名中國俘虜被殺。

將近六十年後，一名士兵長富博道（Nagatomi Hakudo，音譯）回憶當時所見：

「……士兵用刺刀挑著嬰兒，把活生生的嬰兒扔進沸騰的鍋中。十二歲至八十歲的婦女慘遭輪姦然後殺害。被我砍頭、餓死、燒死、活埋的總共有兩百多人。我變成像動物一樣做著這些事，沒有言語能形容，我就是個惡魔。」

日本侵略南京最駭人聽聞的事件發生在南京淪陷之前，片桐部隊兩名日本少尉向井敏明、野田毅進行「百人斬」競賽，兩人賭看誰會先殺滿一百個中國人。《日本廣告商報》（Japanese Advertiser）[110]在一九三七年十二月七日熱烈報導了此事。後來因為情況混亂，不確定誰先殺到百人，決定把目標提高到一百五十人，同樣也有報導。向井敏明和野田毅事後被中國軍俘虜，於一九四七年在南京受審。兩人供稱那是虛構的宣傳，當今還有一些日本人支持這項說法。他們於一九四八年被槍決[111]。

110 一九二九年至一九四〇年在東京發行的英文報紙。

111 原注：據稱比賽使用的其中一把軍刀，目前陳列在台北國軍歷史文物館，刀刃上刻有「南京之役殺一百零七人」日本字樣。關於這把刀，最近還發生一樁離奇暴力事件。二〇一七年八月，五十一歲男子呂軍億砸碎強化玻璃櫃，取走軍刀，前往距離幾百公尺的總統府，持刀砍傷一名憲兵，據信他試圖進入總統府，目標是當時在府內的蔡英文總統。部分精神鑑定認定，呂行凶時患有精神疾病，身上帶著五星旗。遭他揮舞軍刀相向的憲兵頸部受傷，經送醫無大礙。呂軍億的家人告訴調查人員，說他沉迷於中國央視聯播，我看的那些戰爭電視劇就是在央視播放的。台灣報紙引述他的家人說的話：「那些中國電視節目對他影響很大，他變成政治狂，擁護極端中國主義觀點，還積極支持台灣重返『祖國』懷抱。」

中國稱南京大屠殺是日軍在中國領土犯下的衆多暴行之一，時間從一八九四年黃海海戰日軍登陸旅順港開始算起。一九三二年，日軍爲報復東北義勇軍在平頂山襲擊駐撫順日軍，殺害了八百至三千名中國人。一九四二年，日軍在新加坡肅清大屠殺（Sook Ching Massacre）可能殺死了五千多名華人[112]。另外，一九四二年發生在菲律賓的巴丹死亡行軍（Bataan Death March）也導致五千名美國戰俘死亡。南京大屠殺以其規模和殺戮性質，在主流戰爭歷史佔了突出地位。

介於一九三七年十二月至一九三八年一月之間，死亡人數估計爲五萬至三十萬，某些估計數字甚至更高。中國政府根據戰後在南京舉行的審判所提供的證據，得出官方數字三十萬，但戰爭的混亂局面，加上當時中國境內大量難民，根本無法確認眞正數字。一位歷史學家私下告訴我說，中國沒有歷史學家相信有三十萬人死亡。他說，他們估計死亡人數在五萬到八萬之間，但是在國際上（包括東京審判）所達成的共識大約在二十萬左右。以低端數字爲參照，在整個二次世界大戰期間，英國平民死亡人數爲六萬一千人，法國平民

112 日軍在二戰佔領新加坡時，屠殺當地華人與反日分子，傷亡人數據日本官方估計為五千多，戰後審訊提出的數字是兩萬五千人至五萬人。

死亡人數爲十萬零八千人。

就連在當時，日軍攻下南京也是世界各地的頭條新聞。詩人W．H．奧登（W. H. Auden）在一九三九年出版的《來自中國的十四行詩》（Sonnets from China）裡，在〈這裡就是戰爭〉把中國首都比喻爲納粹死亡集中營：

地圖眞能指出
此刻生活如地獄的地點：
南京。達豪

如今，有些日本人否認南京大屠殺發生過。一位日本歷史學家寫道，共有四十七個中國平民喪生，不多不少。其他人則對「大屠殺」的定義或時間範圍有意見（是日軍抵達的第一週，還是一九四六年東京審判定出的抵達後六週？），如何定義「南京」，是整個區域，或只是在城牆之內？還有人說野蠻的是中國軍隊：是他們放火燒了南京並犯下了暴行。

有些著名的日本政治人物發言批評已受公認的南京事件，例如前名古屋市長河村隆之。二〇一二年，他稱日本軍方行爲是「常規的戰鬥行動」。一九九〇年，前東京都知事石原愼太郎在《花花公子》雜誌發表了以下聲明：「人們說日軍犯下南京大屠殺，但這不是事實。這是中國人捏造的故事……是一個謊言。」前文科學大臣（教育部長）藤尾正行輕描淡寫爲「只是戰爭的一部分」。

硬要爭辯的話，從實際層面來說，戰爭總是會發生可怕的事，沒有一場戰爭例外，幾乎沒有國家不涉及戰爭罪，許多軍隊收到的命令是「不留活口」，許多戰勝方的士兵對戰敗方恣意姦淫擄掠。美萊大屠殺及阿姆利則大屠殺，就是美軍和英軍各自在越南和印度屠殺手無寸鐵的平民。在沖繩戰役中，美國人處決了日本戰俘，英軍也在緬甸戰役處決日本戰俘。

其他人則以日軍「武士道」精神的殘酷訓練方式，來爲他們在南京的野蠻行徑做解釋或開脫。「皇道派」[113]主張尊皇的精神民族主義，認爲自己具備種族優勢，在他們眼中，敵人算不上人類，因此再怎麼受苦他們也無感，因爲他們的使命是「淨化」亞洲。勞倫斯・里斯（Laurence Rees）在《遠東戰爭》（Horror in the East）[114]，引述在中國駐軍的日

113 日本帝國軍中的政治派系。
114 亦有同名紀錄片。

本憲兵隊退伍軍人土屋芳雄的話，日軍認爲中國人「像蟲子或動物一樣……中國人不屬於人類。」「我覺得自己只是殺死動物，就像殺豬，」里斯引述另一名在中國北方作戰過的退伍士兵說的話，「我以爲日本帝國軍就應該這麼做。我完全被說服了。」

裕仁天皇以其神性，讓日軍的軍事行動合理化。戰後，一名日本士兵政代榎本（Masayo Enomoto，音譯）在中國逮捕並受審。他在證詞中說：「我爲天皇而戰，天皇是人間之神，以天皇陛下的名義，我們想對中國人做什麼就做什麼。」沒人知道一般日本士兵是否眞的相信他們的行爲獲得神祕權威的許可，但這肯定是他們接受的教導。

戰後幾十年裡，中國政府憑藉與日本的良好關係而得到各種好處，因此日軍的罪行並不在中國政府優先處理的事項裡。在一九六四年日本社會黨人士訪中之際，毛澤東在談話中提到，「日本軍國主義給中國帶來很大的利益，使中國人民奪取了政權。」毛澤東的感激或許是雙刃劍，但不可否認，共產黨確實得益於日本對蔣中正國民政府發動的侵略戰爭。

幾十年來，致力於保存和紀念一九三〇及四〇年代初發生在中國的事件的人，大多直接經歷過那些恐怖事件，要不就是主動想確保這些事件永遠不會被遺忘。這些具有公民意識的歷史學者之中，我在旅途中遇到的吳先斌是最了不起的一位，他憑個人力量創建了一間民間博物館，專門紀念南京大屠殺。

「一開始完全是因爲憤怒，」我到南京的第二天造訪吳先斌的博物館，他這麼告訴我。「但是我意識到憤怒是不夠的。我想告訴人們發生了什麼，於是我把憤怒化爲行動。」

吳先斌五十多歲，外表敦實。他今天穿著牛仔褲，戴著有一顆紅星的白色棒球帽，穿著一雙實用的厚底棕鞋。他看起來像個工廠老闆，事實證明他的確就是。計程車送我到博物館門口，這棟有點俗氣的金色和紅色建築物位在輕工業區，我覺得看起來挺像棟老舊辦公大樓，結果沒錯。二〇〇四年，吳先斌把家具事業的行政大樓改建成南京民間抗日戰爭博物館。

我預期吳先斌是狂熱分子，結果他卻是個極爲理性的人。他對戰爭、日本以及兩國當前關係的看法既平衡又清晰。「我的目的不是喚起仇恨或悲慘回憶，而是要讓人們看清楚這是發生過的事情，要記住並從中學習，」他說，一邊帶我參觀他的大辦公室，牆上都是書和厚厚的資料夾。周遭地上都是箱子，裡頭堆滿了更多的文件。我們在深紅色三件套貝殼沙發區坐著，離他凌亂的辦公桌有段距離，他告訴我他收藏了四萬多本關於戰爭史的書籍。

我來這裡之前，先參觀了江東門附近的侵華日軍南京大屠殺遇難同胞紀念館，許多受害者遺體就是在當地挖出。如同哈爾濱七三一部隊罪證陳列館，南京的紀念館也坐落在一棟規模龐大的現代建築，這棟是灰色花崗岩構成三角形巨大建物，周邊是鋪了礫石的紀念碑雕像公園。不過，吳先斌說官方博物館是「從領導人、將軍和大人物的角度來看」。他希望他的博物館從普通百姓的角度來看南京大屠殺。「我想展現的是所有人原本過著自己的生活，但是戰爭破壞了一切，這才能展現人性。」

我隨他進入一個大的長形展間，裡面陳列著軍刀、便壺、頭盔、日本國旗、新聞剪報、以及如今大家都熟悉的屠殺照片。看得出來籌備預算不多，但陳列得很整齊。

吳先斌的家人在戰後才來到南京，他雖然在這裡出生，但與屠殺沒有任何個人關係。當他在報上讀到日本首相參拜靖國神社，出於一股使命感，自掏腰包開辦了民間博物館。我說日本首相已經好幾年沒去參拜了，「沒錯，但他們還是供奉祭品。我不相信他們眞的承認自己的所作所爲。許多日本人問我：『你爲什麼不放下呢，過去的事就算了吧？』」

他總是回答，中國是戰爭的受害者，受害者與加害者的觀點不同，權利也不同。那麼我在南京看到那麼多日本餐館、公司和品牌呢？這難道不是代表了中國人民已經既往不咎了嗎？「社會很複雜，」吳先斌坦率地說。「那是經濟因素，不代表中國人忘了歷史或忘了日本佔領期間發生的一切。」他仍然認爲日本扣住了有關一九三七年事件的證據。

吳先斌投入了大量資金來設立博物館（他不願意告訴我多少錢，但我後來讀到超過了二十萬英鎊），到目前已經十二年的時間。他已婚，有個成年女兒，但他的親友並不太了解他在做什麼，他聳聳肩。即使每年約有四萬名訪客，博物館也沒有賺到錢，但近年來政府已開始提供財務支援。

到目前爲止，吳先斌非常親切又耐心十足。我再次大膽地問他，也許大多數中國人已經放下了，還是他也該考慮放下？「我同意你的看法，我們應該展望未來，但沒辦法放下的是日本人。一九五〇年代到一九八〇年代，中國社會都沒有提過這些事。直到日本主流社會開始否認歷史，右翼當道之後，這些事才變成問題。」第一本否認大屠殺的日本歷史教科書於一九八〇年代初出版，書裡把入侵改爲「進入」。中國當局於一九八四年開始建造正式的南京事件紀念館。

「我喜歡日本。我認爲現代日本社會是世界上最文明的社會之一，」吳先斌接著說。「但是有很多普通的日本人，特別是年輕人，對於日本在中國那段歷史一無所知。他們不會提大屠殺，因爲政客試圖壓下這些資訊。學校教科書怎麼能用寥寥幾個字，來形容南京大屠殺這樣重大的事件呢？我認爲許多日本年輕人知道眞相的話會很震驚。」

他常去日本，每次去都發現有關南京大屠殺的書籍越來越少，令他感到不安。他在幾個日本非政府組織的幫助下，於二〇一四年帶了一些收藏品到廣島和名古屋展出。多年來，他透過募款得到來自「好幾百個」日本人捐款，而日本人也是該博物館最大宗的海外訪客。他希望二〇一九能去東京辦展，但尚未找到合適的日本夥伴。

「當然也有網軍寫信來威脅我或挑釁，但我還未碰過人身攻擊。有的時候，他們會來這裡。」日本右翼分子參觀他的博物館？我吃驚地問。「是的，我甚至認爲其中一些人是我的朋友。右翼分子有很多不同類型，中間偏右、溫和右派、極右派。你聽我說，」他停下腳步，轉向我。「我相信溝通，不能溝通就無法走得更遠。對一個人的歷史觀感到生氣或情緒激動是沒有意義的，最好能夠知道他們在想什麼，並用事實與他們辯論。他們爲什麼這麼說？他們是從哪裡獲得資訊的？」

有的人聲稱南京大屠殺的證據有部分或全部都是中國當局揑造的，他都怎麼跟那些人說？「這個事件留下了八百張照片，都不是中國人拍的，全部由外國人拍攝，大多是日本人，也有當時在南京的西方人。」新的照片證據不斷出現，例如二〇〇八年九月，某個神戶居民的家中找出日軍活埋的中國人的照片，最早由日本報紙《朝日新聞》刊登披露。「就算這些照片是僞造，也不是中國人僞造的，事實就是證據來自多個來源，主要是日本，也有美國、中國和歐洲。」

部分歐洲居民目睹了日軍抵達頭幾天的屠殺行爲之後，很快地自發設立了避難所，一九三七年中期上海被佔領期間，也有類似的難民營。在南京，德國商人、納粹黨成員約翰·拉貝（John Rabe）在自家收容了六百名中國難民，人稱「活菩薩」。這些歐洲人爲二十五萬人提供避難所，中國人當然感念在心，侵華日軍南京大屠殺遇難同胞紀念館有個大型專區是紀念他們的。當時南京也有幾位外國記者，包括《紐約時報》竇奠安（Tillman Durdin）以及美聯社查爾斯·麥克丹尼爾（Charles McDaniel）。一九三八年二月，美國牧師費吳生（George Fitch）將傳教士約翰·馬吉（John Magee）在南京拍攝的超八毫米紀錄片偷偷帶到美國，南京大屠殺才引起全世界的注意。

近年來，致力讓西方人了解南京大屠殺的外國記者當中，貢獻最大的是美籍華裔記者張純如。一九九七年，她出版了暢銷全球的《被遺忘的大屠殺：1937南京浩劫》[115]。她於二〇〇四年舉槍自盡，享年三十六歲。

我從吳先斌之處得知，南京以北約三個小時車程的淮安有個博物館是紀念張純如，我在第二天去參觀。中國近代史最黑暗的一頁得以為世界所知，這位作家的貢獻很大，我很好奇中國人會如何紀念她。

博物館獨自位在一個公園中央，周邊有十幾棟三十層樓高的建築物。紀念館的風格介於中式陵墓和公園咖啡館。門口沒有人守著，所以我直接走進去。今天很冷，館內完全沒有人。

肖像、照片和石膏半身像描繪的張純如，看起來恬靜自得。館內收藏了各式文物，她的運動衫，童年時期的鋼琴，臥室的樣子，小時候寫的詩，畫的素描，以及門薩[116]智商測試成績單，說明她的早慧。入館不久就看到這些文字：

115 蕭富元譯，天下文化，二〇〇七年出版。

116 門薩國際（Mensa International），世界上規模最大、歷史最悠久的高智商同好組織。

張純如
純眞自如
似詩如彩虹

我得知張純如的父母都是美國哈佛大學博士，她則畢業於伊利諾大學。第一份工作是重新撰寫電腦軟體說明書，後來去芝加哥論壇報（Chicago Tribune）任職，最後於一九九三年開始爲本書做研究。部分日本當權派人士否認並拒絕爲南京大屠殺道歉，令她感到憤慨，她稱爲「日本的第二次強姦」（the second Japanese Rape）。

館內有個螢幕，循環播放一九九〇年代中期美國公共電視網製播的新聞節目，張純如和日本駐美國大使一起上電視，標題爲：「張純如在三十秒內讓日本大使啞口無言」。

我把影片看了幾次，我認爲值得一句句轉錄在此，因爲在某種程度上，它直指了日本道歉問題的核心，請讀者自行評斷：

張純如在棚內，大使在直播畫面上。她直接問大使。

張：請問大使今天可否在全國電視台的現場，說一聲他對於南京大屠殺和其他針對中國的戰爭罪行深表歉意？

大使：我們確實承認日軍犯下殘忍暴力的行徑，對此我們深感抱歉（we are very sorry for that），我們也明白受害者一輩子背負這樣的記憶，我個人認爲這也是日本人民必須長期承擔的負荷。

（接著他說他讀了二十本教科書，裡頭都提到南京，日本人努力去教育發生過的事情。）

訪問者（問張）：你聽到道歉（apology）了嗎？

張：我不知道，你聽到道歉了嗎？我沒有聽到「道歉」這兩個字。我想，如果他眞誠地說出「我個人爲二戰期間日軍所做的事感到抱歉」（I personally am sorry for what the Japanese military had done during WWII），我會認爲是道歉，我會認爲這是朝正確方向邁出的重要一步。可是諸如「遺憾」（regret）、「悔恨」（remorse）和「發生不幸的事情」（unfortunate things happen）之類的詞語，就是這種措辭和表達的含糊性，才會讓中國人民感到憤怒。

誠然，大使不是什麼明星，而且他使用的是第二語言，但他確實按照張純如的要求，直白地在現場直播的全國電視節目裡說了「我們非常抱歉」。他並沒有如張純如聲稱的用了「遺憾」、「悔恨」或「發生不幸的事情」這類字眼。她彷彿沒有眞的在聽，只想注意大使如何「剖析」或用了什麼模稜兩可的詞語。

張純如的下一本書是美軍戰俘在菲律賓的遭遇，在做研究期間，她可能因壓力過大而導致精神崩潰，而於二〇〇四年自殺身亡，留下一個三歲的兒子。她被診斷出躁鬱症，去世前幾個星期深信自己被中央情報局、日本右翼極端分子以及布希政府盯上。

張純如書中有誇大的部分（例如她聲稱死亡人數「遠遠超過」三十五萬），她的「感情用事」，她把南京事件比喻爲猶太人大屠殺，也被認爲是錯誤的「受害者學比較」，因此受到許多西方和日本學者批評，她也避而不提在她之前對南京大屠殺做了開創性研究的許多日本人。自一九六五年以來的三十年間，日本歷史學家家永三郎與日本政府展開了一場著名的法律戰，他認爲日本政府在學校歷史教科書中隱瞞眞相。表達這種觀點在日本可能有生命危險，例如在一九九〇年，長崎市長本島等因爲暗示裕仁天皇有戰爭責任而遭槍擊。但是閱讀張純如的書，會以爲所有日本人都拒絕承認歷史。

我向吳先斌提起張純如受到的批評，他維持一貫的理性。「少了她的書，很多西方人不會知道南京大屠殺。我知道人們說她的書誇大而且很主觀，但我認爲她做出了很大貢獻，而且隨著越多研究出爐，大家也更發現她的書說得其實沒錯。」

張純如在書末給了一個較爲和解的立場，正確地指出日本人沒有什麼不同，也不是「他者」。「任何種族或文化在戰時都做出殘酷的行爲，」她寫道。任何一個社會都有能力犯下南京大屠殺的舉動。「日本在二戰的行爲，是危險政府在危險時期加上脆弱文化的產物，而不是危險民族的作爲……」

6 上海 I

如果說南京給我的感覺是進入二十一世紀，那麼上海就是迪士尼未來世界主題公園（EPCOT）對未來的願景，雖然說是一九八八年對未來的願景。我搭高鐵到上海的當晚就來到觀光客眾多的外灘，位在著名的黃浦江邊，兩岸都是世紀之交的布雜藝術（Beaux Arts）風格建築物。這些堅固的花崗岩建物和鐘樓曾經是西方帝國主義在上海的基地，但老是讓我想到利物浦的舊濱水區。現在，進駐這些建物的是歐洲奢侈品牌旗艦店、五星級酒店和高級餐廳，西方帝國主義披上消費主義的外皮。

今晚，對岸浦東新區的高樓籠罩在雲裡，紅色的航空警示燈在薄霧中發光。據說一九九〇年代開始打造浦東新區時，十年之內就建造了相當於十個曼哈頓那麼多的大樓。如今，玻璃帷幕摩天大樓簇擁成鋸齒狀的天際線，每棟大樓競相以狂野的外形取勝。我的目光被上海環球金融中心所吸引，頂部的方形開口使得它被暱稱爲「開瓶器」。據說當初建商日本森大廈公司其實是把開口設計成圓形，但當局認爲這令人聯想到日本國旗上的太陽而要求修改。

我從詭異的黃浦江觀光隧道過河，過隧道時聽著有如英國廣播公司音效工作室（BBC Radiophonic Workshop）的配樂，看著千變萬化的燈光秀，一時還以爲自己身在《異世奇人》（Dr Who）[117]片頭裡。到達浦東新區後，我參觀了東方明珠電視塔（那種像櫻桃插在一根牙籤上的大樓），一樓的上海歷史發展陳列展示館同樣奇趣，介紹上海近代史的官方版，內容主要是本地人民如何「英勇地」對抗「機敏的」西方列強，後者在一八〇〇年代末用「花煙館」（鴉片窟結合妓院）佔據和腐化了這座城市。當時，上海以享樂之都聞名於世，有如東方的紐約。然而少數人的快樂建立在許多人的痛苦之上，一九二〇年代初中國共產黨在這座城市誕生，絕非偶然。

我在上海第一天晚上的溜達止於原英國駐上海總領事館的建築物。這幢地中海風格的

117 英國廣播公司製播的長壽科幻電視劇。

大型別墅位於外灘盡頭，建於一八七〇年代，從陽台可俯瞰木蘭成蔭的整齊草坪，如今已改建成一間時髦的飯店和酒吧，我走進去，裡頭沒什麼人。鋼琴師在演奏〈回憶〉，我點了杯飲料，試著幻想眼前正進行一場槌球遊戲，紳士喝著琴湯尼，女士在高溫下搖著手扇，苦力在遠方碼頭上背負著茶葉箱前行。

幾年前，我第一次來上海，本以爲只是個平淡無奇的大城市。我做好心理準備，等著面對高聳入雲的購物中心、巨大購物商場，沒想到，卻立刻愛上這座城市。上海具有旅行作家所謂的「紋理」，意思是你還能看到老人坐在門口抽煙。遠離奢侈品牌旗艦店，上海仍然是一個美好又混亂的大城市，最適合漫遊者（flâneurs）。這次我漫遊了幾天，大部分時間待在前法租界，法國梧桐樹成排的林蔭大道上，都是裝飾藝術風格的別墅。新天地的石庫門樓房也在這裡，中國共產黨於一九二一年第一次召開全國代表大會的地點。殖民時期修築的南京路是上海重要的商店街，周圍巷弄的雜貨商、五金行和餃子館爭相吸引顧客上門，肉販店門前的人行道上吊掛著新鮮肉品。這裡旅館和按摩院都很多，一個齷齪模樣的傢伙招攬我進其中一間按摩院，我爲了躲他，和一塊豬肩肉擦肩而過。

在上海的某天晚上，我在法租界附近麵店和兩個本地年輕人碰面，一位叫索倫

（Søren），是我丹麥友人的朋友，另一位是他的同學班（Ben）。

大多數年輕中國人都會取個西方名字。我們在滿座的麵店等待服務員來點菜，他們倆大聲跟我聊天。二十五歲的索倫在大學讀哲學時成爲齊克果（Søren Kierkegaard）的粉絲，因此去了丹麥，才會結識我們的共同友人。二十二歲的班在幼稚園就取了英文名字（班跟「笨」音相近，因此被認爲很可愛）。他說他有朋友叫浩克（Hulk）、蘋果（Apple）、甚至奶子（Titty）。

有鑑於最近跟我往來的都是上了年紀的學者，我想從年輕人的角度來了解中國，特別是在人人使用社群媒體的時代，他們如何看待中國共產黨對生活的限制。

「現在中國年輕人做的事前人都沒做過，網路文化很瘋狂，」班說。「也就是衝突都發生在兒女不願服從爸媽。我們都在想辦法跟老一輩的人談判，找出應對他們的策略。」家長與孩子溝通出問題，在西方國家很常見，對中國來說卻是新鮮事。索倫和班目前分別在金融業和科技業工作，兩人都與爸媽起衝突，有時根本不聯絡。索倫認識一個女孩，畢業當天就離開山東小鎮的家鄉。她原本能順利進入一所好大學，家人都希望她去讀，山東是非常保守的省分，傳統路線就是努力讀書，以後當老師或在地方政府做行政工作，雖然低薪又辛苦，但卻是鐵飯碗。結果，她在上海一家公司找了實習生的工作，不告而別遠走他鄉。「她只帶了個包包，搭公車去濟南，然後轉乘火車去了上海。與家人斷絕聯絡，」索倫讚嘆。

「中國年輕人越來越向外看，我們都想出國留學，」曾經去美國留學的班說。在美國大學讀書是所有人的夢想，習近平的女兒就圓夢了，她在二〇一〇年進入哈佛大學就讀。教育交通是雙向的，學生也從西方到中國。「我在上海讀大學時，班上基本上一半是中國學生，一半是國際學生。」我不知道大家怎麼看，但我覺得這種情況非常振奮人心。如果來自不同國家和大陸的年輕人能湊在一起學習，肯定是好事一件。

我以爲兩個年輕人都來自中產階級或中上層階級，但班的父親在工廠工作，他的母親則是小學老師。他在一個省級城鎮度過了傳統的童年，移居國際大都市上海並非易事。「我畢業於一個非常中國共產主義式的學校，有濃濃的民族主義色彩。我來這裡上大學時，一開始還眞不曉得怎麼跟其他學生說話。」

我們聊到在中國，即時通訊軟體是個奇怪的平行世界，使用者爲了規避審查，小熊維尼成了習近平的代稱，粉紅豬小妹（Peppa Pig）則因爲「鼓吹黑幫文化」而被禁。班說年輕人經常在網路上嘲笑老一輩的人。農曆新年是國定假期，所有人都會在過年前回家，網友丟出各種建議，來回應父母的審問如「你怎麼還沒有結婚？」或是「公司升遷的事怎麼樣了？」「你就改變話題，在阿姨問你怎麼還沒結婚之前，你問她：『阿姨新年快樂，你的女兒好嗎，她找到男朋友了沒？』」索倫說。

兩位年輕人都跟我說，他們用VPN伺服器繞過中國防火牆。我在中國旅行時就用VPN，效果很好，推特在中國被禁，我還是能順暢使用。其實每當我跟中國人談到中國的網路審查制度，大家說的都一樣：很糟糕，政府把他們當成兒童看待，這是對他們人權的侵犯，據說有三萬名政府僱員全職監視網路討論區，很離譜等等。但是，所有人也高興地承認自己用VPN，也就是說，他們不受到這些限制。「現在越來越少人從央視（國有電視媒體）獲取資訊，」另一位中國學生告訴我。「我有許多朋友甚至家裡沒有電視。」她解釋說，審查制度不是當局透過社群媒體發布內容，而是擋掉訊息不讓人看到。例如，在微博（中國的谷歌）搜尋不到前任總理的名字，「但是大多數人不在乎這個，大家在乎的是普通老百姓遭到傷害，這種醜聞不可能壓下來。如果某天我的微博帳戶被封鎖，那我第二天再註冊一個就好，然後發布審查制度不合理的推文。」她說北京仍然禁止任何形式的公開抗議或遊行，但我開始懷疑，網路審查制度其實沒有實際效果。

最後這則對話出自我和幾位中國學生的電子郵件內容。幾年前我在中國出了一本書，他們從那時起一直和我保持聯絡。我經常問他們中國的生活，他們也耐心地向我解釋，中國的確沒有西方概念裡的民主，但是他們的體制與西方一樣順利運作，畢竟正如一位學生跟我描述的，「投票在某部分而言象徵了民主，但是如果投票結果會輕易受到外力影響，這樣投票還意味著民主嗎？」他說，中西雙方都受到政治宣傳的影響。他們在西方媒體讀到中國政府侵犯人權的報導，但另一位學生寫道，「如果那麼多人被監禁、毆打、受到人身限制，中國政府又怎能有那麼高的支持度？」的確，根據獨立國際組織愛德曼全球信任度調查報告（Edelman Trust Barometer），超過八成中國人信任自己的國家，高於世界上任何國家（英國爲百分之三十六，美國爲百分之三十三）。

班和索倫在中國「一胎化」政策之下出生，近年來，中國領導人意識到國內面臨人口和性別平衡危機，廢除了這項政策。選擇性墮胎意味著在某些省分，男女比例爲一百二十三比一百。到了二〇二〇年，中國介於二十四至四十歲的男性人數將比女性多三千萬。另一份報告以別種方式呈現：中國短少了六千多萬女性。這是雙重問題，因爲中國家庭是從夫而居制，亦即女方在婚後搬到丈夫家中，負責照顧公婆。人口失衡也導致了聘金飛漲，在中國是衆所周知的事。即使在農村地區，聘金也很容易高達一萬英鎊，有時甚至是好幾倍的價格。

當然，大家都知道日本人口也在老化。從有記錄以來，二〇一七年是日本首次出生嬰兒數不到一百萬，育齡婦女生育率下降到一點四三個新生兒（人口替代率爲二點零七）。安倍晉三承諾在二〇二五年將這個數字提高到一點八，他最好加緊腳步，統計數字令人擔心。二〇一七年，日本人口減少了破紀錄的四十萬三千人，相當於一個小型城市的人口，每日死亡人數高於出生人數一千有餘。到了二〇五三年，日本人口將從目前的一點二七億下降到一億以下，到二〇六五年，日本人口僅爲八千八百萬，六十五歲以上的日本人將佔總人口的百分之三十八。其中將有約七百萬人患有失智症，所需要護理人員總數還缺了一百萬人。

這是日本，韓國處境更糟。韓國是世界上出生率最低的國家之一，二〇一七年達到史上新低一點零五，在首爾則爲零點八四。韓國人口老化速度比任何國家都要快，甚至比日本還快。人口下降趨勢始於一九六〇年代初，當時出生率爲四點五，政府認爲降低出生率對促進經濟發展至關重要，鼓勵婦女服用避孕藥，女性節育計畫一直持續到一九八〇年代。結果根據聯合國數據，韓國到了二〇二六年會有將近四分之一人口超過六十五歲。目前韓國政府投入大約五百億英鎊獎勵生育，包括推動普及免費的托兒服務。

中國人口眾多，預計到二〇二八年達到十五億高峰，因此略微緩解了人口危機。但目前出生率是一點五七，並且持續下降。到了二〇五〇年，四分之一以上人口將超過六十五歲。中國共產黨在二〇一五年放棄一胎化政策，允許生育第二個小孩，出生率確實上升了近百分之八，但一年之內下降了百分之三點五[118]。而且由於中國人口年齡老化始於經濟發展的早期階段，遠比日本和韓國來得早，因此更不可能累積足夠資金，以應付即將來臨的青老年人口不平衡的狀況。

是什麼導致這些國家人口減少？首先，每當一個國家變得富裕，新生兒數字就會下降（台灣出生率也從一九五一年的七點四下降到二〇一六年的一點一七），但這個問題在東

118 原注：從人口老化的角度來看，取消一胎化政策或許是好事，但一名年輕中國婦女向我指出，這也可能帶來負面影響。「上一代中國女孩受到了更好的教育，而且成長過程得到較多關注。從這方面來看，一胎化政策提高了中國婦女的地位。」她說現在她擔心的是中國女性最終會落得像日本女性那樣，她感到日本的情況相當可悲，她舉最近報導為例，東京醫科大學將女性考生入學測驗成績壓低，以增加男性考生錄取率。

亞更加明顯，因為日本、韓國和中國都不歡迎移民。另外近幾年來，這三個國家年輕人經濟越來越沒有保障，就業機會也更少，工作環境變得比從前更不穩定。日本就業市場曾經充滿了鐵飯碗，現在大約四成勞動力從事臨時或兼職工作，只有大約四分之一應屆畢業生有望在大企業中獲得一份相對穩定的職位，但比例也越來越少。這對於婚姻制度和育兒前景具有明顯的連鎖反應。至於其他人，買房子和成家更是遙不可及的夢想。

二〇一六年，日本國立人口與社會保障研究所發布一項民調，針對一萬五千名年齡介於十八至三十四歲的日本男女進行調查，結果顯示，相較於一九八七年的第一次調查，將近七成未婚男性和六成未婚女性沒有戀愛關係，分別下降到百分之四十八點六和百分之三十九點五，處子比例超過四成，高於二〇一〇年調查結果：男性百分之三十六點二、女性百分之三十八點七。儘管九成的人希望未來能結婚，但超過四分之一的人已經放棄尋找伴侶。

韓國和中國的情況也類似，而且中國還沒有社會福利安全網。「養育孩子的成本太高，包括買房和教育費等，」當我問到人口減少的原因，首爾國立大學經濟學教授英錄丑如是說。丹尼爾·圖德在二〇一二年版《韓國：撼動世界的嗆泡菜》估算，在韓國撫養孩子的費用幾乎相當於人均ＧＤＰ一半。韓國人和日本人都從痛苦的經歷中知道，當代工作文化之下極端工時和不合理的工作條件，無法支持年輕家庭。許多人害怕休產假或陪產假，因爲他們知道這會妨礙職涯發展，甚至丟了工作。

有時候也可歸咎於傳統（也可說「過時」）的價值觀。在經濟合作暨發展組織國家中，非婚生子女在韓國最少，只有百分之一點九，而各國平均值爲百分之三十九點九。在日本，人口問題或許可以從新聞報導得到蛛絲馬跡，例如二〇一八年的報導，愛知縣有一名在私立托兒所工作的婦女因爲懷孕，被迫向年長的同事道歉。

亞洲四小龍各國政府已採取了有實質意義的進步措施。目前，韓國和日本在經濟合作暨發展組織國家之中，配偶的有薪育嬰假爲各國之首，分別爲五十三週和五十二週，英國爲兩週，美國則不提供配偶育嬰假。即使在「拿鐵爸爸」[119]的故鄉瑞典，配偶有薪育嬰假也只有十四週。同時，中國政府發起運動，鼓勵二十七歲以上單身女性盡快找到伴侶，否則就可能成爲所謂的「剩女」。還有，呃，十一月八日是韓國男生爲女生購買胸罩的「胸

119 在瑞典常見爸爸推著嬰兒車在咖啡店聚會，而有此稱呼。

罩日」。

令人擔憂的人口預測或許也有光明的一面。從理論上來說，這幾個宿敵可能因此較不會在未來發動戰爭。與二十年前相比，現在日本十八歲年輕人減少了五十萬人。日本軍隊現在四十歲以上人員佔了四成（相較美國為百分之九），而且嚴重缺乏新兵，特別是願意戰鬥的新兵。美國政治學家馬克·哈斯（Mark Haas）將這個概念稱為「老年和平」，意思倒不是沒有足夠的年輕人從軍作戰（科技大概會解決這個問題），而是政府會把優先事項放在其他地方，例如老年護理。

7 上海 II

韓國慰安婦運動在全世界獲得極大注目，我想很多人還以爲這是韓國獨有的議題。甚至還有一齣音樂劇《慰安婦》在百老匯上演，二〇一八年重新搬上舞台，並獲得韓國慰安婦問題對策協會贊助。

我很想知道，爲什麼中國政府沒有像韓國，以同樣力道爲受害者爭取公道，或是像紀念七三一部隊和南京大屠殺的受害者一樣來紀念她們。慰安婦問題是否有某些棘手面向難以解決，還是中國政府留了一手，等著未來出招？

結果上海師範大學校內就有一間專門紀念中國慰安婦的小型博物館。我與策展人蘇智良見面，他是中國戰時性奴隸問題的重要學者。

校園內博物館前方宜人的草坪上，有兩尊慰安婦青銅雕像，她們的脖子上都圍著黃色羊毛圍巾，就跟我在韓國見過的雕像一樣。我在能夠俯瞰草坪的大樓樓上與蘇智良見面，他跟我說其中一尊代表韓國慰安婦，另一尊代表中國慰安婦，旁邊的空位留給世上其他性暴力受害者。

「世界上每一場戰爭都涉及對婦女的性暴力，」他告訴我。「但這通常是個別士兵犯下，因此是個人行爲。慰安婦的案例不同之處在於，日本政府發現將女性或中國女性作爲性奴隸可以振興軍隊士氣，因此決定將女性當成工具，這就是戰爭罪。」

蘇智良現年六十多歲，生著一張闊臉，皮膚光滑，稀疏的頭髮服貼臉側。訪談過程中，他的外套和圍巾一直在身上，更添加一種任務在身的氣息。他前一天晚上剛從首爾參加國際婦女節遊行回來，待會又要赴機場前往另一場活動。

蘇智良從一九九〇年代初開始研究中國慰安婦。他在東京讀書時，一位日本教授跟他提到日本帝國設立第一所軍妓院就在他的家鄉上海。他很震驚自己竟然不知道這件事，自動自發開始著手收集與中國慰安婦相關的證詞、文物和文件，完全不靠國家資助。「我原本以爲是小事，上海大概就四間慰安所，但我發現有一百七十間，規模超出了想像。」

除學術研究外，蘇智良和一百多名學生參與了福利計畫，幫助倖存婦女募款和分配資金，定期去醫院及家中拜訪她們。他相信日帝時代約有四十萬名慰安婦，其中一半是中國人。他也承認確切數字很難估算，因爲戰後撤退的日本士兵銷毀了紀錄，中國當時也處於混亂狀況，但他說：「有些研究人員認爲數字可能是一百萬。」

這間博物館就像韓國的分享之家，展出的文物令人震驚。展品包括提供給日本士兵的避孕套，從日本退伍軍人之處取得。一罐用於消毒的過錳酸鉀，甚至還有從已拆除的上海舊慰安所搶救回來的建材。

博物館很小，只有一個展間，陳列了參與修建和經營慰安所的日本士兵的供詞，以及蘇智良和研究人員向許多慰安婦收集來的證詞，以及她們晚年遺留下來的物品，看著令人心酸，例如梳子、鏡子和瓷器茶杯。蘇智良的名單上目前只剩下二十名倖存者，大多在風燭殘年的八十或九十多歲。她們一生中大多遭到鄰里排擠，過著貧困的生活。

蘇智良也認爲，截至現在，慰安婦問題在中國不像在韓國那麼爲人所知。「這是中國人的本性，比較溫和，」他說。「（慰安婦）在中國被忽略了，因爲我們人口衆多，政府不可能顧到所有人。」

中國慰安婦的困境之所以鮮爲人知，或許還有其他更合理的原因。戰爭結束後，成千上萬人民承受飢荒、流離失所、被監禁或殺害，照顧受虐婦女並不是優先事項。隨後的文化大革命和大躍進等動亂，進一步剷除了中國被日本佔領的那段歷史。當然，還有許多婦女選擇了隱瞞自己的過去，或是自殺，或因苦難造成的病痛而死亡。一九七二年，中國恢復與日本的外交關係，以換取東京政府的巨額投資，也正式放棄了進一步戰爭賠償的要求。在當時，放下過去符合各方利益。

丘培培在《日本帝國的性奴隸：中國「慰安婦」的證言》（與蘇智良和陳麗菲合著）提出，儒家態度也可能是罪魁禍首，因爲儒家思想「……要求婦女在婚前一定得維持處女之身，就算得賠上性命；因此，強姦倖存者被認爲是不潔的，被視作家庭的恥辱。」二〇一五年《金融時報》刊登一篇有關中國慰安婦的文章，也稱「因爲儒家思想的關係，她們在戰時被強姦成爲不可告人之事。」但是，沒有比韓國社會更尊崇儒家的了，所以這種解釋對我來說很奇怪。我在香港碰到的一位歷史學家推測，中國人因爲無法保護本國婦女而感到羞恥，但在這方面，韓國人跟中國人也一樣啊！更合理的推測或許是，中國政府不想鼓勵民間團體或個人控告日本政府，因爲這可能導致中國人民對自己政府犯下的諸多罪行提出告訴，沒收土地，強摘器官，還有政治犯的處境，與西藏相關的事項，五十萬新疆穆斯林維吾爾人被關進「再教育營」等等。蘇智良確認這一點。「我們的確需要反思對同胞做的事，我關注的不僅是外國人對我們做了什麼。當然了，由於政治因素，慰安婦研究很困難，也很難從個人層面來討論，」蘇智良接著說，「例如，現在（在中國）還倖存的受難者，其中一位完全不想曝光，不希望讓人知道她的名字、照片或個人資訊，所以研究很困難，媒體也很難進行調查。」

當然，中國的情況與韓國不同：韓國曾經被殖民，中國則是與日本交戰，也許這是一個因素。和我聊到慰安婦問題的一位中國人說，中國保持沉默，是因爲這件事永遠無法從正面角度的來呈現。戰爭的其他面向都可以想辦法操弄，但慰安婦問題只能負面陳述。舉例來說，這種陳述就不怎麼適合央視戰爭題材的戲劇。

有些人公開質疑爲什麼要研究慰安婦。早年，蘇智良接到當地人打來的威脅電話，詢問他爲什麼要深入研究跟性有關的問題，爲什麼不隨它去就好了？他也認爲韓國人更愛國，而且是一心一意，「一旦他們對某事立下決心就會堅持到底。」

我們的訪談接近尾聲。在我要離開博物館之前，我問蘇智良是否還有軍妓院建築物保留了下來。我以爲沒有，本來也是隨口一問，但還眞的留下了幾個，包括他聲稱的於一九三二年設立的第一個日本軍事慰安所。他說地址是東寶興路一百二十五弄一號，距離舊英國領事館以北不遠，那裡是「大一沙龍」舞廳（Daiichi Saloon）舊址，目前大約七十位移工住在裡頭。他給我看該建築物近期的照片，大門口門楣上的木刻是富士山。他希望有一天能將那裡改建成博物館和紀念館。

今天陪我同來的是上海的紀錄片導演友人李艷（Liyan，音譯），她提供翻譯協助。我們互看了一眼，心裡想著同一件事：我們必須看看這個地方。再次確認地址之後，我們向蘇智良和他的學生道別，跳上計程車到城市的另一邊。一個小時後，我們在一家日本料理店前面下車。

我們花了幾分鐘熟悉環境，看到馬路對面就是舊慰安所原址，一棟外觀堅固、灰磚砌成的兩層樓建築，上有拱形窗戶，位在一個有圍牆的院落裡。我們小心翼翼地走近，瞄向院子，果然看見黑白老照片拍到的門口，幾盆散置的盆栽之下就是照片裡裝飾藝術風格的弧形瓷磚台階。兩名老婦人正在照顧擺在通道上晾乾的幾百塊生薑。她們知道這座建築的原始用途。「我絕對不會一個人住在這裡，」其中一位告訴李艷。「但是因爲鄰居很多，所以沒關係。」另一位穿著拖鞋和粉紅色大衣的婦女說，她已經在這棟樓住了四十年，不過她不想再談論它的歷史。

李艷獲得許可，我們進入燈光昏暗的大廳，到處都是箱子，還有老舊的搪瓷廣告、水桶和自行車。水管上晾著洗好的衣物，另一個角落的水管則掛著一塊風乾豬肉。室內用石膏板牆和夾板門隔成私人房間。有個共用廚房，幾位婦女正顧著火爐上的鍋子。

蘇智良出發去搭機之前，跟我說他剛開始研究時，政府「希望我停止，因爲這個問題太敏感，但我認爲這不僅對中國非常重要，而且全世界都需要了解。如果我們不對此進行反思，如果我們不認眞看待，這件事會不會再發生？」

「我這麼問好了，」我們走過博物館，他停下腳步轉向我。「如果這件事發生在你的祖母或認識的女性身上，你會怎麼做？」

8 香港 I

如果您還記得，我的旅程始於久里濱的海灘，當時我在思考一個宏大的歷史假說：美國人是造成東亞所有災難的罪魁禍首。如果培里准將沒有堅持要求日本開放，日本就不會現代化、軍事化，以至於前進亞洲屠殺了許多人。如果美國沒有在砲艦外交給予日本慘痛的教訓，那麼日本可能永遠不會強迫朝鮮簽下不平等條約，又吞併該國，之後還入侵滿洲。關東軍不會發動事變，戰事最後也不會遠至緬甸和菲律賓。美國也不會轟炸日本。也許中國會留在國民黨手中，不會落入共產主義，兩千萬人不至於喪命；朝鮮半島不會因為一場可怕的戰爭而一分爲二，金氏王朝也不會開始長達七十年的極權統治，最終導致當前的核武威脅。台灣不會陷入目前的地緣政治風波，美國也不會在戰後數十年中支持台灣和韓國的殘忍獨裁者，「扭曲了戰後的亞洲事務，」爲裕仁天皇作傳的作家賀伯特．畢克斯

（Herbert Bix）如此形容美國人的干預。

我可以繼續說下去——越南戰爭不會發生，而俄羅斯會怎麼樣呢？依此類推。但是當然了，傻瓜才會玩這種後歷史的怪罪遊戲。我的假設在許多關鍵問題上過於簡化，不但誤會還誤導，而且搞錯了某些重大事項。

不對。應該責怪的是英國人。

至少，這是我在香港第一天參觀歷史博物館得到的結論。這裡的一切清楚表明了在大約兩百年前，英國人在中國東南方構想了一個邪惡計畫，用鴉片的癮頭，奴役數百萬中國人，正是這一點，而不是美國人的侵略行爲，才開啓了中國的百年屈辱。

其實自從幾週前參觀了位於北京的中國國家博物館以來，我就一直聽到這種歷史敘述。那間博物館有一整個區域在探討一八四〇和五〇年代的鴉片戰爭（這的確是英國歷史上的汙點），讓我開始確信鴉片戰爭是當今東亞所有問題的源頭。

博物館將英國人比作「一群蜜蜂，掠奪我國珍寶，殺害我國人民，迫使統治中國的清朝簽署了一連串不平等條約，賦予英國經濟、政治和文化上的特權，使得中國逐漸陷入半殖民地、半封建社會。」這是中國人民在學校、博物館、電影院、報紙和電視上學到的歷史版本：英國政府透過非法販賣鴉片，蓄意破壞中國的穩定。這並沒有說錯。

自十八世紀中葉以來，英國持續從中國購買茶葉和瓷器，但清朝將貿易限於少數在廣州的中間人，而且一年內僅開放幾個月。對於東印度公司（East India Company, EIC）及一八八三年專營權取消後涉足貿易的一群投機客、小偷和冒險家而言，這些限制令他們覺得受挫。第二個問題是，英國對茶葉發展出強烈癮頭，造成與中國嚴重的貿易逆差，當時中國是世界上最大經濟體，規模大於歐洲所有國家總和。由於清朝只接受白銀做交易，又對英國欲販賣的任何產品不感興趣，貿易逆差越來越高。不過，大英帝國有一項產品是中國很想要的：在孟加拉生產的鴉片。鴉片是一種神奇的多功能藥物，可治療瘧疾、腹瀉和失眠，而且讓人非常舒服，在中國自一七二九年以來就是違禁品，可是英商沒有因此而卻步。到了一八三〇年代後期，英商透過中國東南部廣州的怡和行輸入鴉片，每年四萬箱，每箱約六十三公斤。據說鴉片是當時世界上利潤最高的商品，印度英國政府的收入也因此大幅增加。而且，鴉片還帶來另一種有害的出口品：傳教士。他們搭乘同樣的船隻抵達，充當走私販的口譯員，鴉片賣出的同時，傳教士的傳單也隨之發送。

一八三八年，非法鴉片貿易導致白銀外流，公共秩序問題增加，清帝派出了盡忠職守的官員林則徐，以欽差大臣身分赴廣州[120]，給英國人一點教訓。當年春天，就像波士頓茶黨事件一樣，林則徐查封了英商倉庫，沒收了兩萬箱鴉片，在珠江三角洲上的虎門挑挖兩池引入鹽水，煙土丟進去之後再投入石灰，公開銷毀鴉片。英商往南撤離，在一個如瘴癘之地、港口充斥了海盜的小島下錨。截至當下，中國人認爲禁煙獲得了勝利。

英國方面有人呼籲採取軍事行動，但也有許多人反對進攻中國，其中包括當時反對派保守黨領袖威廉·格萊斯頓（William Gladstone）。他說：「這場戰爭的過程出於功利計算，將讓國家永遠蒙羞，莫此爲甚。」結果，英國政府聲稱廣州大門掛了被處決的英商首級。這是子虛烏有的事，套句現在用語就是「加料」的消息，首相巴麥尊子爵（Viscount Palmerston）因而成功地把派遣軍艦至中國比喻成道德聖戰，直到今天中國人還憎恨著他。英國，將代表文明的西方世界，對抗自大、不服約束的「天朝」。馬加爾尼使團在一七九三年覲見乾隆皇帝時遭到的羞辱，英國人還記憶猶新，巴麥尊子爵知道他的說法能說

120 原注：廣州到目前仍是中國最大的毒品走私港口，現在流通的毒品是k他命和甲基安非他命。中國六分之一登記有案的成癮者就在廣州。虎門鎮如今仍有銷毀毒品的現場活動。（譯者補充：廣州舊時譯名為Canton。一八四一年之前，清政府實行一口通商政策，外國人只能在廣州登陸停留，當時並無「廣州市」而僅有「省城」的稱呼，因此西方人以「廣東省城」的「廣東」粵語發音Canton作為廣州的譯名。）

服選民。四十五年前，乾隆皇帝對馬加爾尼贈送的氣壓計和空氣槍等禮物（目的要求中國開放貿易）一點也不稀罕，表示「天朝物產豐盛，無所不有，原不藉外夷貨物，以通有無。」中國的傲慢並沒有被遺忘，英國發動了戰爭。

中國人帶火繩槍上戰場，英國人帶了燧發槍，以及世界上第一艘鐵殼戰船「復仇女神號」。貪腐、無能的清朝地方官員，助長了英軍的勝利。有一度，廣東當地軍隊誤會了北京要求盡量少開槍的指令，手無寸鐵地上戰場（可惜了，因爲這些士兵是神槍手）。另一次，來自內陸省分的軍隊，在執行奪回附近島嶼的任務途中暈船。戰情如此危急，當英國人在一八四一年沿長江往上游航行時，中國甚至考慮了在猴子背上拴上鞭炮，然後將猴子扔到英國船隻的甲板上。這種戰術竟然是來自亞洲最大國家，人口三億兩千八百萬人，比整個大英帝國加起來還多。戰爭進行了幾個月，皇帝還不知道國內正在與英國交戰，甚至不知道英國在哪裡。林則徐在一份摺子中聲稱，要打贏英國人易如反掌，因爲他們「腿足纏束緊密，屈伸皆所不便。」英國海軍抵達之後，迅速摧毀清朝的防禦，林則徐卻只是捏造戰事捷報送往北京。清軍死了數千人，英國只損失了數十名士兵。英國的罪行還包括盜取兩萬株茶樹苗，最終在印度大吉嶺建立了茶產業，自此剷除了中國對茶葉貿易的壟斷。

一八四二年的《南京條約》將那個瘴癘之地、海盜橫行的香港島割讓給英國，但過了幾年英國又不滿了。一八五六年，他們找了微乎其微的藉口，與法國聯合出兵，最後攻進北京，洗劫了圓明園，「中國的凡爾賽宮」，「皇家園林付之一炬」，一位英國目擊者描述了當時情況。在英方代表第八代額爾金伯爵（他老爸就是以掠奪帕德嫩神廟大理石雕刻聞名的第七代額爾金伯爵）首肯下，英軍洗劫了無數珍寶，包括咸豐皇帝的狗。小狗後來被帶回英國獻給維多利亞女王，還被改名爲「Looty」[121]，聽起來很像《黑爵士》[122]的情節，但卻是史實。圓明園的寶物偶爾仍會出現在歐洲拍賣會和博物館，例如伊夫·聖·羅蘭（Yves Saint Laurent）就收藏了十二生肖獸首銅像之一，在他過世後才被拿出來拍賣[123]。

第二次鴉片戰爭簽下了《北京條約》，中國被迫將鴉片貿易合法化，並開放外國人進

121 贓物的意思。

122 一九八三年至一九八九年播出，備受好評的英國歷史情境喜劇，由飾演豆豆先生聞名的演員羅文·艾金森（Rowan Atkinson）主演。

123 十二生肖獸首銅像被認為是清代流散在外最貴重的珍寶，中國政府阻止了聖羅蘭收藏被拍賣。近年來，歐洲的博物館發生了多樁離奇盜竊案，而且竊賊只偷走從圓明園被掠劫的文物，因此有人猜測是否中國政府或具有公民意識的億萬富翁，正試圖拿回他們認為屬於自己的東西。

入內地。時至今日，中國政府仍把這件事視爲中國歷史上的奇恥大辱，日本侵華一事甚至還排在後頭。

因此，我最新的歷史怪罪遊戲骨牌理論是這樣的：如果英國東印度公司沒有那麼土匪，就不會大舉輸出鴉片到中國，中國就不必爲了伸張主權而禁止鴉片貿易，鴉片戰爭不會發生，清朝國力也不至於從此一蹶不振，造成後來多次內亂，例如太平天國和義和團拳亂，還有清末慈禧太后的陰謀作爲。清朝也不會在一八九〇年代馳援藩屬國朝鮮時被日本擊敗，被迫將台灣及其他領土割讓給日本。

我想檢驗我的新理論，因此在香港與一位歷史教授相約見面。希望讀者不介意，此處不會列出她的眞實姓名。雖然她只要求不要公開某些評論（大多與北京政權相關），但爲了澈底避免她被認出的風險，以下稱呼她爲楊教授。

我們約在九龍一家時髦咖啡館見面，我搭乘著名的天星小輪過去僅一小段路程。我向她提出我的理論：英國人要負起全責。

「不，要怪就怪中國人！」楊教授回答，把咖啡杯放回桌子上，否定地擺擺手。「晚清中國已經十分衰敗，鴉片戰爭只是其中的一個症狀，各方從中牟利。就連中國人自己也藉此機會趕走異族統治者，實施民族主義。」

楊教授請我思考幾個問題：中國人眞的那麼被動嗎？他們沒有自由意志嗎？他們眞的這麼容易被鴉片麻痺？毫無疑問，許多中國人把鴉片當作平時的娛樂用藥，也沒出現嚴重副作用，就像在英國，成千上萬英國人在藥房就能買到鴉片。如果少數癮君子就能拖垮一個國家，那麼這個國家也太積弱不振了。事實就是，鴉片戰爭以及隨後的百年屈辱，都是清朝自己造成的爛攤子：朝廷腐敗無能再加上外侮，這個龐大的帝國已變得無法治理。沒錯，在亞洲的英商是毫無道德可言的種族主義者，以「文明」國家的修辭來掩飾他們的非法行為，而且英國海軍發動的戰役一面倒，可說是屠殺（日本為自己在中國大規模殺戮行為辯護時，曾援引英國為先例），但英國並未打算讓中國人上癮來奴役中國，那只是一群貪婪的人看到了一個商機罷了。

楊教授也強調，清朝本身就是入侵勢力。鴉片戰爭時期在位的道光皇帝，是滿族統治者入關以來第六位皇帝，滿族是從北方入侵的外族，於一六四四年推翻了明朝。清朝與英國及後來的日本一樣，都是擴張主義大國，統治期間將邊界推向了西藏和維吾爾帝國，領土總面積增加了一倍。到了十七世紀後期，清朝試圖進入緬甸和越南，然而過度擴張之下已無法有效地統治全境，這時中國已經（現在依然）涵蓋了亞洲大部分區域。

地方人民對大清帝國深感不滿，尤其在中國南部，廣東人認爲北方統治者跟英國人一樣都像「外國人」。實際上，在第二次鴉片戰爭之後不久，英國人還徵集了一支本地部隊，主要由當地客家人組成。正如史學家藍詩玲（Julia Lovell）描述第一次鴉片戰爭的精彩史書《鴉片戰爭：毒品，夢想與中國建構》[124]裡頭提到的：

「鴉片戰爭點出一個問題——當時的清朝究竟是什麼樣的政治和社會體，爲何朝廷在與外國侵略者血戰的同時，竟成爲許多人眼中逃離清朝統治的大好機會……」

我們結束咖啡店會面，楊教授向我保證，我沒必要爲了我的祖先在她的祖國所做的事而自責。「帝國主義是全球現象，沒有人能阻止。日本在十六世紀已經試圖向朝鮮半島擴張。你不能責怪氧氣助燃！」

那麼我爲何如此執著於十九世紀的事件？因爲歷史正在二十一世紀中國重演，中國共產黨利用十九世紀英國殖民期間在中國造成的國恥，向人民和外界證明他們在國內及海外

124 潘勛譯，八旗文化，二〇一六年出版。

的作爲有其正當性。這就是爲何中國共產黨熱衷歷史怪罪遊戲，每個中國學童接收的教育都是中國準備爲鴉片戰爭復仇，也是如此才有這麼一說，北京中國國家博物館鴉片戰爭專區是習近平最喜歡的部分，他當上總理之後的第一個官方活動，就是參觀鴉片戰爭專區。這也是爲何新黨員入黨宣誓在北京圓明園西洋樓遺址前舉行。鴉片戰爭是中共政宣的重要部分，正如二〇一七年《經濟學人》雜誌一篇文章所言，「鴉片戰爭仍在塑造中國看待西方的方式」。

換個角度來看，清朝爲何垮台？因爲傲慢自大的擴張主義拓展了領土，增加了多元化種族，導致國家治理困難。因爲中國缺乏自然資源，也因爲中國海軍無法與英國匹敵。如今，北京政府正面臨著同樣的挑戰，但這次決心要找到正確的解決方案。中國有二十二個省，以中國爲家的少數民族多達五十六個，據估計共有三百種語言或方言。正如班・楚（Ben Chu）在《中國低語》（Chinese Whispers，暫譯）一書中所說的，中國仍然是「一個僞裝成國家的多民族帝國」。中國依然缺乏自然資源，也受到其他海事強國的威脅，主要來自美國，但也包括日本。要解決這些陳年挑戰，方式分別如下：以審查、監視和鎭壓（有必要時）來控制通訊。對非洲、東南亞和南美部分地區進行經濟殖民，爲當地提供基礎建設，換取對中國經濟至關重要的原料。然後，建立了世界上規模最大的海軍。那些在南沙群島操作推土機和挖泥機、加速將美濟礁建成中國南海海軍基地的工人，我不知道他們是否睡在「百年國恥」的標語下，但這並非無法想像。

中國共產黨採用鴉片戰爭作爲反西方宣傳，是比較新近的做法。一九六〇年代，毛澤東試圖與日本、美國和歐洲修復關係，很少爲戰爭究責，就算提起，也是譴責清朝統治者愚蠢懦弱，沒有怪在外國投機主義者頭上。毛澤東去世後，中國沿襲西方做法進行現代化，因此更沒有必爲一八四二年招魂。直到一九八九年天安門大屠殺之後，北京領導人意識到利用西方人十九世紀的罪行來挑起憤慨，可以累積政治資本。中國民主與經濟改革的步調太慢，人民日益感到不滿。當年西方國家犯下雙重惡行，以外力介入破壞清朝的法律，又大舉掠奪歷史瑰寶，中共意識到重提當年戰爭，可以有效地轉移人民的注意力，把十九世紀事件對比到二十世紀晚期，聲稱是因爲西方干預，才啓發學生在北京市中心進行示威。

美國薛頓賀爾大學教授汪錚研究中國歷史教科書和紀念館，寫成《勿忘國恥》（Never Forget National Humiliation，暫譯），他在書中提到「……共產黨政府對公衆進行思想再教育……不斷將中國描繪成『百年國恥』之下外國帝國主義欺凌行爲的受害者。」他以犀利的學術觀點稱之爲「……操弄過後歷史意識的制度化」。但是中共不只利用鴉片戰爭將人民的注意力導離天安門事件，抗日宣傳也大約在同時展開。

「有些人認爲，中國在六四天安門事件之後，對於如何解決這個公關問題，進行了戰略性思考。於是，他們決定給日本製造有史以來最嚴重的公關問題，離間日本、韓國和美國的關係，」我和英國歷史學家、駐首爾記者安德魯・薩蒙聊到慰安婦議題時，他這麼告訴我。韓國也差不多在同時開始關注慰安婦議題。「而且時間越長，我越覺得或許會奏效。」（除了西方國家和日本帝國主義，北京政府還將天安門事件歸咎於台灣人，兩岸互動原本逐漸開放，在一九八九年之後一度中斷了關係。）

於是，中共從一九九〇年代開始在學校課程裡將中國塑造爲受害者，鼓勵製作與官方口徑一致的鴉片戰爭電視劇和電影，並在全國設立了四百多個相關紀念館和博物館。政宣工作甚至擴展到電腦遊戲。藍詩玲回想起在一九九七年香港回歸之前，一家中國電腦遊戲公司發行了「鴉片戰爭」（Opium War），玩家可以「運用智慧和勇氣，消滅該死的入侵者！」

中國對鴉片戰爭的憤慨復仇心理，讓我想到韓國人的「恨」，一九七〇年代韓國獨裁政權就是利用「恨」來激勵勞工。但以這種方式挑起反西方情緒會有風險，民眾的憤怒有一天可能轉向政府本身。中國領導人若強勢操作慰安婦問題，把人民注意力導向發生在中國本土的歷史罪行，人民可能會接著探究近期發生的其他事件，到時就會發現罪魁禍首不是外國人。正如藍詩玲寫的，「鴉片戰爭和帝國主義行爲的記憶，若在控制之下，就像政治正確壓力閥，可以在中共嚴密管控的公領域裡散播強烈情緒。但如果管控不當，同樣的情緒就會滲入危險的顛覆性思想。」

9 香港 II

多虧楊教授，我無需爲了我對香港近乎病態的痴迷感到內疚。這樣很好，因爲世上很少有地方讓我覺得如此神奇。我每次到香港，都像第一次看到松鼠的狗一樣興奮。我第一次來，是在英國於一九九七年將香港「歸還」給中國之前，當時就覺得很神奇。這次，我花了兩天時間在島上蜿蜒曲折的山坡散步、感受、攀爬，不時跳上墮落的室外登山手扶梯，又跳下來欣賞盤根錯節的老榕樹，或是在公園裡坐一會，聽聽不絕於耳的鳥鳴，想像自己置身一個巨大的露天鳥舍，大口吸進混合著榴蓮香氣和柴油煙霧的空氣。城市風光本身就很壯觀，特別是夜景，但更讓我目眩神迷的是日常景象：黑蒜放在籐籃裡，直接擱在街道中間的交通島上晾乾，開放式店面出售乾魚鰾以及跟垃圾桶蓋一樣大的蕈菇，喧鬧的點心茶樓大堂裡擠滿了老人，脾氣暴躁的白袍服務生穿梭於其中。

我在城裡四處遊蕩，竟懷念起從前在這裡度過的年輕歲月，怪的是我根本沒有在香港居住過。我想德國人說不定有什麼詞彙能形容這種感覺。我凝視海灣遠方，勾勒出不存在的回憶；在山頂舉辦的奢華派對，與富豪之女在文華東方酒店約會，去澳門賭場豪賭玩百家樂。

雖然街道還有英文名字，也有馬莎百貨（Marks & Spencer）分店，某些硬幣上還有女王頭像，汽車也是右駕，但我懷疑我感傷的不是殖民時代結束，更是香港奇蹟般的存在。一八三九年，一群無賴鴉片商人為了躲避查禁鴉片的林則徐逃到這裡，發現這個丘陵小島可以提供庇護，一八四二年簽訂的《南京條約》之後，倫敦方面許多人抱怨打勝仗只贏得一個「幾乎沒有房屋的貧瘠島嶼」。還有另一個奇蹟，香港在英國手中順利過了一百年，但有幾年時間它確實是在日本的控制之下。

很多人不記得，日本在轟炸珍珠港的數小時內就襲擊了香港。在香港的第二天，我去參觀英國人建造的堡壘。它高高聳立在維多利亞港東面懸崖上，日軍於一九四一年十二月攻陷此地，控制了香港。經過英治時期的改建，堡壘目前是相當出色的香港海防博物館所在地，城垛上仍可見一九四一年日軍攻擊留下的彈孔。

儘管日軍自一九三八年就駐紮在廣州附近，英國從未考慮這些看起來瘦弱的亞洲人襲擊的可能性，更別說打敗強盛的大英帝國了。當時香港總督楊慕琦（Sir Mark Young）兩度拒絕向日軍投降，但最後不得不在一九四一年聖誕節屈服。

日軍抵達後，俘虜了約九千名戰俘，其中許多人被送到日本的勞改營。之後，日本便開始採用與韓國相同的做法：把香港變成日本的一部分。首先以日本軍票取代港元，修改香港的教育體系，以正面方式來描述日本，要求留下來的人學習日語、日本文化和禮儀，成爲日本帝國提出的「大東亞共榮圈」一分子。所有西方帝國主義象徵都被剷除。

日本佔領香港的結果是高通膨率，食物配給嚴峻，還爆發霍亂和肺結核。一九四五年日軍離開時，香港飽受摧殘，兩百三十艘船的殘骸散落在海港。十個月之後，香港又恢復了運作，奇怪的是戰後的幾年裡，港人對日本幾乎沒什麼恨意，有一個可能是日本入侵沒多久，許多中國人就離開了，或是被日本強迫驅逐。一九四五年時，香港人口減少了約一百八十萬人，僅剩下約五十萬人。其次，香港對於日本三大戰場雖然都至關重要，但因爲只是軍事基地，所以日本統治僅止於表面，日常運作大多委派給了傀儡政權。到一九五〇年代，日本公司已經在香港設點運營，後來香港迅速成爲重要國際商港。

二戰結束時，中國國民黨領袖蔣中正要求歸還香港，一直到雅爾塔會議之前，這個可能性都很高。但美國擔心弱勢的國民黨可能會讓香港落入共產黨的手中，多虧美國開恩，英國才得以重新拿回香港。英國返回香港之後，採取更進步的治理方式，容許香港華人對於香港事務擁有更多發言權。「這些改革是一群年輕的英國官員發起的，其中許多人在這裡長大，」楊教授告訴我。「這說明了為什麼香港人仍然相當感謝英國。」中國共產黨在一九四九年打贏內戰後，也沒有要求歸還香港，至少一開始沒有。中共意識到，隨著中國向外界敞開大門，香港提供了至關重要的國際貿易和通訊窗口。

在九龍的香港歷史博物館，我被一張照片攔下來，是梳著頭盔髮型的柴契爾夫人。這個展區介紹一九九〇年代末香港歸還中國之前的相關談判。我真的抖了一下，就像不小心遇到從前很討厭的老師。這位老婦人的妄想，從展件可以看得清楚：與鄧小平展開談判時，柴契爾以為中國會將香港交給英國。這是絕對不可能的事。結果，英國做的事就像在警察來之前匆匆把違禁品沖進馬桶的人，試圖在殖民最後一刻推動香港立法會民主化，唯權力仍把持在少數保守派商界人士手裡。鄧小平向香港人保證，「一國兩制」將保留現有制度和生活方式，至少到二〇四七年與北京最終合併之前都不變。當時，大多數觀察家和本地人都認為，到遙遠的那天來臨之前，中國其他地區會朝著香港模式的方向發展，而不是反向發展，中國的經濟改革將自動帶來更多的開放和自由。如大家所見，目前情況恰恰相反，香港的民主制度正慢慢被扼殺。

我在上海見過面的中國記者戴聞明告訴我，香港目前正經歷嚴重的身分認同危機。「香港人不知道自己的目標是什麼了，」她說。「他們失去了自己的獨特賣點（UPS，unique selling proposition）。香港希望像新加坡一樣自由而國際化，但深圳（連接香港和中國大陸的鄰近城市）的經濟表現正追過香港。」她補充說，如今中國許多其他地區也一樣國際化，但在香港，高房價使得中產階級無力購置房屋。

同時，二〇一四年雨傘運動見證了成千上萬的香港居民要求更多民主（要求落實香港特首選舉真普選，而非由北京指派），許多人被捕，其中包括多位出版人和學者。香港民運人士林子健聲稱他被內地特務綁架和折磨，在他的大腿上以釘書機釘入釘書針。他被控「明知地向警務人員虛報有人犯罪」，案件在九龍法院審理。二〇一七年七月，香港高等法院以虛假理由裁定四名泛民主派議員喪失立法會議員資格。

我在港期間將舉行立法會選舉，這是英治時期末期遺留下來的機構，允許一半議席透過民主直選產生。依照目前選制，另一半以上議席由中國政府選出[125]。某些現任議員之所以被取消資格，是因為他們發表了批評中國的言論，而補選的民主派候選人由於其他更荒謬的理由而被禁止參選。我在島上漫步時經過了幾個投票站，看起來就像在英國常見的投票站，外面甚至有民主派的助選員。我問其中一位，選舉是否公平自由，或是受到北京的干涉？「你覺得呢？」她回答。

第二天，票數統計完畢，泛民主候選人失去了四席中的兩席，更顯勢單力薄。這次投票率很低，代表當地人對整個過程缺乏信心。大規模又複雜的社群媒體競選活動，也使選民感到困惑，而且根據傳言，許多弄不清狀況的年長選民被動員投票給代表中國內地的候選人。

我在中環的咖啡館與一位民主派香港人士聊起這些，他還談到了其他因素，「北京做了兩件事：給支持北京的候選人提供更多經濟支援，然後送來大量低收入、無一技之長的工人住在西九龍，重新劃定了邊界，以確保這些人的票都能算數。這些人來自貧困地區，

125 截至二〇二一年，香港立法會有九十個議席，二十席為地區直選，三十席為功能界別，四十席為選舉委員會。

換取住宿的條件就是投票給黨的候選人。」這個策略跟西藏戰術一模一樣。

明天我將搭機前往台灣，也是我環遊東亞之旅的最後一個國家。我知道台灣人正緊張地注視香港的命運。中國大陸持續透過施壓和利誘的雙重手法，迫使台灣接受北京政權，回到天國的懷抱，就像香港被迫接受的現況。但是我的香港本地朋友要向台灣人傳達一個訊息：「成爲中國的一部分，就代表逐漸失去珍惜的東西，包括自己的權利和生活方式。現代開放社會中理所當然的基本事物，從臉書開始，將會一樣一樣失去。所謂統一帶來的經濟利益，只有精英才享受得到，一般民衆永遠沾不上邊。」

台灣

1 中華民國

我將行李留在台北市中心的飯店，第一站就是去中正紀念堂致上我的不屑。紀念堂位於首都市中心，俯瞰著一片大廣場，主體正面為開放式，有點像林肯紀念堂。堂體非常雄偉，正面有八十九個台階通往大廳（象徵蔣中正的年歲，從一八八七年至一九七五年），等到眼睛適應了較陰暗的室內之後，會看到兩面中華民國國旗中間夾著一座巨大銅像：蔣中正穿著長袍，坐在寶座上。西方稱呼他蔣委員長（Generalissimo），通常帶點微微嘲弄的語氣。他自一九二八年起至抗日戰爭及隨後國共內戰期間，擔任國民黨主席，後來擔任中華民國總統，一九四九年隨國民黨政權逃亡至台灣，最後在台去世。蔣中正也是殺人無數的軍事獨裁者，數十年來阻礙台灣民主發展，在他當政期間，成千上萬的人未經審判就被監禁或處決，甚或失蹤。

如今台灣是個富裕、先進、民主的國家，或許有人會覺得奇怪，爲什麼要在首都中心豎立了這號人物的銅像，但這是台灣，情況很複雜。

一九四五年日本投降，正式將所有中國領土移交給蔣中正的國民黨政府，其中包括自一八九五年以來就是日本殖民地的台灣。一九四六年，國民黨員開始抵達台灣時，還有將近五十萬日本人居住在這裡。只有兩萬八千名技術人員及眷屬被留用，其餘都必須離開，每人只能攜帶兩件隨身行李回日本。

台灣人民本來期待來的是一支英勇高尚的國民黨軍隊，這支軍隊不但阻止了日軍，甚至到目前還在與中共作戰。然而，一九四六年從大陸搭船抵達台北碼頭卻是一群裝扮襤褸的烏合之衆，其中還包括大量罪犯。他們掠奪財物和糧食供應，佔據私人房屋，有時候甚至犯下暴力攻擊、殺人和強姦罪。

「當初美其名說是國民黨會爲台灣帶來民主，擺脫日本佔領者，回歸祖國，」我在台北的第一個下午與美籍教授、歷史學家祁夫潤（Jerome Keating）見面，他如此說明。「但是蔣中正的人員抵達之後，卻是掠奪糧米和鋼鐵以支援對中共的戰力，因此民間才有一句俗話『狗去豬來』。」在國民黨抵達之前，台灣歷史上從不曾缺糧。

多年來，美國先後支持國民黨抗日及對抗中共，但到了一九四七年，因受夠了腐敗的蔣中正政權而撤出，「失去了中國」（有些歷史學家會如此描述，但美國從來也不曾「擁有」中國，總之隨便啦）。共產黨趁國民黨軍隊對日抗戰期間重新集結，最終在內戰取得了勝利。毛澤東於一九四九年十月一日宣布中華人民共和國成立，一九四九年十二月十日，蔣中正跟隨之前國民黨軍的腳步，帶著剩餘部隊抵達台灣，自稱眞正的「自由中國」政權，統治台灣一直到他去世爲止。

毛澤東的軍隊原本打算跟進，出兵攻擊距離中國大陸海岸僅一英里左右、距台灣一百多英里的金門群島，但日本軍事顧問爲國民黨軍出謀策劃，其中包括由蔣中正親自聘任的白團[126]，成功擋下了共軍。蔣中正非常務實，他雖然憎恨過去的殖民戰爭敵人，但更恨共產黨。後來，韓戰在一九五〇年爆發，聯合國軍隊逼近中國邊界，共軍不得不參戰。毛澤東放棄了入侵台灣，蔣中正開始長期抗戰。到了這一刻，美國終於意識到台灣是抵擋東亞共產主義蔓延的重要基地，於是派出了第七艦隊來保衛台灣。

126 日本陸軍少將富田直亮化名「白鴻亮」，擔任擔任中華民國政府軍事顧問團「白團」團長。

回到中正紀念堂的蔣中正銅像，他緊閉著嘴巴，微微一笑，表情嚴肅，彷彿知道自己只是苟延殘喘。我抬頭看他時，突然到了衛兵例行交接的時間。只見他們華麗地踢腿前進，膝蓋提高，在原地以腳跟為中心做一百八十度轉彎。

在一個民主化的國家看到獨裁者紀念碑雖然奇怪，但這並非沒有先例：拿破崙犯下危害人類罪，死後安息在榮軍院內的陵墓。在西班牙，獨裁者佛朗哥的紀念碑不只見於他下葬的烈士谷，其他地方也還有[127]。台灣的情況可能會改變得更快，自從近幾年民進黨入主總統府和立法院，「台灣本土化運動」持續且逐步地，去除國民黨主導了數十年的中國大陸文化的影響力。這個過程包括賦予紀念碑新的用途。蔣中正銅像也遭到破壞，慈湖紀念雕塑公園內安置了大量各地因去蔣化而移放的蔣中正銅像，看起來非常超現實，彷彿這位獨裁者的靈薄獄（limbo）。

距中正紀念堂幾步之遙，還有個與蔣政權時代相關、卻截然不同的二二八紀念館，紀念的是發生於一九四七年二月二十八日的慘劇。當時，本地人對外來者已日漸不滿，一名

127 二〇〇七年西班牙通過《歷史記憶法》正式譴責佛朗哥，目前西班牙全境已無佛朗哥紀念碑，他的遺骨也於二〇一九年遷出烈士谷。

緝煙員在查緝私煙時因不當使用公權力而造成一死一傷，引發民衆至行政長官公署前抗議。當局向人群開槍，造成人民傷亡，抗議活動蔓延開來。當時重心仍在中國大陸的國民黨政府出動了軍事增援部隊，開始血腥鎮壓。據估計多達一萬名抗議者被殺。

由於警備司令部搜捕人員頭戴白色鋼盔，從這次事件而開始的時期又稱爲「白色恐怖時期」。自由言論遭到箝制，任何反對言論都被禁止。有人估計，蔣中正統治期間被殺或被「失蹤」的台灣人介於成千上萬到十萬人之間，一直到一九九六年民主運動達到高峰、台灣首次舉辦正副總統公民直選之前，一九四七年二月事件仍然是禁忌。

台灣的民主之路如此迂迴曲折，有時令外界感到困惑。韓國於一九八七年舉辦首次民主化總統直選，當選總統的是曾在八〇年代初參與鎮壓民主運動的盧泰愚將軍。跟韓國一樣，當台灣人在一九九六年有機會以自己的選票選出總統，似乎也處於一種政治上的斯德哥爾摩症候群，選出了國民黨候選人李登輝，他是蔣中正的兒子蔣經國親自挑選的接班人（蔣中正於一九七五年去世後，蔣經國繼承了父親的總統職位）。反對黨民進黨最終在兩千年贏得總統大選，但國民黨仍擁有立法院多數席次，並於二〇〇八年再次取得總統職位。直到蔡英文在二〇一六年勝選總統，民進黨也在立法院拿下多數席次，反對黨終於完全執政，這就是爲何台灣到現在才開始邁向「轉型正義」運動。

複雜的是，仍然有許多人把蔣中正視爲偉人和台灣的救星。他跟韓國的朴正熙一樣，透過政府集中扶植特定產業，加速工業化，創造台灣經濟奇蹟。從某些方面來看，台灣的經濟奇蹟比其他四小龍更神奇，在過去三十年中，經濟成長率平均百分之九，人均財富和實際財富一直超過中國。二十多年來，台灣一直是全球前十五大經濟體，台灣與韓國一樣幾乎沒有自然資源，山地及丘陵又佔全島三分之二以上，所以更令人刮目相看。如同韓國總統朴正熙的狀況，許多台灣人因爲台灣的經濟奇蹟，而對蔣中正的罪行視而不見。和我聊過的一位年輕台灣女性跟我說，她跟她母親經常因爲那位前任統治者而爭執。她母親爲他辯護，甚至稱他爲英雄，還聲稱台灣人非常感謝他。「可是他殺了那麼多人？」女兒問。「那是他們活該，誰叫他們攻擊他，沒辦法，只能這樣辦，」她母親說。

中央研究院歷史研究員劉士永正在近期的研究裡，探討白色恐怖時期的事件。「當時的政權殺害了成千上萬人，這是不爭的事實，就連我的家人也認識一些受害者，」他告訴我。「但是對於許多人而言，蔣中正扮演了某種父親形象，因爲他拯救人民免於落入共產主義手中。」甚至不支持國民黨的人，也肯定國民黨執政初期實行的土地改革。國民黨謹記在中國犯下的錯誤，在台灣徵收土地時支付補償金給地主，整個過程井然有序進行。沒有一名地主損失六成以上土地，拿到的補償金多用來投資設立新公司，從而促進了戰後經濟。有些補償金以戰後國民黨接管的日本產業股份支付，例如台糖。

「國民黨在某些方面而言很邪惡沒錯，」英國人史蒂夫．克魯克（Steve Crook）是長期居住台南的老師和記者，幾天後我去台南拜訪他，他如此告訴我。「但也有一些建樹，他們是歷史上少數慘敗過後還得到第二次機會的政權。」

因此，國民黨的影響錯綜複雜，還在台灣扶植了世界上觸角最廣的組織犯罪文化。「台灣有一件事總是令我吃驚，任何正式、合法的行業，都有個相對應的灰色市場，」長期居住在台灣的美國居民麥哲恩告訴我。「這裡有銀行，也有地下錢莊；有合法工廠，也有地下工廠；有合法樂透，有非法簽賭。有一整個地下社會。」

國民黨時代借助黑幫來控制社會，替獨裁統治做些骯髒的工作，如擄人或充當打手，黑道小弟也在民主抗爭運動的場合對付民運人士。如今，幫派的影響範圍廣及營造業、伐木業和補教業（或許規模不比韓國，但依然龐大），「所有人在某方面都跟幫派打交道，有業務關係，但大多數人渾然不覺，」麥哲恩說。

在台灣，就算去投票，而且特別是投票時，也不可避免會與組織犯罪有所接觸。根據康培莊所著《台灣：民族國家或省》（Taiwan: Nation-State or Province，暫譯），本地議員之中百分之十五到二十的人有前科。麥哲恩經營關於台灣議題的部落格，他說某個縣市長曾想將當地打造成國內精品咖啡中心，於是提出咖啡店減稅的政策。結果呢？幫派進駐高檔咖啡業，利用減稅來牟利。一九八〇年代，某個城市的市議會議員全都是來自黑社會的幫派人物。著名前國民黨立法委員曾經是幫派老大（其實，我聽說他到現在仍是台灣所有幫派的精神領袖）。「在台灣，（組織犯罪）就像是另一種生活方式，」麥哲恩說。「嗯，走黑道也可以……」

另一位不願具名的本地人（匿名的理由很明顯）告訴我，「我太太那邊的親戚裡，大家都知道有一個堂兄和一個叔叔經營了三間地下賭場，他們非常有錢。家裡其他人都做體面的職業，醫生、老師……」家裡聚會的時候，合法和非法的兩個社會階層經常碰頭。

我問這位不具名的本地人，有沒有政治人物提出過「整肅黑道」的政見，她笑了。她說沒人敢提。提出的人會被殺。此外，幾乎所有政治派別都跟犯罪集團有掛鉤。例如在二〇一八年五月，三百一十名幫派成員因涉嫌干預地方選舉被捕。台灣政黨中華統一促進黨，甚至是由前幫派大佬張安樂（綽號「白狼」）創立，他曾經在美國因販毒而被判處十年徒刑。

台灣幫派文化中心就是宮廟。台灣廟宇曾經是精英、知識分子和學者聚集地，因爲與教育系統息息相關。日本離開時，國民黨從這個階級中清掃了許多人，形成了眞空，幫派趁虛而入。如今，台灣宮廟已成爲各社群的政治、社會和非法活動的節點。如果你想知道黑道和商家在哪裡，當地有哪些知名人士，就去當地宮廟看看布告欄上列出了什麼協會。宮廟也是大筆金錢和捐贈物的流通地點，就像台灣的共濟會分會。

台灣最有名的幫派是竹聯幫，有可能是世界上最大的犯罪集團，估計有一萬名成員。竹聯幫以中國三合會犯罪集團爲模型，一九五〇年代開始在台北縣活動，成員是與國民黨有淵源的年輕人，爲了與本地幫派對抗而組成。直到今天，竹聯幫依然從事勒索、收保護費、非法賭博和賣淫等活動，包括網路詐騙，甚至與北韓有貿易往來。

半合法的犯罪次文化在台灣爲一般人所接受，讓我想到日本極道，其實兩者之間也有親善的交流。事實上，從電動馬桶座到一塵不染又高效率的公共交通運輸，台灣有很多地方讓我想到日本。這裡和日本一樣，沒有體重過重的人（就連相撲選手也沒有過重）。兩地也有一些差別：在台灣，情侶在公共場合牽手甚至親吻，這在日本幾乎從來沒看過。台灣人嚼檳榔，因此人行道上裝飾著紅棕色的斑點。台灣也比日本便宜。外食費用大約是日本的一半，搭公共交通工具穿越城市的費用不到一鎊。

台灣飲食文化被大大低估，融合了福建、上海和其他地區中國菜，再加上與日本當地一樣道地的日本料理，甚至融合了一些歐洲風味，可追溯到十七世紀上岸的葡萄牙人和荷蘭人。台灣飲食最吸引人的一點在於，台灣人不像日本人那麼守舊，但我參觀故宮博物院時也發現，台灣人仍然非常認眞看待餐桌上的事。

一九五〇年代末，蔣中正從中國飛越一百英里的台灣海峽流亡到台灣，從家鄉帶來了黃金儲備和許多珍寶。那些珍寶原本是王室收藏的一部分，一九三七年日本入侵時，裝成一萬九千個板條箱，被偷偷帶離北京。國民黨以「保管」的名義，把將近三千個板條箱帶到台灣，其內容物如今在台北陽明山腳下的故宮博物院展出。

故宮不提館藏來源，僅說這些作品「傳承自清朝，歷經多次搬遷才移交到台灣」，我到台北的第三天去參觀，讀到這個資訊。這裡展出的宋明兩代花瓶數量驚人，但在故宮中央獨立展間、擺在有警報器的玻璃陳列櫃裡，人們大排長龍等著欣賞的，是所有藏品中最有價值的兩個作品，大概也是全台灣（我相信也可說是全中國）最珍貴的藝術品。

它們不是花瓶，也不是絲綢壁飾、兵馬俑或珠寶。這兩件作品跟我在如此著名的博物館看到的其他作品都不一樣。其中一件是一塊天然石頭，「帶狀碧玉類礦物」，不比一顆棒球大，但安裝在華麗的金色架子上。它的歷史可以追溯到明朝，由於其不同顏色層次，看起來就像一塊醬油燉煮的豬肉。它的名字叫「肉形石」，看起來很好吃，你可以輕易想像把它夾在剛蒸好的刈包，撒一些花生粉、香菜和蔥，一口塞進嘴裡。另一件作品也出自清朝時期，也是所有宣傳海報都看得到的鎮館館藏，玉器雕刻而成的一顆美麗白菜，仔細看還會看到一隻蝗蟲緊貼在葉子上。這兩件作品很適合一起擺在餐盤上。

這些珍寶的來歷如前所述，因此所有權引起高度爭議也就不足爲奇了。中國對這些珍寶的態度跟英法從圓明園掠奪的文物一樣，多年來也要求台北故宮歸還文物（希望中國博物館的保全沒問題）。

於是，一些台獨人士大著膽子向中國開價：台灣可以把包括紅燒豬肉在內的文物歸還給中國大陸。他們只要求一件事：北京只要承認台灣是獨立國家就好。

2 中華台北

「我岳父那一輩的人差不多八十或九十歲了，他們曾經在日軍服役，即使到了今天，他唱日本國歌時還會流淚。他內心深處認爲自己是日本人。」

我到台北的第一天晚上，與在台灣生活二十多年的美國人麥哲恩共進晚餐，他向我描述他的台灣岳父。不過，他說大多數台灣人都喜歡日本人。兩代人之間唯一的差別，只在於對過去殖民統治者的喜愛程度有別。麥哲恩在台灣北部一所大學教英語。他說他的學生「崇拜」日本。「對他們來說，日本就是台灣想做到的一切。」

我在旅途中再三聽到傳言說台灣人熱愛日本，中國人和韓國人都這麼告訴我。日本人特別高興我要去台灣。我很想知道，爲什麼台灣的殖民經歷，與韓國或日本在二十世紀上半葉入侵的其他國家如此不同。例如，二〇一一年三月日本發生福島核災，台灣人捐款幫助重建的金額超過其他國家地區。所以我承認，我來台灣，是為了替這趟日本與鄰國關係之旅尋找一個正面的終點。

有跡象顯示，日本在第一次中日戰爭中意外擊敗中國之後，其實並不想要台灣，或說，日本後悔接受台灣作為一八九五年《馬關條約》條款的一部分。有一段時間，收下台灣對於一個殖民新手國而言，似乎是個初學者的錯誤。清朝暗中慶幸用福爾摩沙擺了日本人一道（福爾摩沙是當初葡萄牙人對台灣的稱呼），認為台灣是海盜、獵頭族和各種惡毒昆蟲之地，「非人所居」[128]，如同清朝探險家郁永河的描述，之前的皇帝曾稱台灣為「海外丸泥」[129]。台灣人則茫然不知一千英里以外的戰爭與他們何干，一開始有許多人抵制日本佔領。

台灣後來對日本意義重大。有鑑於國內人口不斷增長，日本政府鼓勵成千上萬國民來到台灣開墾土地，而隨著戰事增加，台灣逐漸成為糧食、木材和其他原料的重要來源。後來對美太平洋戰爭以及日本在東南亞戰役，台灣具備關鍵的戰略重要性，為國內的軍事、

128 出自郁永河著《裨海紀游卷中》第二十篇，「……柳子厚云：『播州非人所居』；令子厚知有此境，視播州天上矣。」
129 出自《裨海紀游卷下》第一篇，郁永河引述他人對台灣的蔑稱。

採礦和其他行業提供了人力，也是日本展示殖民主義成果的重地，日本的確希望台灣能成爲模範殖民地。好幾位跟我談話的台灣人都提到了日本建造的汙水處理系統（由蘇格蘭工程師威廉．巴爾頓〔William Burton〕設計監工[130]）。日本還在台灣設立發電廠，修築公路和鐵路，設立學校和銀行。如同在韓國，台灣在日本統治下農業產量呈指數型增長，日治時期五十年裡，台灣人口從兩百六十萬增長到六百六十萬。台灣人被鼓勵學習日語，去神社參拜，取日本名字，對此似乎不像韓國人那麼排斥，可能是因爲台灣在一八九五年之前，並沒有眞正具備凝聚力的身分認同，不像韓國是個擁有數百年同質性文化的主權國家。

經過了兩個世代，許多台灣人開始將日本視爲祖國，也是所有知識和權威的來源。精英階級的目標是送兒子到東京受教育，超過二十萬台灣人在日本帝國軍中服役，其中三萬人喪生。

一九四五年一月，年僅二十歲的郭振宗（Kuo Chen-tsun，音譯）剛從農業學校畢業，

130 巴爾頓在台北採勘水源地時不慎染上瘧疾和赤痢，返回日本後惡化為肝病，於一八九九年八月五日病逝於東京大學醫學部附屬醫院。他生前只完成基隆水道設計案，但是其構想最後由濱野彌四郎所完成。台灣自來水博物館設立巴爾頓銅像以資紀念。

就是被徵召入日本帝國軍的一名台灣年輕人。從軍是他所願，甚至感到自豪。

「爲日本服務是我的責任，」郭先生告訴我。他在日治期間長大，接受日本教育，現在仍會說流利日語。「在日本帝國軍服役對我來說很自然，」郭先生透過翻譯說。「無論是我受的教育、我的背景或往來的人，都讓我在心裡認爲自己是日本人了。」

郭先生帶著徵兵文件，搭火車去了台灣南部鳳山，與大約一千名新兵接受爲期三個月的訓練。他被選上接受軍官培訓，也是家裡第一個走上這條路的人，對此他仍然感到自豪。

現年九十三歲的郭先生走路拄拐杖，但背脊挺直，外表硬朗，還有一頭濃密的頭髮。我能想像他當年一定是個氣派的年輕人。他今天戴著大大的黑框眼鏡，身穿棕色襯衫和灰色休閒褲，我們在國家人權博物館見面。一九六八到八七年間，這裡曾經是警備總部景美看守所。任何敢於反對蔣中正戰後獨裁政權的人，都在這裡受審、判刑和監禁，而無須訴諸司法。

戰爭期間，許多台籍士兵與日本帝國軍在中國大陸與中國軍作戰，但命運將郭先生安排到第四十七軍團，前往東帝汶。他沒有成行。因爲在船啓航前，美軍在廣島投下原子彈，終結了戰爭。他沒有聽到昭和天皇著名的終戰詔書，但是當他接到長官通知時，他記得「對於日本帝國戰敗感到非常失望，因爲我們是日本的臣民，所以我們台灣人也戰敗了。」他當然也知道許多同胞沒有從前線返回，但受訓卻無用武之地令他感到失望。

他不隸屬任何退伍軍人團體，他說台籍士兵沒有這種東西，但台灣還是會爲日本工程師建紀念館，以紀念他們協助台灣現代化[131]。

「你知道，日本統治台灣的方式與歐洲大國殖民亞洲的方式完全不同，」郭先生說。「日本建設國家，建立了經濟。」當今台北最美麗的建築都是日本人蓋的，他們造的橋梁可以應付颱風，國民黨政權後期建造的都垮了。日本在韓國的殖民手段日趨嚴厲，尤其是在一九三〇年代，但對待台灣人相對溫和一些。感覺起來台灣不像是殖民地的臣民，更像一個現代化工程的合作夥伴，目的是擊退亞洲地區的西方殖民強權。「日本其實是希望台

131 原注：這類紀念館包括飛虎將軍廟，供奉二十歲的日本海軍飛行員杉浦茂峰。一九四四年十月，他駕駛零式戰鬥機與美軍第三艦隊戰機對戰，當他的戰機尾翼被擊中，為避免造成村民傷亡，選擇墜落在外圍空曠的農地。如今，杉浦被視為神靈，名為「飛虎將軍」。我在抵達台灣之前讀到這件事，實在覺得驚訝。韓國人立雕像來羞辱日本，台灣人卻做相反的事情。

灣人成爲日本公民。就當時的亞洲而言，日本人是最先進的黃種人。」

「日本人做了很多野蠻的事，殺死無辜的人，但他們在打仗，」郭先生說，他對於描述日本暴行的消息來源表示懷疑。也許美國當時拿這些故事用在戰爭宣傳，而中國之後又加油添醋。如果你讀過日方的描述，就知道他們進入南京時沒碰到什麼抵抗。而且原子彈比日本人做的任何事還要糟糕，因爲它毫無差別地殺死了平民。「甚至連未出生的嬰兒也被殺，這違反了軍事法，」郭先生說。

我問他當時對日本天皇的感受。「他不是神，但他是團結衆人的力量。他不是絕對的權威。」他說大家誤會了，帝國軍的士兵並沒有被教導寧死而不投降。「我們受的訓練的是不要白白送命。當然，我們都有赴死的決心，但我們得到的指示是盡可能活命，設法逃脫。」

顯然郭先生仍然效忠也熱愛日本，他對來自中國大陸的人感覺就不一樣了。他說國民黨一九四六年抵達之後，開始掠奪人民財產，強姦台灣婦女，還摧毀知識階級。他們想在島上以恐懼作爲操縱手段，發表聲明，「『我們是新的主人』。他們強行佔領一切，搶走了人民的房屋。」郭先生將責任歸咎於美國。「如果美國支持台灣人民，我們早就可以成爲獨立的國家。」國民黨特別憎恨與日本合作、與日軍並肩作戰的台灣人。(「國民黨一到台灣，看到所有人都穿和服，唱著日語歌，」史蒂夫・克魯克說。)對於國民黨來說，台灣的精英都是叛徒。

戰後，郭先生去糖廠工作，但在一九五三年，戴著白色頭盔的警備總部軍官找上門來。他遭到誣告鼓吹台獨而被逮捕。他說他只是懷抱「台灣心態」，國民黨直接把這視爲挑釁。他被判無期徒刑，他在監獄裡與另外二十五名男子共用一間牢房，每個榻榻米睡兩個人。被關初期，他遭到木棍毆打等酷刑。有一次，帶走他的人想叫他簽署一份自白書，把他放進麻布袋然後浸在河裡，他差點被淹死。另外一次，他的衣服被脫光，全身淋了糖水，被綁在野外的椅子上任由蚊蟲攻擊。在台灣，這種命運比死還慘。他一直被關到一九七五年才出獄，當時蔣中正過世，政府爲悼念他而全國減刑。但郭先生被指控的罪行沒有被正式赦免，他也不曾得到任何道歉。

是什麼讓他撐過了二十一年？「我要活得比蔣中正還久，」他肅穆地說。「我熱愛生命。我必須好好活著，過著有尊嚴的生活。」他採取的策略是忘記時間，訓練自己不要去注意日子流逝。「我想成爲歷史的見證人。當我被釋放的時候，我覺得我是勝利者，我打贏了這個政權。」

郭先生開始累了。我問的最後一個問題是關於中正紀念堂。他說他很樂意按下一個按鈕把它炸掉。「把碎片殘骸撒在路上，讓汽車輾過去。」

我回到丹麥後，收到介紹我認識郭先生的記者潘紀揚的電子郵件。他說郭先生在家裡跌倒，陷入昏迷，住院一個月之後過世了。與過去的珍貴連結及寶貴見證，也隨著他一起煙消雲散。

3 自由中國

台灣到處綠意盎然，氣候暖和。北部屬於亞熱帶氣候，但南部海岸則是完全的熱帶，彷彿一個島上就有兩種極端的氣候環境。我在春天來訪，不經意地碰上了最舒服的天氣。五月到九月之間的颱風和潮濕天氣只能用嚴酷來形容，我也聽說隆冬時的潮濕讓人冷到受不了。但現在走到戶外，簡直像溜進溫度恰到好處的浴池裡。

台北市結合了東京的精緻與現代化，以及東南亞城市的輕鬆氣氛，作為一個擁有兩千三百萬人口國家的首都，這裡異常安靜。大家去哪裡了？即使在尖峰時段，捷運上也有座位。我從來沒碰過塞車。這裡的空間讓人舒一口氣，感覺悠閒自在，台灣人也是我這趟旅行遇到最友善最熱心助人的。「台灣人很寬宏大量，」一位本地人如此形容台灣人。「有時有點害羞，可能會怕丟臉。」「我對台灣人的主要批評是大家只在乎錢，」另一位本地人說。「但是台灣人最美妙的地方也是大家只在乎錢。」

如今的台灣不僅富裕，更是亞洲民主、自由和進步社會政策的燈塔，甚至比日本更進步。台灣是亞洲第一個同婚合法化的國家，而且到目前為止在性別平等表現最佳，舉例來說，台灣立法機關裡女性成員爲百分之三十八（在日本，這一數字約爲百分之十）[132]。《紐約時報》最近稱台灣爲「亞洲言論自由堡壘」，是亞洲「最活躍的民主政體之一」，取代了近期受北京加強控制的香港。根據無國界記者組織年度調查，台灣新聞自由度亞洲第一，雖然在全世界排名第四十二位，不算名列前茅，但是領先排名第四十三位的韓國，日本排名則落後在第六十七位，中國是第一百七十六位。台灣人民所得相當均等（與中國相比肯定如此，不過日韓在這方面是世界上表現數一數二的國家），而且人民教育程度很高，根據國際學生能力評估計畫（PISA）最新國際排名，台灣十五歲學生的數學、科學和閱讀能力排名第六（日本位居第三，韓國第九，中國第十位，英國排名第二十三）。

台灣人口的同質性低於韓國或日本。島上最早的人類活動，始於大約一千年前從西亞

132 根據二〇二〇年數據，台灣女性立委逾四成，亞洲最高，日本仍為一成左右。

移民到台灣的南島民族[133]，從西至斯里蘭卡、南至紐西蘭都可找到其祖先，但與澳洲原住民沒有血緣關係。目前約百分之二的人口是原住民人。

在蔣中正和兩百二十萬國民黨軍於二戰後逃亡到台灣之前，已經有兩個主要中國大陸族群移民到台灣。一是客家人，這個流亡族群最早在一千五百年前從中國北方移居到南方，之後輾轉來到台灣，在一八六〇年代太平天國之亂之後開始大舉移民（太平天國領袖洪秀全也是客家人）。大約在同一時間，台灣海峽對岸省分福建人或「閩南人」也開始來台。

客家人素以勤勞克儉著稱，但人數總是處於弱勢，因此很久以來都是在別人不要的土地上耕種，通常是必須剷除林地的丘陵地帶。閩南人通常在低地種植水稻。兩種文化從以前到現在都非常不同，彼此之間經常起衝突。

目前台灣人口百分之十五爲客家人，百分之七十爲閩南人。扣掉百分之二原住民，剩下的百分之十三來自中國數個省，大多是一九四〇年代末隨蔣介石一起來台，另外還有其

133 關於台灣地區最早居民為何，有考古學者認為第一批原住民是六千年前由亞洲大陸遷移而來。台東縣也發現距今五萬年前的舊石器時代「長濱文化」遺址。

他移民。通婚和移民混淆了種族界線，現今台灣人可以強調自己的本土身分、中國血統或是原住民背景，但二〇一六年民調顯示，超過八成認爲自己是台灣人，認爲自己是中國人的只有前者的十分之一。

這種複雜的種族融合，對於國內政治以及與中國的關係都具有重要影響。首先從國內政治說起。

現任政府是由傾向於台灣獨立的自由黨派民進黨主導，直到一九八〇年代晚期，他們才獲許公開競選。另一個主要政黨仍然是國民黨，由孫中山於一九一一年在中國創立。「不幸的是，國民黨在司法機構仍握有很多勢力，而且往往與組織犯罪和黑道有關，」資深台灣記者潘紀揚告訴我。多年來，國民黨被認爲是世界上最富有的政黨，資產超過二十億美元，包含各種商業組織，特別是台灣媒體業。

國民黨通常得到「外省人」堅定支持，但也有許多客家人和原住民支持國民黨。由於國民黨與中國保持良好關係，又有商業往來，至今仍然被視爲帶來經濟繁榮的政黨。但是公務人員也傾向投票給國民黨，很意外地也包括一些教師。當老師在台灣是備受尊崇的職業，要想取得教師資格就要有優秀的學業成績，就得在市中心較富裕地區排名前面的學校就讀。[134]這些校區在傳統上都是國民黨的領域，教的也是國民黨版本的歷史。

每當我懷疑國民黨在台灣還有吸引力，就會有人提到許毓仁的名字。人們講起他的方式，就像一九九〇年代人們提到東尼・布萊爾（Tony Blair）。在一個奄奄一息、意識形態老舊的政黨裡，他代表進步新面孔。例如，許毓仁一直堅定支持修改民法以允許同婚，導致被威脅黨紀處分。

我去了許毓仁在台北市中心的辦公室與他見面，距離國會不遠。我在房間一角的矮沙發等候，面前的牆上釘滿了貼了藍色便利貼的感謝函，四處都有散落的紙箱，年輕志工忙進忙出。沒多久，許毓仁快步走出角落辦公室和我打招呼。他最近剛滿四十歲，模樣純眞而帥氣，一副現代中間派政治人物常見的打扮：深色雙排扣西裝，略帶時髦的黑色粗框眼鏡。

「二〇一六年國民黨支持度下滑，大選失敗的時候，我受邀加入國民黨青年顧問團，」許毓仁說。「國民黨想要新血，不要傳統路線的政治人物。我認爲像國民黨這種正

134 此為作者觀點。其實早年就讀師範學校是全公費支付，畢業後保障分發小學任教，因此是家境不好又想升學的孩子之首選。

在轉型的政黨，或許適合像我這樣的人做出創新，激發一些改變。」許毓仁在南部城市高雄長大。他父母的祖先都來自福建（也就是國民黨抵台之前，他們就在台灣），父親在高雄夜市擺攤，母親開了一家美容院。他描述自己的背景，「基本上就是社會底層」。許毓仁特別擔心台灣經濟的現代化腳步不夠快：中國以低價競爭贏過台灣製造業，現在又進逼台灣高科技產業。如果台灣失去這方面的優勢，還能向中國或世界其他地區提供什麼？

許毓仁認爲台灣與中國的關係發生了根本變化。幾十年來，國民黨一直是中台關係的聯絡管道，但是隨著國民黨聲望下滑，中共澈底避開國民黨，直接與台灣人民交流。例如在二〇一八年初，中國國台辦在北京宣布了三十一項針對台灣的「惠台措施」。這些優惠政策實質上就是利誘，給予台灣人於中國人相同的條件在大陸工作或投資，提供台灣學者申請研究補助在中國教學等等。有些人認爲這是惡意搶奪資本和人力資源，一種潛在的統戰，但的確有用：目前有超過三百萬台灣人居住在上海。「台灣正碰上嚴重的人才流失，流入中國的產業界、學術界和教育界，」許毓仁說。也有人持其他觀點，例如我在上海見過的台灣歷史學家張志雲認爲這是明智的策略，「正視台灣的強項，」他如此形容。

如同俄羅斯干預美國和歐洲的民主進程，中國政府也利用社群媒體，在台獨與統一兩個族群之間畫出更深的鴻溝。北京政府也不斷對國際社會施壓，要求排擠台灣，想方設法要扼殺這個高度全球化、自由與民主小島的生活空間。限制台灣經濟發展，提出證據說民進黨政府經濟政策不彰，就能增加親中國民黨重新執政的機會。這項戰略已經發揮作用：民進黨在二〇一八年十一月選戰失利，國民黨奪回多個席次，這項結果對於蔡英文總統二〇二〇年連任的機會來說相當不利。

北京如此支持國民黨其實頗爲荒謬，因爲蔣中正在一九四〇年代末帶著國民黨軍來到台灣時，他還冀望總有一天要從共產黨手中奪回中國，把反攻大陸的空想作爲官方政策，一直到一九九一年，蔣中正去世已久之後，國民黨才正式結束與中國的戰爭狀態。學校灌輸給學生的教育是台灣有一天要解救中國大陸，就像狗身上的跳蚤相信自己是狗的主人。我相信，這年頭已經沒有人相信台灣政府有一天會統治中國，或者願意這麼做，但中國仍然堅持認爲台灣是中國的第二十三個省分。如今，往日宿敵國民黨成了統一的最大希望，不過條件當然要由北京來訂了。

幾個星期前，習近平在黨代表大會上的講話重申「祖國和平統一」的承諾，並警告任何反對這一立場的人都會遭到「歷史的懲罰」。習近平在二〇一九年新年演說中，再次強調收回台灣的目標，稱「台獨勢是歷史逆流，是走不通的絕路。」但是中國人怎麼看待這一切？就我所知，沒多少中國人支持習近平完成兩岸統一，甚至在乎這件事。首先，中國對於台灣人民並沒有多少愛。「年輕人不再把台灣人當作兄弟姐妹了，」一位中國學生告訴我。「對我們來說，台灣人更像傲慢的惡毒親戚。我們支持統一，因爲如果不統一的話，台灣就是個麻煩。」她請我把台灣想像成一艘巨大、不會沉沒的美國航空母艦，永久地停泊在中國沿海。也許就跟南北韓一樣，台灣和中國已經分開了太久，雙方其實並沒有多少共同點了。

但是，北京仍持續在全球所有地區施壓。如果一個國家想要與中國建交，換取基礎建設投資、貿易機會、祕密政治獻金，就必須與台灣斷交。布吉納法索和巴拿馬在二〇一八年與台灣斷交，目前正式承認台灣的國家只剩下十九個[135]，包含梵蒂岡、馬紹爾群島和帛琉。近期中國爲了打擊長期親台的帛琉，禁止中國人前往，由於中國遊客佔帛琉總遊客數的一半，導致帛琉觀光業受重創而不得不向美國及日本求援。據《亞洲時報》報導，台灣

135 目前與台灣有邦交的為十五國，包括貝里斯、瓜地馬拉、宏都拉斯、尼加拉瓜、海地、聖克里斯多福及尼維斯、聖露西亞、聖文森及格瑞那丁、馬紹爾群島、諾魯、帛琉、吐瓦魯、巴拉圭、史瓦帝尼王國（原「史瓦濟蘭王國」）和梵蒂岡。

付出「天文數字」的金額以換取友邦堅定挺台。

台灣還得躡手躡腳踏過一個語義外交雷區，才有辦法知道可以用什麼名字來稱呼自己的國家。台灣作家吳明益以描寫二十世紀台灣的小說《單車失竊記》入圍曼布克國際獎，官方網站上他的國籍原本是「台灣」，卻在中國駐倫敦大使館抗議之後被改為「中國台灣」，吳明益向主辦方表達了個人的抗議立場。外界猜測，主辦方的決定與該獎項贊助商曼氏集團（Man Group）最近在中國成立了避險基金有關。

北京也成功地對包括英航和日本兩大航空全日空（ANA）及日航（JAL）在內之四十四家外國航空公司、以及西班牙服飾零售商 Zara 等公司施壓，要求不得在官網標註國家名稱之處使用「台灣」，應改為「中國台灣」。萬豪酒店官網在中國被完全關閉，罪名只不過是把「台灣」、「香港」和「西藏」列為單獨的國家。或許，在北京某個沒有窗戶的大樓裡的某個房間，有一群人正認眞搜索網際網路，一發現有服飾公司破壞「一中」政策就立刻警告中央。

一九四五年，中華民國是聯合國創始會員國之一，但在尼克森為了終結越戰而與北京恢復友好關係之後，台灣在一九七一年失去了在聯合國的席位，美軍也在不久之後撤離台灣。如今，聯合國將台灣歸類為「其他領土」（地位與巴勒斯坦民族政府和北賽普勒斯相同），實難代表一個擁有兩千三百五十萬人口的繁榮、和平、民主的政體。在奧運會上，台灣必須以「中華台北」的名義出賽。

「中國向來採用胡蘿蔔與棍子的魅力攻勢，」祁夫潤說，他舉中國向台灣方向試射飛彈作為棍子的範例，這通常發生在台灣舉辦民主選舉之前。「中國說，如果台灣宣布獨立，我們就發動進攻，但這絕不會贏得台灣人的心，因為台灣人生活在民主之下，非常了解中國，在經濟上也不需要中國。」如果說有誰需要誰，是中國需要台灣：在過去的幾十年中，中國從台灣的投資和專有技術受益匪淺，台灣仍然是最主要的外資來源。台灣的富士康公司是世界上最大的電子產品製造商，在中國深圳僱用超過二十五萬名員工。胡蘿蔔和棍子甚至對國民黨的支持者也起不了作用。上次總統選舉時，一名統派色彩強烈的候選人參選，但又被撤銷提名，因為國民黨中央很清楚她違背主流民意，導致國民黨的民調支持度偏低。

現任總統蔡英文在理論上支持獨立，但像大多數台灣人一樣，不傾向在近期做出單方面聲明，而是寧願維持現狀。但是她也有大膽的時刻，例如打電話給川普祝賀他當選總統。不諳外交後果的川普接起她的電話，這是四十年來台美領袖之間的第一通電話。儘管蔡英文立場如此，兩國關係也看似穩定，但令我驚訝的是，我在中國和台灣碰過不少人（說不定是大部分人）都說，他們已做了心理準備，不久的未來可能會統一，最有可能的情況是中國以軍事演習為藉口，從福建沿海「快速入侵」台灣。有些人甚至聲稱知道計畫的細節：兩棲部隊在網路攻擊的支援下登陸北海岸，然後傘兵降落在台北桃園國際機場。英國記者史蒂夫．克魯克比較樂觀。「我來台灣二十多年，一直有人說中國即將入侵，」他告訴我。「就像核熔合，隨時會發生。」

其他人則認為中國解放軍不會輕易拿下台灣。台灣部隊人數從兩千年初二十七萬人減少到現在的十八萬人，但仍有一百五十萬後備軍人，應該很難攻克。太平洋戰爭期間，美國考慮攻擊台灣作為對日攻擊的基地，但評估認為台灣無法攻下，改為攻擊沖繩島。

如果中國入侵，理論上而言一定會把美國和日本牽連在內。根據一九七九年《台灣關係法》，美國承諾「抵抗任何訴諸武力……而危及台灣人民安全及社會經濟制度的行動。」但是面對中國的干預，美國能做出多少回應？北京顯然已經干涉台灣經濟，還持續威脅台灣，但美國卻沒什麼作為。

就在我寫作的同時，台灣某團體計畫推動在二〇一九年四月舉行獨立公投。如果真的發生這件事，相較之下，英國脫歐差不多等於鄉村保齡球俱樂部的舉手表決。想像一下中國會發動多少威脅和干預。如果能看到台灣人怎麼投一定很有意思，看看有多少人出來投票（上次全國公投因國民黨及支持者的抵制，投票率過低而被判定無效），也能看看在中國武力恫嚇之下，有多少人會贊成獨立。

我在台北新地標台北一〇一大樓腳下碰到一位台灣獨立運動家。他叫理查（Richard），年紀六十多歲，戴著自由台灣黨（Free Taiwan Party, FTP）棒球帽，身上的運動衫寫著：我叫習近平，我支持台灣獨立。他和其他幾名示威者站在旗幟旁宣傳自由台灣黨，「唯一倡導台灣獨立的政黨」。

「我不害怕為獨立而死，」理查說，給我一個友善的笑容。他相信大約兩成台灣人口有同樣的感受。二〇一八年一項針對一千名台灣人進行的民調顯示，目前有百分之二十的人希望與中國統一，百分之二十四點一的人對現狀感到滿意，近四成的人希望在未來某個時候實現獨立，其餘回答不知道。

理查的父母其實是和蔣中正一起來台灣，他在台灣出生，雖然他的台語說得不太好

（台語是福建方言的一種，自一九四五年之後，台灣的官方語言是國語，大多數人兩種都會說），他認爲自己是台灣人，不是中國人。「台灣應該是獨立的國家，沒什麼好討論的。我認爲有了國際支持，未來三年內有可能獨立。我們不可能跟中國統一。」

他承認中國極有可能對台灣採取軍事行動。「我預期會如此，說不定就是今天晚上，也可能是明天，很快。但是中國雖然很大，不代表它就很強。台灣雖小但我們很強，我們能反擊，有能力捍衛自己。」日本會幫忙，理查非常肯定。「如果日本不幫忙，不僅台灣會失守，日本還會失信於國際，也會失去戰略實力。一旦中國佔領台灣，日本就沒有安全保障了。」沖繩可能是下一個目標，有些中國人曾經暗指日本南部群島的主權屬於中國。他認爲，日本和中國遲早會打仗。「中國人內心非常憎恨日本人。」他預測衝突遲早會發生，因爲日本的軍事行動越多，中國就越覺得頭大。

國民黨立委許毓仁持不同觀點。「我也覺得在情感上我們認爲自己是獨立的，但如果有路人說願意拿起槍來戰鬥，我覺得只是說大話。」他聲稱獨立不是年輕一代的優先事項。「對於中國來說，武力犯台的風險太大，中國可以透過許多其他方式來達到目標。他們可以取消航線，或讓貨幣貶值，這些手段都可以癱瘓經濟。」他補充說，而且中國還有別的更要緊的事：與印度的關係日益緊張，習近平的「一帶一路」計畫，北韓，跟美國的貿易戰，還有貪官……

日本陸軍退伍老將郭先生對台灣的未來也持樂觀態度。他預估未來會更開放、民主和完全獨立。「我們只是在等待正確時機。但我相信在未來幾年內，總統會準備宣布中華民國的終結。現在應該是台灣建國的時候了。」

台灣與中國之間的關係顯然很複雜，不過台灣與日本之間的關係大致上是正面的。我本來沒想到要問台灣與第三隻「虎」韓國之間的關係，但是我和出版社總編莊靜君交談的時候，這個問題卻意外出現。我們是經由日本的共同友人而聯絡上。

「哦，很多台灣人有厭韓情結，」她輕鬆地說。當時我們在一間由日式老房子精心改建的日式餐廳用晚餐。我的筷子停在半空中。

「什麼意思？到底爲什麼……？」

她說有人覺得韓國人「不」尊重台灣人，也或許某些台灣人對韓國人有種自卑感。

「韓國人經常作弊，」第二天我跟朋友介紹的另一位台灣女性共進午餐，她做了如此嚴厲的批評。我爲韓國抱不平，我說韓國從沒做出對不起台灣的事。「可是韓國人很討人厭，他們很排他。你知道，韓國人與蒙古人有血緣關係，」她說，彷彿這就是證明。

台灣歷史學家劉士永說：「台灣在一八九五年成為日本殖民地，韓國直到一九一一年才成為日本帝國的一部分，日本把在台灣做的許多事複製到韓國，因此有些台灣人會認為韓國人排在台灣後面，『你們都是學我們的。』」台灣的優越感還有另一來源，在殖民時期，許多在台灣的慰安婦是來自韓國。「因此你能想像我們對韓國的社會形象有什麼看法。那個感覺就是，『我們看不起你，可是你竟然不尊重我們。這叫人怎麼忍受？』」他總結道。

古老的地緣政治秩序加劇了雙方的摩擦。數百年來，中國視韓國為附庸國，那麼絕大部分的台灣人口是從哪裡來的？中國。「我們認為自己是大哥，韓國是小弟，」劉士永說。這樣想就能理解了，一九八〇年代韓國的經濟優勢確實惹惱了台灣人。看來，孔老夫子在東亞要負的責任還很多。「我們還在為了誰該成為老大哥而競爭，」劉士永認同。「還有誰佔據中心位置。」不過，他對於台灣應該排在哪個順位有很清楚的想法，「台灣應該學習做一個小國。我們一直以為自己應該發揮重要作用，國民黨一直灌輸我們，台灣是個大國，應該在國際和政治舞台上佔有一席之地，但實際上不是這樣，台灣不是個大國！」

「沒錯，台灣人討厭韓國人，」許毓仁證實。「這可以追溯到一九八〇年代初期，韓國與台灣斷交，轉而與中國建交。」三星和ＬＧ挖角台灣高階人才也為人詬病，但是許毓仁表示，台韓雙方在體育賽事的競爭最明顯，特別是棒球比賽。台灣並非不習慣輸球，但輸給韓國的殺傷力最大。他也承認，歸根究柢這是因為台灣感覺不到來自東海對岸鄰國的重視。

在聽了許多有關台日正向關係的消息之後，才震驚地發現台灣對韓國充滿敵意，令我沮喪不已。兩個國家之間不曾交戰，從未淩虐或奴役對方的婦女，或剝削對方的資源，事實上台韓有很多共同點，在近代史上有很多相似之處：日佔之後都歷經軍事獨裁統治、中國的威脅、美國的干預、經濟奇蹟、最後達成民主政體。如果連這樣子，台灣人都能討厭韓國人，那麼東亞地區還有希望可言嗎？

我再次把希望寄託在年輕人身上。和我聊過的年輕中國人跟我說，他們要找時尚和飲食等流行文化趨勢時，注目的焦點是台灣，而不是日本、歐洲或美國。「年輕一代的中國人正在追求真實性，」其中一位說。「一切都從台灣來，文青風，手沖咖啡，精釀啤酒，寬鬆、毛料的天然服飾，台灣在華語世界佔據領頭羊的位置。」

你是說穿得像純素主義者？我問。

「沒錯，就是純素主義風。」

純素主義的嚮往聽起來或許只是根救命稻草，但在尋找未來汎亞和諧的正面象徵時，找到一個是一個囉。

結語

我必須從台灣短暫回到日本，進行最後的研究之旅。到了這個階段，我已經聽了相當廣泛的各種觀點。從定義來看，我爲本書所訪談的一些人與這些議題有著密切關係：他們經營博物館，研究、推動或撰寫相關議題，他們是大使、人類學家或政治人物。當然，我也遇到了退伍軍人以及戰爭罪受害者，或是曾遭受酷刑和壓迫的人士。可以理解的是，寬恕、贖罪、報復和教育等議題，在這許多人的生活中佔了很大的比重，但走了日本、韓國、中國東部和台灣一遭之後，我想提出了一個不算特別深刻的觀察：對於絕大多數人們而言，在絕大多數時間裡，那些都是過去的事。我相當確定，對於這些國家／地區的數億人口而言，這些議題在大多數人的日常生活裡並非重心，絕大多數人和我們其他人一樣，只是在努力過日子，甚至其中很多人只是在求生存。

韓國人及中國人看待日本的方式非常不同，因爲兩國在二十世紀上半葉與日本交手的經歷截然不同。日本只征服了華東和華北領土，大約佔中國總面積四分之一。這些雖然是人口稠密的地區：北京、南京、上海和香港，但還有更多中國人民生活在離日本統治區非常遙遠的地方，即便中國政府再怎麼努力宣傳，他們也不太可能對日本政府懷恨在心。

另一方面，韓國全境被吞併了三十五年。日本盡其所能將韓國轉變爲另一個日本，韓國人雖然鍥而不捨地英勇抵抗，但幾十年下來，也有許多韓國人與日本合作，韓國也受益於日本帶來的現代化。這留下了複雜的影響，尤其是關於壬辰之役的記載，以及儒家思想帶來的家庭關係張力。結果是，韓國還沒原諒日本，更別說放下了。皮尤研究中心於二〇一三年所做的一份民調，直接受日本軍事行動影響的國家／地區中，百分之九十八的韓國人說日本沒有「充分道歉」（相比之下，只有百分之四十七的菲律賓人有同感）。

顯然，韓國人對日本的感受，要比日本人對韓國的感受來得強烈許多，從外界來看，這似乎有點可悲，因為戰後的韓國在政治、文化和經濟各方面取得了奇蹟般的成就，卻仍然從七十多年前日本的壓迫來定義自己。對於某些人來說，宣告痛恨日本是一種自傲，其他人則認為，這是當代韓國身分認同的內在本質。美國學者和亞洲安全事務專家傑克森（Van Jackson）表示，「日佔時期的集體苦難，是理解韓國人之所以為韓國人的要件。」我訪談過的一名韓國人就坦誠說：「……刪除了抗日情緒，我們就失去了一半的身分認同。」居住在韓國、備受推崇的美籍政治學家羅伯特・凱利（Robert Kelly）寫道，韓國人民及精英「對日本抱持著非比尋常的負面態度。韓國媒體經常評論日本，通常沒有什麼新聞客觀性，而且都用負面詞彙。」凱利同意韓國人有充分理由討厭日本，可是他們「不止於討厭，還做過頭了……唯一目的就是挑釁日本。」凱利居住在韓國，妻子爲韓國人，他的一雙韓裔美籍子女很出名，他有個更有名的綽號叫「BBC老爸」[136]。

韓國總統文在寅在二〇一八年三月的演講表示，施暴者無權決定自己贖罪做得夠不夠，或要求受害者「放下」（像我這樣的局外人更沒有立場說話了）。他說得沒錯，但受害者通常到了某一刻會盡可能向前看，爲了自己，也爲了大局。不幸的是，寬宏大量似乎不是韓國人的強項。

如果你覺得南韓人很會記仇，請參考一下他們在北邊的表兄弟。這是北韓官媒近日發布關於日本的典型聲明：

「日本這個舉世無雙的政治侏儒，再次向世界展示了它幼稚的一面……日本武士粗暴行徑的新聞，激怒了朝鮮民主主義人民共和國軍隊和人民，我們心中燃著復仇的決心，面對朝鮮國宿敵，我們定要這些島嶼野蠻人付出代價。」

南北韓步入友誼的新時代，正加緊腳步共同譴責日本，要日本爲佔領時期未了的事項

136 二〇一七年時凱利接受英國廣播公司直播專訪，直播中因為兩名稚子亂入，瞬間變網紅。

負起責任。韓國和解暨合作理事會[137]已經討論了數月，要求送回一九三〇和四〇年代被帶到日本的強迫勞動者的遺骨（韓方表示可能有成千上萬人，但日本寺廟僅註冊了兩千七百七十名）。有些人原本期望，在兩韓關係改善、甚至朝鮮半島統一之後，或許會帶來重新設定歷史及展望未來的機會，但看來這是個不祥的徵兆。能夠團結南北韓的議題，反而是彼此對日本同仇敵愾。蓋洛普（Gallup）近期對一千名南韓人進行民調，對金正恩持正面觀感的人是百分之十，對安倍晉三持正面觀感是百分之五，前者是後者的一倍，即便金正恩近年來不斷對南韓發動武力威脅。

我對東亞事務的研究接近尾聲，突然想到：韓國政府或中國政府是否曾經爲自己的軍事行動提出正式道歉？我在中國什麼找不到，連中共向自己人民道歉也沒有，倒是最近發生了一起涉及南韓政府的有趣事件。越戰時期，南韓軍隊與美軍並肩作戰，據稱在這期間屠殺了平民。二〇一七年，文在寅拜訪越南。他向越南人民道歉了嗎？他使用的語言很神奇地令人聯想到日本的說法：他對於兩國歷史上「不幸」的一頁表示「遺憾」。正如韓國

137 由政黨和民間團體於一九九八年成立，目的是就統一議題達成公眾共識，實現民族和解與合作和平。

某家報紙的報導，「他沒有明確表示」到底對什麼表示遺憾。「看起來是道歉，但其實不是，」報紙援引越南社運人士陳梅春（Tran Thi Mai Xuan，音譯）的說法。「我認爲南韓政府應該誠心誠意發表正式道歉。」

也許文在寅模糊的做法並不會不恰當。也許南韓對越南、或者日本對南韓，都不需要再進一步道歉。這是政治學家珍妮弗．林德（Jennifer Lind）在二〇〇八年著作《對不起的國家：國際政治中的道歉》（Sorry States: Apologies in International Politics，暫譯）得出的一個結論，書中將法德戰後關係與日韓關係做比較。林德也承認，否認暴行會嚴重損害兩國關係，她指出「對外國受害者表示懺悔的國家會面對許多爭議，進一步損害外交關係，換句話說，懺悔達到了反效果……」林德指出，美日和解並非建立在日本對美國或美國對於投下原子彈表示懺悔，因爲雙方都有別的優先事項。相同地，義大利和奧地利在二戰的行動幾乎完全沒有受到指責。道歉有時只會讓事情更糟，「……憤怒會鼓動受害國的民族主義情緒，造成劍拔弩張的情勢，使和解更加遙遙無期。」確實，從長遠來看，日本道歉通常沒有什麼成效，只是激怒了國內的民族主義者（黑色廂型車上的人），而且也幾乎沒有平息韓國人和中國人的怒氣。到了最後，「少部分人有罪但所有人都有責任」的論調，開始讓日本人感到空泛，或許也不難理解了。甚至連溫和派也會產生「道歉疲勞」。

日本已經用許多方式多次表示道歉。我很想知道，身為外國人，我是不是抓不到語言上的細微差別：韓國人和中國人聽到的似乎不是抱歉，或說他們感覺到潛在的其他含義。我採訪過的日籍人類學家太田心平，專門研究日韓兩國人民如何看待自己和彼此，他解釋說，這些年來日本道歉衍生的問題，有部分在於使用的語言過於正式，那些字詞通常只出現在書面文件。「因為非常正式，所以聽起來不像道歉，」太田告訴我。我在首爾西大門刑務所歷史館碰到的光州民運示威人士菲利普，為韓國人普遍的懷疑下了個結論，就是你永遠無法眞正相信日本人說的話。「日本人表面上說的話跟內心的想法是兩回事，」他說。我多次請韓國人為我闡明他們對日本道歉的異議，大家的說法都一樣，日本人不誠懇或含糊其詞，他們「不是認眞的」。然而就我在張純如紀念館看到的影片，這位美國作家在電視上要求日本大使道歉，當他使用我能理解的語言來說出這些詞彙，裡頭似乎沒有一點模稜兩可之處。

一位不願具名的中國學者告訴我，南韓持續研究慰安婦議題，有個原因是這是一條「學術生產線」。學術研究人員得到資金繼續研究，因此對道歉置若罔聞才有利可圖。有些人可能是這樣沒錯，但是絕不能以此來解釋一切，因爲這樣會抹殺了眞正待過慰安所的婦女的經歷和感受，而這是不可原諒的。

《紐約客》雜誌最近刊出一篇文章，把道歉對於韓國人的重要性做出了較有啓發性的分析。小說家艾德．朴（Ed Park）指出，從總統到企業負責人（大韓航空家族），韓國公衆人物道歉的頻率特別高。道歉是韓國社會結構的重要面向：下屬必須爲自己的錯誤道歉，在上位者道歉以示負責。朴寫道，總的來說，韓國人比別人更在乎受到冤屈的人有沒有被道歉。從我所看到的，日本企業負責人也同樣以公開懺悔而出名，但是朴認爲「恨」使得韓式怨恨更加執著，他稱之爲「壓抑和委屈感造成的狀態，無法僅透過道歉來緩解。」另一個相關的思想流派認爲，在韓國文化裡，如果一方爲自己的過錯表示歉意，受害的那一方可以永遠責怪他。正如我最近在網上看到的一篇評論所說的，「道歉在韓國文化裡，代表永恆勒索的開始。」這也是前日本駐華大使丹羽宇一郎在東京跟我說的話，「日本人連戰爭罪也能原諒。但即使過了一千年，中國人和韓國人也做不到寬恕。彼此的文化完全不同，就算他們從沒去過日本，也從未閱讀任何有關日本的書籍，還是可以對日本和日本人有不良觀感。」

我在中國和韓國遇到好些人都說，日本只要「閉上嘴」（此處是意譯），緊張局勢就不會再三出現。「解決問題最好的方法就是，日本同意不再多提，再也不去靖國神社參拜，」中國政府前外交政策顧問孫成博士在北京告訴我。然而，日本是自由民主的國家，儘管社會上有令人不快的面向（雖然極權主義者還不滿意），這些永遠還是大環境的一部分。但也正如一名中國學生跟我說的，「沒有人說日本不能否認自己的罪行或崇拜罪犯，但是中國也有仇恨日本的權利，是吧？」

就我個人而言，我不懂為什麼任何政治人物會想踏進靖國神社，相對而言，日本人民對這個議題的資訊比較充足，任何人都能參觀神社的博物館，親眼看見裡頭荒謬的修正主義。選民可以用選票來懲罰或獎勵去參拜的公眾人物，但我也明白候選人名單裡沒什麼好的選擇。（「安倍晉三並非很受歡迎，」前駐華大使丹羽宇一郎說。「只是他的對手太弱了。」）

我在日本和其他地方訪談過的很多人都說，他們相信中國人和韓國人都受到政治精英的政宣操弄。操縱反日情緒，在兩國選舉都能發揮奇效。當政客的聲望下滑，反日能保證選民熱烈支持，或是讓人暫時忽視國內的危機。我在京都與約翰·布林教授見面時，他給這種情況下了非常好的結論，「道歉或要求道歉都不是完全無辜的，全都來自非常複雜的政治背景，」他說。我在台灣遇到一位學者試圖說服我，韓國（或許還有中國）對日本的敵意，都是政客製造出來的，激起反日情緒對他們總是有好處。「在南韓製造對日仇恨非常重要，因爲許多韓國人在戰時與日本合作。爲了掩蓋這一點，所有人都必須討厭日本，」他說。

而且，反向的政治策略（試著與日本和解）對韓國和中國政治人物幾乎沒有好處，還會背負被日本右翼極端分子當成彈藥的風險，因爲他們可以聲稱「敵人」承認自己一直以來都錯了。敦促日本政府爲戰爭罪做更多的日本政治人物和社運人士，承擔的風險可能更大，暗殺行動並非沒有先例。而且日本進步派人士，或提倡與舊殖民地和解或道歉的人，還可能不小心被歸納到南韓反日遊說團體的陣營，儘管兩方根本搭不上邊。

我確實不太明白東亞人民爲何如此被動，以至於輕易受到政治領袖的操縱，在珍妮弗．林德看來，政治領袖有能力「塑造」、「轉變」和「設計」地區關係的敘事。東亞人民或許不以個人主義而聞名於世，但是也不像這個結論所暗示的那麼沒有主見。近期在首爾成功彈劾總統的大規模抗議活動就充分顯示，當韓國人想要反威權主義時也是做得到的。而如果日本人眞的那麼被動，爲什麼至少有半數人反對安倍晉三的長年政治目標，也就是修改憲法第九條，使日本成爲合法的軍事大國？根據共同通訊社近期的民調，反對人數比例與過去大多數民調一致。即使在二〇一八年九月《朝日新聞》對兩千名安倍支持者所做的民調，也只有百分之五的人認爲憲法改革很重要，大多數人希望他專注在經濟就好。

教育在這些方面起了至關重要的作用。在理想世界裡，每個國家的孩子都會了解祖先做了哪些好事和壞事，但事實並非如此。英國學校是否教過一九四三年孟加拉飢荒？許多人認爲，英國政府的政策直接導致了高達三百萬人喪生。我也想知道，關於伊拉克，美國學童學到了什麼？日本過去在教育方面做得比大家想像得都要好，而且絕對比鄰國好。史丹佛大學教授申景旭（Gi-wook Shin，音譯）及丹尼爾·史奈德（Daniel Sneider）針對中國、韓國和日本學校歷史教科書進行學術調查，在二〇一一年出版了《歷史教科書與亞洲戰爭》（History Textbooks and the Wars in Asia，暫譯），書中指出中國和韓國歷史教科書的修正主義幾乎到了虛構的程度，包含激進的民族主義和高度選擇性論述，例如不提美國在擊敗日本扮演的角色，只提日本遭受原子彈轟炸。最難以激發愛國心的是日本教科書，根據兩位研究者，日本教科書清楚載明，「亞洲戰爭是日本帝國擴張的產物，向美國宣戰是災難性的錯誤，國家和人民爲此付出沉重的代價。」在二〇一一年時，日本教科書可能有幾行字提到慰安婦以及南京，而且是南京「大屠殺」，不僅是「事件」。可悲的是，我聽說現在日本政府刪除了所有被認爲是「自虐」或「不愛國」的歷史教學內容。現在的歷史課程不是簡單地用已知的事實來教導眞實經過，變成像日本戰時教育模式，目的給年輕人灌輸「對國家的愛」。二〇一九年的日本社會應該夠成熟了吧，應該可以告訴孩子們眞相，允許他們對自己的國家採取較爲批判的態度。至少這樣一來，日本在教育方面就能取得道德制高點。

今日的學校歷史課、粗製濫造的戰爭劇和政治言論，如何影響了東亞人民之間的相互了解？言論NPO在二〇一八年對韓國、日本和中國各一千人進行民調，從失和的手足之處得到一些令人振奮的消息。自二〇一七年上次民調來，對日本人有「不良印象」的韓國人比例有所下降，雖然仍佔了人口一半以上，但在二〇一三年該比例爲百分之七十七。自二〇一七年以來，對韓國人印象不佳的日本人比例也從百分之四十八點六，下降到百分之四十六點三（但五年前僅爲百分之三十七，所以情況還不太明朗）。日本和中國彼此看不順眼的人數，比日本和韓國之間要多。兩國人民都認爲對方可能有暴力行爲，二〇一六年接受皮尤研究中心調查的中國和日本受訪者之中，八成以上對另一個國家持「不利」觀點。只有百分之十一的日本人對中國人有好感，百分之十四中國人對日本人有好感。只有一成中國人認爲日本已經爲這場戰爭道歉了。電視劇似乎持續發揮作用，去日本旅遊的中國遊客人數雖然屢創新高，對兩國關係的助益可能比人們期望的要少。

慶幸的是，這幾個國家的年輕人（三十歲以下）對鄰國的印象較佳，或許各國關係終有一天有希望改善。我在旅途中遇到的年輕人，毫無例外地似乎都更能接受與鄰國維持友好關係，更願意表達對彼此的欽佩，較不會像父母輩或祖父母輩一樣心懷怨忿。在日朝鮮人導演梁英姬談到韓國年輕一代，「他們確實希望與日本建立良好的關係，他們熱愛日本文化，也希望跟日本人民成為好朋友。也許他們對日本政府沒有這種感覺，但對人民是這樣沒錯。」英國記者安德魯．薩蒙提到年輕韓國人，「他們不再時時刻刻執著於日本，年輕一代試著找到自己的身分認同，『我們年輕，我們很酷，我們很時髦。韓國有大企業，我們是民主國家。』韓國講了一個國家走向成功的英勇故事。他們自己還看不到，但漸漸開始看到了。」

「我們與過去的殖民主義切割開來，經常去日本旅行，」一位年輕韓國人描述她的同輩。「我們眞的很喜歡日本的文化和產品。學校教科書當然寫了關於日本的壞話，但這沒有眞正影響到年輕一代的心態。我跟很多朋友眞的很佩服日本，對日本幾乎沒有不好的感覺。年輕人愛日本。也許有些人對日本過去的做法感到不滿，但大家都意識到那些與當前的文化不能相提並論。」

我猜，年輕韓國人新興的民族自信心，會是脫離譴責循環，邁步向前的關鍵。但是，若想爲所有問題找出長遠的解決方式，還是必須透過一兩代人逐步努力，這需要所有政府、非政府組織、學術界和公民團體之間一起行動：共同舉辦紀念活動，設立共同紀念館，組成商定通用歷史課程的聯合教育委員，籌組解決領土爭端的聯合專家小組。

爲了各方利益，各國就統一的歷史版本達成共識，有罪的一方無條件地澈底贖罪，四個國家一起邁向一個沒有拒不承認、政治宣傳、民粹主義和修辭的未來。東亞人民在一次又一次的民調裡，表達了希望與鄰國建立更好的關係，非常擔心衰退的後果，因爲這會損害所有人的利益，甚至可能導致前所未見的破壞。所以爲何不這麼做呢？

如果我只能傳達一個訊息給所有中國人和韓國人，不論老少，那就是設立南京大屠殺博物館的中國家具製造商吳先斌所說的一段話。他說，他在研究的過程中深深相信一件事，日本人在各方面都不是例外，「人變成怪物這種事，可能發生在任何人身上或任何國家。任何國家都可能做出像南京大屠殺那樣殘酷的事，不限於單一文明或種族。」

台灣版後記

寫完這本書之後，我想了很多關於台灣的事。我到訪時愛上這個國家，一直渴望再訪，儘管發生了這許多事，我還是很希望能有一天登上飛往台北的班機。從歐洲看台灣，她就像一顆未被發現的寶石，結合了日本、中國和東南亞的精華。從國際的角度，台灣有太多潛力值得探索，很難知道要從哪裡開始。假如說有哪個國家需要眞正聰明、原創的品牌戰略，那就是台灣，軟實力的潛力無窮。

台灣離不開我的思緒，因爲我幾乎每日聽到中國的威脅一天比一天更甚，或是世界衛生組織在新冠肺炎流行初期給予台灣的駭人待遇。美國自阿富汗撤軍，外交政策看似永久轉向，也讓台灣看起來前所未有地脆弱。

自從我在二〇一九年中完成手稿以來，新冠肺炎大流行擾亂了東亞和世界，造成許多悲劇結果。儘管遭到國際衛生當局不可原諒地孤立，台灣有效地將病毒拒之門外，被視爲防疫和社會凝聚力的典範。也許最令人不安的是，那個因爲無能官僚和政府謊言而導致病毒傳開的國家，反而受益最大，在東亞越發有自信。

至少從遠方看來，台灣看似應對得當。蔡英文以破紀錄的票數連任，令人深感振奮，近期研究似乎也顯示，台灣居民越來越認同台灣人身分，而且在我寫這篇文章的同時，那個巨型蔣介石銅像好像眞有可能被移除，我也很高興看到「中華民國」的用法也在逐步淘汰中。

親愛的台灣讀者，這些對你們來說當然都不是新鮮事。即使我國懦弱的政府，以及聯合國和世衛組織等機構持續向北京俯首稱臣，你們或許不知道，世界是多麼地關注台灣，而且站在台灣這一邊。

於此同時，本書探討的問題依舊存在。中國、日本和韓國之間的關係仍然令人擔憂，彼此之間的深仇大恨沒有緩解，台灣也仍處於中國野心的核心。

韓國當然也還爲了獨島的事而生日本的氣。自從我結束旅程，這兩個脾氣暴躁的鄰居又捲入了另一場兩敗俱傷的貿易和外交爭端，東京將首爾剔除信賴貿易夥伴的名單，並試著阻止韓國加入七大工業國組織。韓國只好轉向比利時和台灣購買日本拒絕出售的材料，日本啤酒在韓國的銷售額下降了近九成。

提到慰安婦，與該運動相關的公民團體近期陷入一則醜聞。我認爲，他們濫用資金的事其實不難預測。我相信大多數參與「週三集會」的人都立意良善，但在韓國倖存的十七位慰安婦的身邊，儼然已發展出一個小型產業，不少人從中受益，尤其是雕像製造商。

比較正面的是，儘管先前川普尷尬地介入，自從文在寅上任總統以來，南北韓關係似乎比之前緩和多了。但在非軍事區握手合影照片的背後，局勢依舊動盪不安，而且文在寅任期只剩一年。在經濟不確定性增加的情況下，預計韓國將向右傾斜。北韓政權又開始測試飛彈並做出威脅，顯示新冠肺炎疫情遠比政府承認的還來得嚴重。

財閥持續對韓國經濟進行破壞性控制。儘管文在寅承諾要有所作爲，但他幾乎沒有採取任何措施以遏制財閥的權力，或是限制財閥接班人各式不法行爲，接二連三的醜聞著圍繞著三星及其領導階層。被罷免的前總統朴槿惠，尚未獲得歷屆前總統都享受到的特赦，因此在我撰寫本文時，她仍在吃牢飯。但若韓國歷史可作爲預測指標，她有望在未來幾年出獄。

其他地區應對疫情的情況如何呢？從遙遠的歐洲望過去，各國對病毒的反應恰恰揭示了其政府和人民的鮮明特性。

韓國雖然在疫情爆發初期受到重創，但似乎比大多數國家更有效地動員了「恨」的力量來消滅病毒。韓國政府迅速採取行動，人民也遵照政府的指示行事。

而日本人雖然在對抗高傳染性病毒方面具有許多優勢：他們超級注重衛生，受過高等教育，不喜歡握手或擁抱，戴起口罩完全自在等等，但與首爾政府相比，東京政府似乎不夠果斷，管控不夠，也更猶豫不決，因此日本遭受病毒的影響出乎預期。最終，日本設法舉辦了東京奧運，但我在想，這種極端愛國主義體育熱潮的時代是否已經是過去式了。

那麼，病毒發源地中國呢？早在二〇一九年十二月，發現病毒的武漢醫生就提出警告，北京當局反應慢半拍導致疫情擴散，絕對難辭其咎，武漢當局對待那些醫生的方式更是令人髮指。北京政府的延誤，導致區域性流行病演變成全球性大流行，數百萬人因而喪命，世界經濟也遭到嚴重打擊。

爲什麼中國政府會有那樣的反應？我不認爲是出於陰謀或惡意，主要應該是地方當局不願將問題通報給中央政府。不通報的理由太多了：中國的政治體制積弊已深，地方當局善於掩人耳目、自我審查和粉飾太平。

我爲本書搜集資料時，發現很神奇的一點。當前中國政府的反應，竟跟十九世紀中葉鴉片戰爭時期，清廷對於英國人到來的反應如出一轍。當時英軍在廣州大敗清軍，當地官員回報北京卻說一切都好，而北京方面也寧可地方報喜不報憂。當今的情況很類似：由於武漢預計舉辦大型政治集會，地方當局寧可忽略高傳染性病毒肆虐的警告，不顧一切舉行集會，造成後來致命的後果。

談到北京誤判情勢，自然而然就讓人聯想到香港。從《逃犯條例》修訂爭議引發大規模示威，到北京通過更嚴苛的《國安法》，民主陣營人士的抗爭似乎終於走到了尾聲。儘管抗議的行爲勇敢又高尚，悲哀的是，這個曾經充滿活力的區域可能已走到末日（現在每當有人貶低「雪花一代」[138]，我總是想到香港的年輕示威者。即便他們知道在中國領導階層的暴政之下，捍衛家園注定失敗，卻依然冒著失去自由、健康甚至生命的風險，義無反顧地堅持下去）。香港「中國化」勢不可擋。二〇一八年我在北京，看到習近平大舉奪權，自此之後的各種跡象都顯示他將會進一步扼殺民主。

正如對香港的鎮壓，以及對新疆維吾爾人的持續迫害所顯示的，北京政府正無情地朝著更加專制的方向發展。歷史告訴我們，這一切最終將以當前體系的崩潰作結，只是崩潰何時到來，誰也說不準，就算經濟骨牌開始搖搖欲倒，可能還要等很多年之後才會出事。

我認爲台灣的下一步是繼續現代化。同婚合法化正是沿著這條道路邁出的輝煌一步，

138 Snowflake generation 一詞收錄於二〇一六年版《柯林斯英語詞典》，指抗壓性差、易怒、不切實際的年輕人。

也有一些了不起的環保倡議正在進行中，但我希望台灣不要止步於此。因爲，最進步、現代、開放、民主和最具前瞻性亞洲國家的頭銜，就等著台灣帶回家。

麥克・布斯　二〇二一年九月

愛視界 020

一山三虎：爭執不休的東亞手足，日本、韓國、中國和台灣
Three Tigers, One Mountain: A Journey through the Bitter History and Current Conflicts of China, Korea and Japan

作　　者　麥克・布斯（Michael Booth）
譯　　者　李佳純
出 版 者　愛米粒出版有限公司
地　　址　台北市10445中山北路二段26巷2號2樓
編輯部專線　（02）25622159
傳　　真　（02）25818761

【如果您對本書或本出版公司有任何意見，歡迎來電】

總 編 輯　莊靜君
美術編輯　王瓊瑤
行政編輯　曾于珊
行銷企劃　許嘉諾
印　　刷　上好印刷股份有限公司
電　　話　（04）23150280
初　　版　二〇二一年（民110）十一月一日
定　　價　580元
讀者專線　TEL：(02)23672044 / (04)23595819#230
FAX：(02)23635741 / (04)23595493
E-mail：service@morningstar.com.tw
網路書店　http：//www.morningstar.com.tw
郵政劃撥　15060393（知己圖書股份有限公司）
法律顧問　陳思成
國際書碼　978-986-06982-6-8　CIP：578.193/110016586

版權所有・翻印必究
如有破損或裝訂錯誤，請寄回本公司更換

Copyright © 2020 by Michael Booth
Published by arrangement with Greene & Heaton Ltd., through The Grayhawk Agency.
Complex Chinese Character translation copyrights © 2021 by Emily Publishing Company, Ltd.
All rights reserved.

愛米粒出版有限公司
Emily Publishing Company, Ltd.

因為閱讀，我們放膽作夢，恣意飛翔——
在看書成了非必要奢侈品，文學小說式微的年代，愛米粒堅持出版好看的故事，讓世界多一點想像力，多一點希望。

愛米粒出版
Emily

當讀者碰上愛米粒

掃回函QR Code 線上填寫回函資料，即可獲得晨星網路書店50元購書優惠券。

線上回函
QR Code

愛米粒FB：https://www.facebook.com/emilypublishing

更多愛米粒出版社的書訊

晨星網路書店愛米粒專區
https://www.morningstar.com.tw/emily

愛米粒的外國與文學讀書會
https://www.facebook.com/groups/emilybooks